第二次大戦下リトアニアの難民と杉原千畝

「命のヴィザ」の真相

Geri, blogi, vargdieniai:
Č. Sugihara ir Antrojo pasaulinio karo pabėgėliai Lietuvoje

シモナス・ストレルツォーバス 著
赤羽俊昭 訳

明石書店

日本語版に寄せて

リトアニアでは著名な歴史家であるシモナス・ストレルツォーバス博士による『第二次大戦下リトアニアの難民と杉原千畝——「命のヴィザ」の真相』を、こうして日本で紹介させていただくことは私にとって喜ばしく、かつ光栄なことであります。

この本を読みながら、第二次世界大戦が勃発した1939年から40年という激動の時代まで、読者は時の流れをさかのぼることになります。リトアニアは数多くの難民を受け入れました。その多くはユダヤ系の人々であり、生命を脅かす危険から逃れてきた人々なのです。リトアニアは国家として、難民を極力支援することに努めました。しかし1940年、リトアニアの独立は失われてしまったのです。

この時、リトアニアに駐在する日本の領事代理であった杉原千畝は、オランダ名誉領事のヤン・ツヴァルテンデイクと協力して、人命を救うべく勇気ある行動に出ました。杉原はユダヤ人難民に、日本への通過ヴィザを2139通発給しました。彼がよりどころにしたのは自分自身の良心だけです。政府に背かざるを得なくなるかもしれない、だがそうしなければ、神に背くことになる。そう杉原千畝は述べています。こうして発給されたヴィザは、「命のヴィザ」と今は呼ばれています。このヴィザがあったからこそ、6000人を超えるユダヤ人の命が、ホロコーストから救われたとされているからです。

現在の私たちにとって、杉原千畝の偉業は道徳的な指針です。また、その人道主義は今を生きる私たちへの教訓となり、発憤興起を促して止みません。この教訓は、今もなお世界規模で、そして特定の地域で紛争が絶えないという状況の中、誠に大きな重要性を持っているのです。

ストレルツォーバス博士の著作は、過去の出来事を扱っているだけではありません。一つの歴史の物語を新たに提示するに留まるものでもありません。この本において著者は、過去と現在、そしてリトアニアと日本の間に橋を架けようと試みているのです。その意義たるや、事実を個別に示すばかりでは成し遂げることなど覚束ないほど大きなものです。著者は確実な史料を使いながら、周囲に目を向けるように読者に呼び掛けています。——私たちと私たちの世界は、杉原がいた時代とどれだけ違っていると言えるでしょうか。

杉原が遺したものは、リトアニアと日本を結ぶ架け橋として生き続けています。両国が親しく結び付き、友好と協力の絆が数多く結ばれるようになったのも、そのおかげなのです。

すでに世評を得ているリトアニア人の著者によって書かれ、このたび日本で、そして日本語で出版されるこの魅力的な書物は、両国の見事な協力関係を改めて示す実例なのです。

駐日リトアニア大使
ゲディミナス・バルブオリス

日本語版序文

リトアニアと日本の関係を考えると、最初に思い浮かぶのが距離である。飛行機に乗ればまことに快適な往来が可能である21世紀の今日においても、両国間には相当な隔りがある。しかも、移動する際の利便性は年ごとに向上し、日本からリトアニアへ、リトアニアから日本へ旅行する観光客の数が増加しているにもかかわらず、相互理解はまだまだ進んでいない。率直に言って、平均的なリトアニア人が日本について持っている情報は、平均的な日本人がリトアニアに関して知っている情報より多いのではないかと思う。もちろん、日本についての知識は、文化的にも経済的にも、日本が世界に影響を及ぼしているからこそもたらされたものである。両国は国の大きさにも差がある（訳注1）。

幸運なことに、私はいくつかの奨学金や助成金を得て、研究のために来日することができた。調査や学会発表のために、北海道から沖縄まで、日本のさまざまな土地を訪れることができたのも幸運なことだった。私にとってもリトアニア人にとっても、日本はいつまでもまぎれもなく美しい国であり

（訳注1）リトアニアの面積は約6万5300平方キロメートル。日本は約37万8000平方キロメートル。

続けるだろう。しかし忘れないで欲しい。数回にわたって私が来日したのは、いずれも、第二次世界大戦時にリトアニアにやって来た難民と、杉原千畝に関する研究をおこなうためだったのだ。この私が日本に来ることができたのは、1940年に杉原千畝が取った行動のおかげである、というのが偽らざる気持ちである。杉原の行為は、私にとって日本の扉を開いてくれた切符なのだ。

日本人がリトアニアへの扉を開くための「切符」も、同じようにすれば手に入れることができよう。日本でリトアニアを紹介するなら、「杉原千畝がいた国ですよ」と教えてあげるのが一番良い。1939年から40年は、戦争・難民・ソ連によるリトアニア占領とうち続く激動の時代であった。にもかかわらず、杉原千畝が身をもって示した人道主義こそが、80年を経た今なお、日本人がリトアニアを訪れる主な理由、すなわちリトアニアへの切符となっている。今さらながら、正しく判断することがいかに大切であるかを再認識するのである。

私は何年も軍事史を研究していた。さまざまなテーマを扱った末に、軍隊や将軍、司令官が最も偉大というわけではないことを納得した。最も偉大な戦士は時間なのだ。だからこそ、忘れないことが大きな意味を持つ。忘れてしまえば負けである。すべての人類にとって、過去を覚えていることがきわめて重要なのだ。ユダヤ人難民と杉原千畝という研究課題を扱ううちに、この物語は、数多くの人間の人生における最も重要な物語に挙げることができるに違いないと思った。日本とリトアニアは、第二次世界大戦中の経験が異なっている。したがって、当時の記憶にも違いがある。両国の間には大きな距離があり、文化も異なっている。にもかかわらず、最も困難な時代においては、純粋に人道的な行動が最も重要なのであり、そうした行動は誰でもすぐに認識できる。リトアニアにて1年間、保護を受けていた数千名の難民と、日本からやって来て、まさに土壇場で彼らを死という結果から救った異邦人は、長く連続する出来事の中で結びついたのだった。

杉原「命の外交官」財団の協力を得て、本書のリトアニア語版は2018年に出版された。大方の反応は好意的であった。しかし、本書で紹介されている1939年9月から40年6月までの出来事の大部分を、リトアニアの読者はほとんど知らなかったようである。日本の読者のことを考えると、リトアニアでの難民の日常生活と管理の方法について、多くの情報を提供したいという気持ちはいっそう高まった。また史料からの引用は、原作のリトアニア語版の引用を引き継いでいる。さまざまな出来事を一次史料に基づいて、より深く理解してもらいたいと考えたのである。しかし、リトアニアに関する詳細な情報を提供することには、それ以上の意義がある。当時のリトアニア共和国がどのように動き、国民はどう行動してどう考えていたのか、こうしたことを理解する機会を日本の読者に持ってほしいと考えたのである。

本書で説明しているのは80年前の出来事である。70年から80年といえば3世代に相当する。フランスの心性史の観点から見れば、時間的な距離としては短い。私たちは日頃からテクノロジーを利用し、テクノロジーはさまざまな機会を与えてくれる。しかしいかに機会が増えたとて、在りし日をしのばせる伝統は今なお息づき、私たちは昔と大きく変わらぬ方法で他人と交流している。日本に滞在中、今の日本人の交流の仕方や公の場での立ち居振る舞いを見て、人間・杉原千畝がどのような人物であったか、そのイメージを摑むことができた。それを踏まえて、本書が日本の読者にとって、今までになかったリトアニアへの「切符」となるようにしたいと考えた。この切符は杉原千畝が赴任していた国へ向かうものであり、彼が助けた難民の生活を、さらによく知る機会を提供できれば幸いである。

著者として、申し述べたい感謝の言葉は尽きない。まず、深甚なる謝意を稲葉千晴教授に表したい。稲葉教授は貴重な時間を割いて、この本の日本語版が出版されるべくあらゆる努力を尽くしてくださった。まことに感謝の言葉もない。本書の翻訳者である赤羽俊昭氏には、特に感謝の意を表したいと思う。1万キロを隔てた国の情報、80年前の出来事を中心に扱った文章を翻訳するのはどれほど大変であったろうか。東京での打ち合わせの際には、彼も私も最善を尽くそうとした。その中で忘れがたいのは、彼が入念に準備をおこない、適切に判断を下し、慎重であったことだ。著者である私にとって、彼と共に仕事ができたことは名誉であり、大きな喜びである。また、あえて本書の出版に踏み切ってくださった明石書店にも感謝したい。彼らの好意的な決断がなければ、この長い執筆と翻訳の旅は徒労に終わったことだろう。私が4カ月間、名古屋に滞在する機会を提供してくださった名城大学、とりわけ都市情報学部の同僚諸氏にも感謝したい。彼らの心尽くしの対応は、絶えず私を励ましてくれたのだった。

また、国際交流基金にお礼の言葉を申し上げたい。当基金の支援を得て、私は2016年に初めて日本を訪れることができた。さらに我が国の関係当局に感謝したい。リトアニア外務省ではその専門的な立場から、本書が必要とされる所以と意義を認め、原著を英語に翻訳するための資金を提供してくれた。そして、前駐日リトアニア大使のエギディユス・メイルーナス閣下と現大使のゲディミナス・バルブオリス閣下、ならびに大使館館員諸氏にも深甚なる謝意を表するものである。この方々の御蔭をもって、本書の出版にこぎつけることができた。

最後に、リトアニアにおける難民と、リトアニアで杉原千畝が１９４０年に取った行動に関する物語が、皆さんに紹介するだけの意味のある物語であってほしいと心から思うものである。さらに、これが読む価値のある物語となることを切に願っている。

２０２０年10月、リトアニア北部シャウレイにて

シモナス・ストレルツォーバス

第二次大戦下リトアニアの難民と杉原千畝
――「命のヴィザ」の真相

目次

【リトアニア　1939年9月～1940年8月】

ラトヴィア
バルト海
ジャガレ
パランガ
クルシェナイ
シャウレイ
ロキシュキス
クライペダ
ドゥークシュタス
ウクメルゲー
ヴァイトクシュキス
クラウトゥヴァ
カウナス
ヴィエヴィス
ケーニヒスベルク
ヴィルカヴィシュキス
キーバルタイ
ヴィルニュス
ビルシュトナス
マリヤンポレ
東プロイセン
カルヴァリヤ
アリートゥス
スヴァウキ地方
ソ連占領地域
（東ポーランド）
ポーランド総督府
（西ポーランド）
グロドノ
ミール
イェドヴァブネ
ウォムジャ
ビアウィストク
難民収容所
イェシバ（ユダヤ教神学校）
捕虜収容所

序論

なぜ「善人たち・悪人ども・哀れな人々」を書名として選んだのか？（訳注2）この欲得ずくの御時世では、馬鹿正直と思われもしようが、常に可能な限り率直な態度をとるのが一番良い、という立場に私はこだわっている。それが後になって、不愉快な状況に巻き込まれずに済むもっとも簡単な方法だと思うのだ。だから今ここで、私が実はセルジオ・レオーネの映画が好きであると告白するのも悪くあるまい。史上まれに見る傑作『善玉・悪党・下司野郎』（邦題『続・夕陽のガンマン』）（訳注3）は、私にとっての映画ベスト20の上位を占める作品だ。理由を少し詳しく説明しよう。この映画のタイトルや描かれている風景を思い出すたびに、必ず連想する一つの状況があるのだ。それは世界的な視野に立ち、歴史として杉原千畝を論じるにあたって、現在との共通のつながりを見出そうとすると、必ず出くわす状況である。この状況は、インターネット上で何百・何千・何万回と繰り返される稚拙な物語に当てはまるばかりではない。アカデミックに論じる場合にも該当するのだ。さきほど私は、率直

（訳注2）リトアニア語による原著の表題である。

（訳注3）１９６６年公開。英語の題名は "The Good, the Bad and the Ugly."

な態度をとると宣言した。それにふさわしい言い方をすれば、アカデミズムの場でも、本質的な問題への到達を試みることすら滅多にないようだ。いやそれどころか、博識ぶりをひけらかしながら、代わり映えのしない物語を何度も繰り返すうちに、ついにその物語は、砂漠さながらの荒涼たる風景と化してしまう場合がほとんどであろう。そう考えでもしなければ、次のような現状に説明がつかない。

まず「命のヴィザ」（訳注4）の物語として、広く知られる杉原をめぐる物語の中で、リトアニアに触れられることはほとんどない。またすべての難民は、ナチスの手を逃れようとしている。杉原が数千人の「哀れな人々」を救うべく、日本への通過ヴィザを発給するのに命を懸けたのは、ナチズムの浸透したヨーロッパである（最終的にはリトアニアで、ということもあったが）。こうしたことがことごとく、セルジオ・レオーネが描く異常に暑い砂漠を彷彿とさせるのだ。その物語でも、現代にも相通じる接点を見つけ出そうとしているように見える。しかし、いざ語り始めようとした途端、砂が口をふさぎ、話すことも聞くことも、他者を見ることもほぼ不可能となる。「命のヴィザ」の語り口は、現代の世界における多種多様な物語や筋書き、ウェブページで主流となっている。例えるなら、一つのシナリオであると言って良い。映画監督はそのシナリオを使い、観客の好感度を求めるあまり、見ていても疲れないように、過去の出来事に関連のある箇所の大半を削除してしまう。登場人物の出自や危機的状況の原因を変更する。そして舞台も舞台装置もひっくり返したあげく、狙い通りの結果を得ることができるのだ。お手本となる物語があって、そこに何一つ新しいことは付け足されない。しかしここに成功の秘訣がある。長い年月をかけて、何百という映画がこれで間違いないことを証明してきた。映画を見ようとゆったりと椅子に腰かける。たちまち誰が善玉で、誰が悪党かわかってしまう。

映画を見る者は、どこの出来事であろうと関心がない。「ここは遠い遠い東ヨーロッパの某所」という字幕がスクリーン上に現れる。こうした筋書きが目指すのはもっぱら勧善懲悪だ。すべてとは言わないが、たいていの場合、「アカデミックな」世界で、このような不毛な論調が支配的となったのは、1980年代、ホロコースト記念館であるヤド・ヴァシェームによって、杉原が「有徳の人（諸国民の中の正義の人）」として表彰されて以来のことであろう。今日に至るまで、杉原の有名な物語は、他にもある同じような物語の型にはまっている。陳腐な思考が支配的になり、すべてが誰にでもわかっているから、議論が成立するような問題点を見つけるのは非常に難しい。だが問題点はある。しかも多くの問題点があるのが現状だ。それをすべて網羅すべくこの本は生まれた。

アカデミックな歴史文献の中に、ポーランドから来た難民が、リトアニアで過ごした9カ月から10カ月間のことを、新たに解明してくれるような情報は皆無、または皆無に近かった。皆無と言うのは正しくないかもしれない。あるにはあるのだが、ほとんどはポーランド人研究者による業績だった。情報は信頼性に欠け、難民と杉原の協力関係に力点が置かれていない。もっぱら強調されているのは、

（訳注4）1939年秋から、リトアニア共和国の仮の首都カウナスの日本領事館に領事代理として赴任した杉原千畝。彼は40年夏に、ナチス・ドイツによる虐殺の脅威から逃れようとするユダヤ人に対する人道的な配慮から、彼らがヨーロッパを出て、安全な受け入れ先に脱出するための経路に当たる日本の通過を認めるヴィザを、日本政府の同意なしに、時間的物理的な制約に苦しみながら発給し続けた結果、一説には6000人のユダヤ人の命を救ったとされる出来事を指す。

ヴィルニュス地区の問題と、この視点から見たポーランドからの難民の状況なのだ（訳注5）。もちろん、ポーランドの歴史学者にとっては、こうした問題の方が重要なのだから無理もない。だが我々リトアニア人から見れば、説明は不十分だ。こうした研究の中では、杉原は名の知れた役者でありながら、どうひいき目に見ても端役に過ぎない。

その他の文献については、二つの型に分かれる傾向がある。一つは、当時の人々の記憶が主な情報源となっている研究であり、これを最善のケースと考えることができる。もう一つは、不十分な内容の回想録と伝承であり、数十年たってから肉親が、通常は子供が残したものだ。したがって、もはや彼らが正しいかどうかを確認することも、突っ込んだ分析をすることも不可能である。後者は本質的に二次的史料であるから、現実とのつながりはほとんどない。伝承する人たちは多くの場合、自分が語る物語が「現代の精神」に沿っていることを願うものであり、また願ったものだ。そのためにかえって、活字となった物語が、過去の出来事にも現在の出来事にもまったく関わりを持たないことはよくある。このテーマを扱った本は数多く出版され、ドキュメンタリー作品が制作され、映画まで作られ、学術会議やシンポジウムで発表された論文の数は枚挙に暇がない。しかし語り手が一人で物語を語ろうとすれば、限界が生じる。その限界から抜け出し、普遍的な考え方を示すような統合的な物語を、いまだに紡ぎ出すことはできていない。

数十年の間に「命のヴィザ」をめぐって、モデルとなる物語の全体像が構成されてきた。このモデルと本研究との違いを明確にすべく、目指したことはいくつかある。その一つは、たとえて言うならば、河を下る船を上流に遡行させ、80年近く前に実際にあった出来事にたどり着くことであった。

もっぱら一次史料に基づいて、川船とそれを動かしていた人々を、読者が双方ともに見えるようにしたとも言える。いささか保守的な見方だが、一次史料があればこそ、学者も読者も完成した一つの研究の恩恵に浴することができると考える。筆者が出来事に対する解釈を提唱するにあたって依拠した記録を、揺るぎもしなければ紛れもない形で見ることもできる。さらに、研究対象となる時代の本質を、目の当たりにしているという印象が得られる。作者が想像力を発揮すれば、できあがったテキストが文学的な香気を高く放つことはある。しかし読者は、実際には決して存在しなかった時空に迷い込む羽目に陥る。残っているのは基本的な筋書きと主役だけ、いや、主役も別人である可能性が高い。その他は作者の意のままである。学問的に見て不適切なこうした状況を避けるとともに、読者がここに立ち入らぬように、私は一次史料を優先させることにした。噂話や伝承を利用するのは最後の手段であり、物語の大きな流れが、現実に起きたことといかに食い違っているかを説明する場合、引き合いに出すに留めた。

リトアニアに、「森の中に進めば進むほど、木は多くなる」という言い習わしがある。あらゆる研究分野の中で、この言葉がもっとも該当するのは歴史であろう。実際、歴史家が真顔で、「この研究

（訳注5）ソヴィエトに占領された東ポーランドの中で、ヴィルニュス地域がスターリンの意向で、1939年10月リトアニアに割譲された。13世紀からリトアニアの首都であった同地域は、1920年ポーランド・ソヴィエト戦争の際に、ポーランドの保護領とされた後にポーランドに編入された。リトアニアに返還されたとはいえ、歴史的にポーランド人の住む町が奪われたとポーランド側は解釈している。

に関する史料はもう必要ない。すべて出そろった」、という言葉を口にする日は来るだろうか？　来るはずがない。ただし歴史学者によって、選ばれた研究領域の奥行に応じて、違いは生じる。当然のことながら、研究対象が狭まれば狭まるほど、史料の種類は少なくても構わないのが普通だ。それに対して、壮大にして記念碑的な労作に取り組めば、世界中に散在するさまざまな文書館に保管された文書が、食い止められない雪崩のように押し寄せるだろう。では、参考文献の数はどうか？　選んだ対象によるが、数十点から数百、いや数千に及ぶこともあり得る。したがって「森の中に進めば進むほど、木は多くなる」わけだ。だがここで我々は、「木を見て森を見ず」の陥穽にはまることがある。著者が史料の中に埋もれてしまっては、研究に着手したそもそもの理由も、その目的も見失う。この意味で、史料を探し求めるのを止めて、執筆の楽しさに目覚める潮時を知るのは、研究そのものと同じように重要だ。すでに述べたように、本研究でもっとも重視したのは一次史料である。この問題について何年も取り組む間に、リトアニアにある何百というファイルに収められた史料の山を入念に調べ、外国の文書館にも足を運んだ。時の経過と共に、こうして収集した膨大な記録のコピーが山のように、具体的には、数万に及ぶデジタルファイルや写真、地図などが積み上げられていった。分厚いノートと、ファイルから筆写した情報を携えて、文書館に足を運んだひどい時代があったことが、いまだに思い出される。

杉原をめぐる物語は、第二次世界大戦の全世界的な歴史の一部だ。この点を理解することはきわめて重要である。ゆえに杉原が発給したヴィザの物語を、主人公の杉原が日本人であるからエキゾチックであり、さらに東ヨーロッパ、リトアニア、ソ連占領時代のリトアニアといった地域に限定した物語として描いてしまっては、具合の悪いことになりかねない。リトアニアは世界の中心から離れた辺境に位置している、という見方をあからさまに採用することによって、どれだけの影響がこの問題に及んだのだろうか。判断はつきかねるが、それなりの影響があったことは間違いない。杉原をめぐる偉大な物語が語り始められたのは1984年。この年、リトアニアという国名を聞いたことのある人々は、ソ連邦の一共和国、すなわちリトアニア・ソヴィエト社会主義共和国として把握していたのである。当然、このような状況でグローバリズムが話題となるはずもなかった。閉ざされた全体主義の帝国と、文化的にも社会的にも閉ざされた灰色の社会。どちらもいかに背伸びをしたところで、「貧しい地域」のイメージを払拭することはできなかった。だが、今は暗黒のソ連時代であった1984年とは違う。1991年のソ連の崩壊から四半世紀が経過した。にもかかわらず杉原の物語には、いかにもその舞台が世界の中心から遠く離れているという感じがする。本書を執筆する目的として、このスリリングなドラマから、不当にも忘れ去られてしまった登場人物を、改めて紹介することを挙げておきたいのは、そうした事情に鑑みてのことだ。

この物語は国際的な広がりを持っている。ゆえに史料となる記録も国際的な広がりを持つ。また、史料は「登場人物」と何らかの結びつきがある。記録の大半がリトアニア国立中央公文書館にあったのは、ごく当然のことだ。なにしろほとんどの出来事が、1939年から1940年にかけてリトアニアで起きているのだから。また、本書で利用した記録の大部分がリトアニアで見つかっていることに、何の不思議もない。別の見方をすれば、本研究の強みはこの点にある。先にも触れたことだが、杉原をめぐる物語には、砂漠の不毛な現象を連想させる点が多い。使い古されたはずの表現であっても、数年を経ると、抵抗なく一般の人々に受け入れられてしまう。疑いの目を向けられることも絶えてなくなり、あたかも出来事を正しく定義した表現と見なされる。その結果杉原に関して、これまでに発表されたあらゆる学術的な文献と多くの小説は、リトアニア側の史料を踏まえていない。ポーランド人研究者たちの業績は例外としても、これは覆うべくもない事実である。

具体的に説明しよう。難民の物語は1939年の秋に始まるが、研究の領域をどう設定するかによって、結末を迎える時期が決まる。杉原がソ連に占領されたリトアニアを去った1940年の夏の終わりまで続いたと見るか、それとも、ユダヤ人がヴィザを所有していても、ソヴィエト・リトアニアを出国できる可能性が、ほぼゼロとなった1941年6月を終わりと見るかである。皮肉なことに、どちらを結末ととらえるにしても、現地すなわちリトアニアの史料への言及は、おこなわれないのが通例だった。つまるところ、杉原をめぐるこの物語は、どれをとっても同じような、荒涼とした砂漠さながらの単調な物語になるわけだ。こうしたとらえ方は誤っている。これは、何千人もの運命がかかった驚異的な旅だったのだ。ありとあらゆる人間の感情を呑みこんだ旅であり、死と隷属から逃れて生きのびることができた人々が、人間としての未来を夢見るまでの旅なのだ。日本、ポーランド、ロシアに残る記録にしても、研究者が書き上げた業績にしても、リトアニアの史料をないがしろにすることは許されない。しかし、こうした国々が保管している記録や史料は、杉原をめぐる物語を補完することはあっても、中心を形成することはない。ただ残念なことに、ロシア連邦国立公文書館に収蔵されている記録を見る機会を、ついに得なかったことを筆者は告白しなくてはならない。なぜならロシアは、自らの文書館の所蔵史料に対して、残念ながら昔から奇妙なこだわりをもっており、史料の閲覧を請求しようとすると、それに対して徹底した秘密主義を押し通そうとした。そこでこちらも閲覧を思いとどまるほかなかったのだ。それゆえこのテーマに関して、歴史学者イリヤ・アルトマンの業績の余沢に浴することができたのは、まことに幸運であった。またこれも見落としようもない事実だが、日本とロシア両国に保管されている記録には、1939年の秋から1940年の夏にいたる出来事を理解するうえで、必要となる多くの史料がほんの一部しか含まれていない。もちろんこの期間に登場するのが、杉原とポーランドからの難民なのである。

本書を読まれる方に、つねに心に留めておいていただきたいことがある。舞台となるのは日本でもなければ、ポーランドでもソ連でもない。1939年にソ連軍によって占領されたヴィルニュス地域で発生した出来事はあるにしても、「リトアニア共和国」が舞台なのだ。この状況確認は非常に重要である。これを怠れば、あらゆる出来事から場所の観念が失われてしまう。その理由を無造作に問いただしても、答えは返ってこない。そこで、この物語を演劇に見立ててみよう。大道具は外枠ばかりで板は張られておらず、飾りすらついていない。そこで俳優は演技するよう迫られる。彼らが持ち前の才能と経験をすべて発揮しても、味気ない背景の虚ろな空間で演技をすれば、結果はどうなるか。それは1939年から1940年のリトアニアで起きた事実を、虚構に仕立てて事足りるとする態度と同断であろう。どの物語にも主人公と、時間と場所がある。この三つの要素が欠けてしまえば、あとに残るのは幻想ばかりだ。三つの要素のいずれかに変更を加えてしまえば、筋書き全体が変わってしまう。理由も動機も結果ですら変わってしまう。

読み進めるにつれて、ほかならぬこの分野を、私が研究領域として選んだ理由を知りたい方もおられるだろう。数百にも上る刊行物や、インターネット上で目にすることのできる史料を読み直してみれば、杉原をめぐる物語と、ユダヤ人難民および彼らの救出劇をひとくくりにして考えたくなるのはわかる。しかし、さらに子細に検討してみてほしい。いくつもの重大な分かれ道が見えてくるはずだ。そして分かれた道は一つ一つがそれぞれ別の方向に、相互に干渉することなく延びていく。たとえば、ヨーロッパから逃れたユダヤ人難民がおこなった逃避行と、逃避先の上海での生活ぶりを扱った論文の数は多い。そこで描かれる物語の中では、杉原は脇役に回る。そのなかでポーランドからやってきた上海に亡命したユダヤ人の数は1万7000から1万8000人。ヨーロッパを出て1941年に上海のはわずか1000人。ここで忘れてはならないことがある。1938年12月6日に東京でおこなわれた、近衛文麿首相、有田八郎外相、池田成彬蔵相、板垣征四郎陸相、米内光政海相による、当時の最高国策決定機関であった五相会議の結果、日本政府はドイツから逃れてきたユダヤ人難民に対して、特別な配慮はしないこととなった。しかし同時に、民族の平等という原理は守られ、ユダヤ人に対する人種差別は、いかなる形であれおこなわれなかった。なるほど、これは影響力のあった米国大使館におもねろうとした結果には違いないが、ユダヤ人難民は、ほとんど邪魔されることなく上海に行くことができた(1)。さらに日本は、ヨーロッパからの難民に対しては一貫して、日本が支配していた地域に移住するよう促す海外向けラジオ放送を継続していた。ただしこれは、主にユダヤ人難民に向けられた放送であることは明らかであった。ドイツ側が苛立ったことは間違いない(2)。ここまでの話にしたところで、国際関係と政府高官、外交官、資本家が複雑に絡み合った興味をそそられる物語と言えよう。しかし、これは杉原の物語ではない。リトアニアに逃れていた難民の物語でもない。この研究の準備を進める段階で、これまで収集された史料とは、まったく異なる史料と体験が必要となるだろう。

同じような例はほかにもある。ユダヤ人をめぐる1930年代のヨーロッパの状況はよく知られている。年々その状況が悪化していった経緯も含め、関連する出版物は何百、何千と世に出ている。こうした文書で展開される物語の中で、杉原の行動は人道的であり、あらゆる意味で常識的である、としか言いようのないものだ。しかもそこには舞台の背景が――リトアニアが含まれていない。第二次世界大戦の勃発からリトアニアが1940年の夏、ついに独立国でなくなるまでの9カ月間に何が起こったのか、その点にまったく触れられていない。無味乾燥な砂漠の下に、不当にも埋もれたままになっているさまざまな事実があると私は見ている。――在リトアニア共和国日本領事館の副領事を務める杉原千畝、ポーランドからの難民、そしてリトアニア人たち。こうした事実を結びつけるのが本研究の目的だ。少なくとも第二次世界大戦が始まった頃、この物語の冒頭にあたる時代に生きた人々から始まって、この物語を創作する人々、そしてその物語に夢中になる人々がいた。彼らはいずれも感情につき動かされ、経験からものを考える人々だった。その一方で、本格的な議論はなおざりにされ、意見を述べるにも結論を出すにも、その根幹をなすのは同情か反感のいずれかであった。考慮に入れなければならないのは、その時代のリトアニアとポーランドの関係が入り組んでいたことだ。それを踏まえつつ、リトアニア人社会が直観に基づいて、難民たちをどの程度まで受け入れたのかを見定めようとすれば、新聞報道を情報源として大いに重視すべきなのだ。ある特定の情報が完結したイメージとして、繰り返しマスメディアで描かれる。繰り返されるたびに読者の記憶にイメージは定着し、そのイメージに導かれて、読者は直観に基づいて判断を下すようになる。これと同じプロセスを、数十年にわたって、杉原をめぐる物語が作り上げられてきた過程の中に見て取ることができる。まず文章が最初に書かれる。意識した場合もあれば、無意識におこなわれた場合もあったろうが、そこから杉原をめぐる物語の一定のイメージが形作られる。たとえば、ナチスによる政策から逃れてきた難民がいて、彼らを救うべく杉原が危険を冒した、といったイメージだ。時がたつにつれ、こうしたイメージは揺るぎないものとなる。もはや検討の余地もない歴史的真実となり、物語の続きを語る出発点となったことは至極当然であると受け止められる。こうした事情が積み重なると、前述のごとき不毛な砂漠に行き着く。砂は風に吹かれ、周囲の風景がどうなっているのか、識別することも確認することも不可能に近い。

歴史には常に英雄が必要とされてきた。おそらく、人間が生きるうえでの自然な欲求に基づいているのだろう。本書ではいかなる英雄であれ、その失墜を狙ってはいない。その逆だ。この研究では、不当に忘れ去られていた数多くの勇者を読者にはじめて紹介している。もっとも偉大な存在が、もっとも有名であるとは限らない。逆に、きわめて著名な人物が、傑出しているわけでもない。この研究のあちこちに、歴史修正主義者の面影を見出す読者がいることも十分想定できる。読み方を選ぶのは読者の権利であるからだ。いかなる意見も批判も、有益であり必要だという人々の言い分はおそらく正しい。全否定されたとしても得るところはある。読者一人一人には、先入観を捨てる勇気を持っていただきたい。すでに述べたように、先入観は知識にではなく、皮相な推論に根拠を置くのが普通である。ホロコーストに対するもっとも稚拙な説明とは、「やった連中が悪い」である。この手の「知識」なるものは、過去に対する歪曲された見方を支える根拠となるだけではない。我々が時事問題を理解し、将来を想像する場合にも影響を及ぼす。翻って考えるに、杉原と難民をめぐる物語は、今日的な意義がある。世界は、とりわけ第二次世界大戦後のヨーロッパは、原則に対する例外と原則そのものを取り違えるという、戦略的に重大な過誤を犯した。この70年の間、ヨーロッパには20世紀前半にあったような大変動は起こらなかった。この状況を指して、ヨーロッパ史に汚点のない新たな1ページが記された、と見なされたこともある。だが戦争がもたらした苦痛と恐怖と損害は、当時も今も我々の身近にある。当時と同じように、社会にも個人にも選択肢がある。たとえば、手を差し伸べるか、虐待するか。手を差し伸べておきながら虐待するか。かくまうか、拒絶するか。かくまっておきながら拒絶するか。すべては我々が決めることなのだ。過去に学ぶべきであることを知り、学習意欲と知識欲を自覚し、過ちを繰り返してはならないと思うようになるだろう。過ちを今日犯せば、明日は大変動が起こり、その翌日には何億もの命を奪うことになりかねない。さあ砂を吹き飛ばそう。必要なら保護メガネを装着して、過去をよく調べよう。あの時代に生き、努力した物語の英雄たちならば、そこまでする価値はある。あとは対象を受け入れ、変革をもたらし、また自らも変わろうとする覚悟ができているかどうかによって決まる。世代が一つ違えば、歴史の経験も変わる。世代ごとに独特の解釈も動機も分析もある。もちろん現代人にも同じことが言える。長きにわたって砂漠に立ち込めていた砂煙が、客観的な理解を目指そうにも、最小限の成果を得ることしか許さなかった。さらにこれから先も、本質的な理解を妨げる危険が常にあった。我々は今もなお、歴史的な出来事を自分たちの眼を通して見るだけでなく、当事者の眼を通して見るように努めなくてはならない。そうしてはじめて、先入観とも稚拙なレッテルを貼る行為とも、袂を分かつことができるだろう。

1　尖鋭化するヨーロッパとエヴィアン会議

「ニューヨークではみんな寝ている頃だな。いや、アメリカ中が寝ているだろう……」

（映画『カサブランカ』１９４２年）

本書の立場

20世紀は、さまざまな見方ができる時代だ。進歩、発達、科学技術による偉業。これらが一体となった時代であるという見方がある。その一方で、20世紀は人間の存在と向き合った時代であり、適わぬ夢、実現に至らなかった理想、身体に障害を負わされた何百万もの人間をその特徴として挙げる人もいる。実を言えば、過去としての20世紀を現在の我々がどのようにとらえるか、それは殊更問題とするには及ばない。これを問題として取り上げてしまうと、この時代がどんな時代であったか、当時どんな出来事があったかということが等閑視され、それを解釈する人物、およびその人物が抱く世界観に重きが置かれてしまうからだ。確かに、コップに水がまだ半分あると考える人もいれば、あと半分しかないと考える人もいる。楽観的な人々と悲観的な人々の間で、議論が絶えないことは誰もが知っている。しかし、さまざまな見方が可能であるという立場には弊害がある。21世紀の「先端を行く」人々でさえ、過去の出来事に評価をくだす段になると、近視眼的な見方、というより、愚かな信念に依拠することが多いのは主にそのためだ。しかもこうした信念は最終的に、「こちらの解釈に同意できないということは、反対しているということだ」という、二者択一を迫る断定的なスローガンに行きつくほかない。無論、例外はある。各人の世界観に依拠するこの方法論が、特定の人物や集団に適用されるのではなく、過去の出来事や活躍した人物、民族や国家を対象とする場合である。しかし、これはこれで合理性をまるで欠いた評価が繰り返されるか、百人の偉人物語だの歴史的名所百選だの、同工異曲の無味乾燥な作文が書かれるのが関の山で、真っ当なものは一つとしてないのが通例だ。

本論では、多くの関心がリトアニアと、そこで起きた出来事に向けられている。この選択には必然性がある。リトアニアが論究の中心となったのは、荘厳な歴史的事情が然らしめたものであって、筆者が恣意的に決定したわけではない。杉原がユダヤ人難民に救いの手を差し伸べたのは、彼がリトアニアで仕事をしながら生活していた頃にあたる。難民たちも一時的ではあったが、この同じ国で難を免れていた。必然的に読者には、リトアニア共和国に対して、従来以上に踏み込んだ見方が求められるはずであり、こうした見方を、多くの読者が違和感なく受け止めることを筆者は願っている。

20世紀リトアニア小史

地政学的な背景を考えてみよう。リトアニアはヨーロッパにとって欠くべからざる地域である。20世紀には数回にわたって占領され、波乱に富んだひどく困難な道程を経て1990年に独立を勝ち取った。まず20世紀に入って最初の十数年間は、ロシア帝国の一部であった。第一次世界大戦が終結すると、地の利を生かしながら、18世紀末に外国勢力に奪われた独立国家としての地位を回復することができた。1918年から40年にわたる時代は、第一次リトアニア共和国と呼び慣わされている。しかし1940年6月のこと、それまで20年かけて作り上げてきたものが何もかも、ソ連の侵入と占領によって失われた。我々にとって、第二次世界大戦の始まった1939年9月から40年6月までの期間は非常に重要である。第一次リトアニア共和国が倒れるまでの9カ月といえば、この国の行く末に大きな影響を与える出来事が集中して起きたために、難民の問題も影が薄くなってしまう。ひとえにこれが、1939年から40年までのリトアニアの難民問題に焦点を当てた研究の数が、リトアニア国内でも世界でも、現在にいたるまで十分に出揃わない原因であると言ってよい。その結果、この問題を他の問題から切り離して論じる段階に至っていないのである。リトアニア人による歴史文献といえば、亡国の憂き目という悲劇に囚われて、見るべきものを見ず、他のことをほぼすべて曖昧にした論文が跡を絶たない。1939年に勃発した第二次世界大戦、それに続くドイツとソ連によるポーランド分割の悲劇、10月10日に結ばれたリトアニア・ソ連相互援助協定（ヴィルニュス地方をポーランドからリトアニアに返還する代わりに、ソ連軍2万人をリトアニアに駐屯させる取り決め）、10月28日のヴィルニュスの返還と、新たに設定されたソ連占領下のポーランドとリトアニアとの国境線、国境線の向こう側に身をひそめながら再度侵略を画策するソ連とドイツ、1940年の春に始まり、結果的に6月に最後通牒を突きつけるまで続いたソ連によるいやがらせ、そして8月のソ連によるリトアニア併合。独立国リトアニアの灯火が消えるまでの重大な諸事件が、1年に満たない間に起きている。こうした経緯の中で、難民たちは視界の外へ押しやられる。脇役を務めるどころではない、ステージ奥の舞台装置の裏あたりに引っ込んでしまう。これまた、序論で引き合いに出した例の砂漠が変容したもので、この場合、リトアニア独特の趣が付け加えられただけのことだ。しかし、出来事全体を仔細に見てほしい。こうした事態の推移を、大きな政治史の流れと解釈を適用して考察すれば能事足ると考えること自体、許しがたいことがわかるだろう。

主役としてのリトアニア国家

さて、この物語の主役と呼ぶべき人物は誰か。これは簡単に答えられない問題だ。一般に受け入れられている視点から杉原の物語を見るならば、主役は杉原とユダヤ人難民たちのコンビであると言って間違いない。しかしすでに説明したように、これは必ずしも当を得た答えというわけではない。実際の「命のヴィザ」の物語は、その発端から結末まで、難民がいて彼らを救助する人がいる、というお定まりの筋書きとは異なっているのである。理解しなければならないのは、世界大戦には主役にあたる人物などいなかった、ということだ。戦争に関わった国家はいずれも一人の登場人物である。そして、それぞれの国家にとっての英雄がおり、また哀れな人々がいる。人物の貢献度を序列化したり、物語の重要性に甲乙をつけたりするのは、大国の立場から物事を見ることになろう。これこそまさに我々が、杉原とユダヤ人難民の物語を読むなかで、遭遇することが多い問題なのである。

あらゆる出来事には原因がある。原因の後に行為があって、最終的には結果が出る。これは万人周知のアルゴリズムである。今は誰もがこの物語の原因を知っている。つまり、戦争の勃発である。ただし、難民となった人々が何から逃れようとしていたか、という問題に興味を持つ人はわずかしかいない。また結果も自明である。そう、難民の救済である。簡単にまとめればこれだけですむ。さらに掘り下げたければ、難民がシベリア横断鉄道を使ってウラジオストクに辿り着き、それから神戸、さらに上海まで行き、戦後になって全世界に分散するまでの経緯を語ることになる。しかし問題がある。この物語の中心となる時間、前述のアルゴリズムで言えば、この物語の行為に該当する時間は決して短くない。にもかかわらず、いま列挙した場所を取り上げても、その時間にほとんど言及できないのである。そうであるならば、主人公の名を挙げるように求められた場合、より正確な言い方をすれば、この研究の目的を示すように求められた場合、それはリトアニア共和国であると考えてはどうだろうか。ただし、条件を付けておく。リトアニア共和国、または単にリトアニア、どちらの呼称を選ぶにせよ、いずれもこの独立国家の組織と社会を指すものとする。

この前提が重要である理由はいくつかある。第一に、これを起点として問題に取り組むことにより、ヨーロッパで起きたさまざまな出来事と、それがリトアニアに与えた影響の背景にあるものまで、より完全に近い理解が可能となる。第二に、リトアニアをめぐる従来の歴史記述から砂を吹き払い、リトアニアが置かれていた状況とその反応を、白日の下に晒さねばならないからだ。この作業なくして、リトアニアで難民がどのような状況にあったか、そして、外国の在外公館とリトアニア内の組織がとった行動がどう結びついたか、その点を理解することなど望むべくもない。当時の出来事と、杉原の行動を理解する唯一の可能性が、この前提にある。

ここまで取り上げてきた要素は、すべて密接に絡み合っている。断るまでもなく、杉原も難民も、そして戦争そのものがこの物語とは切っても切り離せない関係にある。同じことはリトアニアにも当てはまる。だからこそ、「善人たち・悪人ども・哀れな人々――杉原千畝と第二次世界大戦時のリトアニアにおける難民」という、この研究をリトアニア語で発表した際に付された象徴的な表題は、当事者たちの特徴をとらえながら、空間的にも時間的にも彼らを結び付けている、と筆者は考える。

尖鋭化するヨーロッパ

1930年代の特徴は、尖鋭的な言動が増加したことだ。公の眼に触れた代表的な例といえば、何をおいても、ドイツ国内のユダヤ人の立場をめぐる報道機関の文章である。これは、ナチスによる大衆向けの誇張表現の中でも顕著な問題であった。記事の一部はリトアニア人の目に触れた。ヨーロッパやアメリカでも読まれていることは断るまでもない。ところで、序論で提示しておいた昨今の「砂漠現象」の弊害で、いくつかのテーマにまったく触れないことが当たり前のようになっている。また、例えて言えば、砂に覆われてしまってほとんど見えない目と、聞こえない耳を頼りに、手探りで探求するよりほかに選択肢が残されていない場合もある。これでは、1939年の秋に何が起きたかを理解しようとすると問題が生じる。この時、数千の人々が移住を始め、その波の一部はリトアニアに達している。その責めをすべて9月に始まった戦争と、戦争を引き起こしたドイツとソ連に負わせるのがもっとも簡単であろう。しかし、こうした説明はきわめて浅薄で、少しも視野は広がらない。1939年の秋、数千人の難民がリトアニアに辿り着いた。リトアニア政府は彼らを属する民族によって分類した。ポーランド人難民とユダヤ人難民、この二つの集団が多数を占めていたのは偶然ではない。

1930年代も半ばとなると、ユダヤ人難民の問題は次第に深刻度を増すようになり、それに伴ってさまざまな反応を呼び起こした。実例を挙げよう。まず国家社会主義者がドイツで実権を握った頃、外国の報道は、ドイツ国民としてのユダヤ人に焦点を当てていた。やがてドイツ以外の政府は、通常は公表を控えたものの、ドイツ政府が使う表現とよく似た表現を取り入れるようになった。ポーランド政府が、1937年にはすでに、国内300万人のユダヤ人をマダガスカル島に移送する方法を検討していた、とハンナ・アーレントは、悪がいかに陳腐であるかを論じた著作の中で書いている。さらに1938年、フランスの外務大臣ジョルジュ・ボネは、外国に住むユダヤ人をフランスの植民地に移住させる計画について、ドイツの外務大臣ヨアヒム・フォン・リッベントロップに意見を求めたという(3)。

事態は非常に入り組んでいた。1930年代もとりわけ後半に入ると、ヨーロッパの一部の国々は、自国の国民、主にユダヤ人を一つの問題としてとらえ始めたと言ってよい。この問題という言葉は、解決すべき問題という新たな言葉に最終的には置き換えられることになる。その結果、「ユダヤ人（の解決すべき）問題」という言葉が生まれる。現在の歴史学の文献では、この語は歴史用語として十分に確立しており、どのような事件を指しているか、その点に疑問を差しはさむ余地はほとんどない。ユダヤ人問題の解決方法は、今やあまねく知られている通りである。ユダヤ人を否定しようとするドイツの姿勢は、ドイツ国内の問題にとどまらず、世界的な規模での人道上の危機へとたちまち変容し、早急に解決が求められるに至った。

杉原千畝に関して書かれた歴史学の文献において、エヴィアン会議がいまだ本格的に取り上げられていないのは、まったく意外なことだと言わねばならない。しかしこの会議は、この時代の雰囲気を十分に説明するには、まことに格好の実例なのである。１９３９年から40年のリトアニアで、さらに１９４１年から45年までの恐るべき時代に、何がどのように起きたのかを理解するために、繰り返し検討をおこなう価値のある出来事なのだ。夜の闇を知るには、まず夕暮れ時のほの暗さを知らねばならない。すでに夕雲がヨーロッパの空にむらがり立ってから、しばらくの時を経ていた。

エヴィアン会議

１９３０年代に入ると、ヨーロッパの政治的な問題には、暗澹たる色合いが濃くなりつつあった。上流社会の人間や一部の政府首脳は、人間の価値の尊さを知らしめようと努力した。さらに、人間固有の権利や市民権の概念は、人種的ならびに宗教的偏見に囚われることなく尊重されるべきだ、という考え方を唱道しようとした。しかしヨーロッパ全体の趨勢は、それをはっきり支持する方向には向かわなかった。大国は変革を遂行するための態勢を整えており、変革のためなら他国を犠牲にするどころか、自国の国民を犠牲にすることも躊躇しないことがままあった。

1938年7月、世界中の民主的な国家の代表が、レマン湖の南岸にある風光明媚なフランスの保養地エヴィアンに集まった。当時、この会議に関する多くの記事が新聞の紙面をにぎわした。その中では、『ニューヨーク・タイムズ』の指摘が的を射ている。それによれば、ヨーロッパで起きている出来事も、この会議で取り上げられたさまざまな問題にしても、単なる人道の問題ではない。また、各国の失業者数が今後どれだけ増える可能性があるか、といった問題でもない。実は文明に対する試金石なのだ、と『ニューヨーク・タイムズ』の記者は書いた(4)。

文明に対するこの試金石によって、エヴィアン会議に出席した参加者たちはその力量を試された。しかもこの会議は、杉原が救い出すことになる難民たちに、まさに降りかからんとする不幸の前触れとなった。会議の公式名称は、政治難民のための政府間委員会である。しかし当時の人々はすでに、これを「エヴィアン会議」と呼び換えていた。よく知られているように、世界中から32カ国がこの会議に代表者を送りこんだ。不適切との誹りを免れないかもしれないが、ここで先回りして、会議は何ら解決をもたらさなかったことを断っておこう。現在の我々にとって、会議の失敗を見て取ることは簡単だ。この時代を生きた人々は、さまざまな出来事を当時の状況に照らして見るほかなかったであろう。彼らに比べれば、我々の方が広い視野に恵まれているからだ。とはいうものの、当時の新聞に掲載された論評から察するに、1938年においても現在と同様に、この会議は単なる宣伝の道具の一つに過ぎず、何ら大きな変化をもたらしそうにないことまで、容易に見て取ることはできたようだ。会議が終わろうかという時期に、次のような記事が書かれた。「この会議が問題を解決したとは言えない。ドイツ政府の政策によって寄辺のなくなった数千人に上る難民の乗る船に、上陸する場所を見つけてやることはできなかった。中南米のいくつかの国を例外とすれば、心ならずも故郷を離れた人々に、門戸を開いた国はなかった。彼らの命運は、今や彼らの祖国以外の国家が決めざるをえない。各国代表の発言の内容は明確だった。しかし、移民に課している受け入れ定数および制限を緩和する用意がある、と発言した代表は一人もいなかった」(5)。そしてこの記事の説得力のある結論は、予言めいた響きを持っていたはずだ。「今はただ、次のことを繰り返し指摘するに留めよう。国力を問わず、すべての民主主義国家は、比較的簡単なこの課題に手をつけた。しかし、一致団結してもこの課題に決着をつけられないのであれば、どのような協力をするにせよ、うまくいく望みはない」(「エヴィアンからロンドンへ」1938年)(6)。今になってこのような文章を読んでみると、戦慄を覚えざるをえない。悲劇的な真実が語られているからだ。しかし会議に参加した者たちは、自分たちの成果を肯定的に評価していた。彼らが残した報告書やインタビューを読むと、彼らが肯定的な評価を本気で信じていたらしいこと、少なくとも信じようとしていたことがわかる。

オーストリア併合とその影響

1938年3月12日のナチス・ドイツによるオーストリア併合は、事態がいよいよ動き始めたことをはっきりと示した。以前のヨーロッパでは想像もつかなかったことが、このとき明確な形をとって現れた。隠然たる反ユダヤ主義が、19世紀から20世紀のヨーロッパに特有の現象なのかどうか、その点を問題視するつもりも論じるつもりもない。米国の歴史学者ティモシー・スナイダーの鋭い観察にもあるように、オーストリア人が併合を受け入れるどころか、自ら旗振り役を買って出たことは、ベルリンにいるナチスの高官たちに、ユダヤ人「問題」の解決は、自らが手を下さなくとも可能であることを示した。「地元オーストリアのナチス党員はユダヤ人を捕らえると、街路をごしごしとこすって掃除をさせるなど、オーストリアの人権法では許されないことを公然とおこなわせ、独立国でないことを見せつけた。ここで非常に重要なのは、ナチス党員ではない者たちが、それを面白がって見物していたことだ。ユダヤ人が所有する財産の目録を作成していたナチス党員は、盗めるものはすべて盗んだ。ここでもまた非常に重要なのは、ナチス党員でもない者たちも盗みに加担したことだ。政治哲学者のハンナ・アーレントが回想するように、『ドイツ軍がこの国に侵入し、近所に住む非ユダヤ人がユダヤ人の家庭で乱暴狼藉に及ぶと、オーストリアのユダヤ人たちは自ら命を絶ち始めた』。1938年3月、オーストリア人が期待を込めてドイツに服従したことから、ナチスの上層部はオーストリアからユダヤ人を放逐できることを悟った。ユダヤ人問題の専門家で、親衛隊のアドルフ・アイヒマンがユダヤ人移住本部を設立したのは、その年の8月のウィーンだ」(7)。さらに、これから俎上に載せられるいくつかの出来事を見れば、事情はおのずと明らかになるはずだ。

1938年を、何か新しい時代の始まりを象徴する年と見なすことには少々無理がある。情勢はもう何年も前から緊迫していた。いや、じわじわと悪化していたというのが実情だ。むしろ1938年とは、この年を境にして、個人が犯す逸脱行為と集団による差別が高じて、国の政策として実行に移されるに至った年といえよう。何千何万という同国人を追放し、見捨てる決定が下された年なのだ。オーストリア併合がおこなわれた1938年の初期までに、およそ13万5000人のユダヤ人がドイツを離れ、そのうち4万3000人がパレスチナに到達していた。オーストリアが併合されてから移住が始まったのではない。移住に拍車がかかったのだ。1938年の3月から第二次世界大戦の終わりまで、約38万人のユダヤ人がドイツ、およびドイツに併合された地域を後にした。次の文章は、すでにナチスが権力を掌握した1933年、ドイツ国内で発行されていたユダヤ人向けの新聞に載ったものだが、何とも皮肉な言葉ではないか。「彼ら（＝ナチス）がドイツ国民であるユダヤ人から、憲法で保障された権利を奪うこともなければ、ゲットーに移住させたり、残忍な大衆の手に引き渡したりはしないことは確実だ。彼らにはそんなことはできない。なぜなら、そんなことをさせないように、安全を守ってくれる重要な制度が数多くあるのだから。……彼らがこうしたやり方を選ぶつもりがないことは間違いない」(8)。

併合前には、20万近いユダヤ人がオーストリアに、しかもほとんどがウィーンに住んでいた。ウィーンのユダヤ人社会はヨーロッパで最大規模であり、これをしのぐものといえばワルシャワとブダペストにしかなかった。ここはとりわけ情報がよく伝わる、よくまとまった親密な集団だった。複数の新聞社、政党、劇場、美術館、図書館、学校、病院、スポーツ団体を含む一つの世界を独自に形成していた。どうやら1938年の出来事は、時間の長さと関係があるようだ。数カ月というごく短い期間内に、のどかなこの世界全体が雲散霧消してしまった。4月27日、ユダヤ人は銀行口座、保険契約、年金基金などで積み立てたあらゆる金を登録せよとの命令が出た。こうした資金が国外に流出することを防ぐため、一週間に引き落とすことが許される金額には、徹底的な制限がかけられた。同じ理由から、オーストリアから海外に送られる荷物は、すべて検査する権限が法的に認められた。

1938年3月、ユダヤ人移住本部がウィーンに創設され、これをアドルフ・アイヒマンが統轄した。こうした措置が講じられるようになると、ユダヤ人はオーストリアを出るために、従来とは異なった経路と方法を模索せざるを得なくなった。まだこの時点では、難を逃れることが目的なのではなく、出国すること、立ち去ることが目的だった。オーストリアに住む多くのユダヤ人市民が、在外公館に働き掛けて、「合法的に」国を出ることができるようヴィザの発給を求めた。この頃はまだ、夜陰に乗じて国境線を越えることも、赤ん坊が泣いて一家の居場所が露見することを避けようと、赤ん坊をくびり殺すこともなかった。日を経ずして1939年の秋になると、リトアニアの国境線でこうしたことが起こるようになる。

世界シオニスト機構(訳注6)の幹部であったレオ・ラウターバッハ博士が、このころウィーンを訪れていた。彼の報告によれば、オーストリアで認められているいくつかの規定は、当時ドイツで発効していた規定とは甚だしく異なっていた。救いの手を差し伸べることができるユダヤ人組織や国家が介入しない限り、この状況が続けば、いずれユダヤ人はオーストリア経済から完全に排除され、資本の

(訳注6) 世界シオニスト機構は、スイスで1897年に創設された。ヨーロッパで差別に苦しむユダヤ人が生誕の地パレスチナに自らの国家を建設するため、基金を設けて移住を促進させた。

流れを制限され、餓死することもありうると彼は考えた(9)。彼は国際連盟にこの報告とほぼ同じ内容の嘆願書を送った。3月20日日曜日の『ニューヨーク・タイムズ』は、オーストリアにおける政策がこのように突然転換された結果、ウィーンに住むユダヤ人の自殺率が日に日に高まっていると報じた(10)。ユダヤ通信社は、4月末までに2000人を超えるユダヤ人が自殺したと伝えた(11)。

ヨーロッパ主要各国の対応

1938年春のオーストリアの状況を考えるならば、近隣のヨーロッパ諸国がいかなる反応をし、いかなる措置を取ったか、読者がその点を問いただしたく思うのは自然なことである。なにしろ、各国の政府には、何が起こっているのか明確に見えており、また理解できていたからだ。「ホロコーストをナチスのイデオロギーと結びつけるのは正しい。しかし、殺戮をおこなった者たちの多くはナチスではなかったし、ドイツ人ですらなかったことが忘れられている。我々はまず、ドイツ国民であったユダヤ人のことを思い浮かべる。ただしホロコーストで殺されたユダヤ人のほとんど全員は、ドイツ以外の場所に住んでいた。強制収容所にしても、殺されたユダヤ人の中で、それを目にした者はほとんどいなかった。あのドイツという国を非難するのはいい。ただし、国の制度が崩壊しない限り、虐殺は起こりえないのだ」(12)。ホロコーストとそれに先立つ出来事、同胞の切り捨て、外国人への非人間的な扱い、こうした行為を国家とその制度に関連付ける、というのが本書の基本的な考え方であり、今後何度も繰り返して触れることになるだろう。

3月12日、早くもスイスはオーストリアとの国境の警備を強化した。オーストリアから難民の流入が始まる可能性を踏まえ、これを食い止めたいという考えに基づいている点が興味深い。スイス国民は難民が自国ではなく、チェコスロバキアかハンガリー、またはユーゴスラビアを選ぶことを望んでいた、という情報もある(13)。エヴィアン会議が無力で、結果を出せずに終わったことを示すうってつけの実例がある。会議が閉幕してからおよそ1カ月ほど経った8月の中旬に、フランスとスイスの両国が、ドイツ・オーストリアとの国境線の警備を再び強化して、難民の流れを阻もうとしたのだ(14)。興味を引くのは、難民がドイツ南西部のバーデン地方、もしくは南東部のババリア地方を経由してフランスやスイスへ向かったことだ。いずれの地方も住民が割合に好意的で、ナチスが権力を握ったばかりのオーストリアほど取り締まりが厳しくなかったからである(15)。

ここで、これまで述べてきたことに対する理解を深めるため、あたかも戦闘を彷彿とさせるような例を引き合いに出しておこう。ただし、拍子抜けするだろうが、これは最前線で繰り広げられるような物語ではない。ヨーロッパに出現した狂気から逃れようとする人々から、どうやって我が身を守ったかという話である。8月末に、スイス国内でオーストリアと国境を接する地域では、有刺鉄線を張りめぐらせた柵を敷設し、警備を強化し、難民がなだれこむのを防ごうとした(16)。1938年3月28日、スイス側は布告を出し、オーストリアからの旅行者全員に、旅行許可証を所持することを義務づけた。旅行中にこの許可証を提示できない者は誰であれ、スイスに入国することは許されなかった。実際、これはなかなか面倒なことだった。オーストリア併合以前は、ドイツ国民であれば、スイスへ旅行するために新たに書類を用意する必要はなかった。対照的にオーストリア国民には、このような寛大な措置は取られず、旅行の内容を規定した書類を携帯する義務があった。併合後にこの状況は変わる。旧オーストリア国民にはドイツのパスポートが交付されたからだ。当然のことながら、もはや併合前のようにパスポート以外の書類は求められなかった。またその結果、スイスへの旅行の自由を制限していたさまざまな規定もなくなる。いきおい、オーストリアからやって来る旅行者は増加した。人数そのものは大した数ではなかった。しかし、スイスの当局者たちは不安に駆られ、このままでは、全ドイツ国民に対してヴィザ制度を適用することになるだろう、と強気な言葉を口にし始めた(17)。こうした状況を受けて、ドイツとスイスは相互に受け入れ可能な解決策を取り決めるにいたった。特別なヴィザが、ユダヤ人専用に作られたのだ。これは、ユダヤ人を意味するJudeの頭文字が、左上の隅に赤く大きく記されているのが特徴である。こうして、スイス国境の警備にあたる警察は、旅行者がどの民族に属しているかを確認し、しかるべき行動を選べるようになった。つまり、彼らを入国させなくしたのだ。

5月7日には慌ただしくオランダ政府が、やむを得ず移住することになった人々を今後は受け入れない、と発表した。こうした不幸な人々は、そろって「ペルソナ・ノン・グラータ」(受入国にとって好ましからざる人物)として認識され、オランダへの入国は許されなかった(18)。

エドゥアール・ダラディエは、フランス国防相の職にあった頃からすでに、難民を進んで受け入れようとするユダヤ人のレオン・ブルム首相の政策を痛烈に批判していた。1939年春に自らが首相になると、かねてから口にしていたことを実行に移し始める。5月2日に公布された法令によって移民は二つに分類された。一つは政治的な理由によって、ロシアやアルメニアから逃れてきた古くからの難民。もう一つは、オーストリアから今後やむを得ず移住する可能性のある新たな難民である。新しい難民には、それまでの難民とは異なった位置づけがなされ、フランスへの入国は制限された(19)。過去にフランスに入国した外国人の権利を保障する一方で、これから入国する可能性のある外国人の権利を制限、または完全に否定していた。中・東欧在住ユダヤ人保護委員会で委員長を務めたジュスタン・ゴダールは、ダラディエの立場を一人の委員に向かって次のように言い表している。「人道的な決断を下すことができるのは、スペインやドイツから来て、すでにフランスにいる難民を対象にした場合である」。しかしフランスが、スペイン・ドイツ・イタリアといったファシスト国家と国境を接し、その脅威にさらされている状況に鑑みれば、永住権はおろか、一時滞在を認める可能性すら考えられなかった(20)。そのうえダラディエは、難民が将来流入する可能性に関して、なかなかの先見の明を発揮して、ヒトラーがチェコスロバキアかポーランドを攻撃した場合でも、フランスは難民を受け入れることはない、と明言していた(21)。

1939年の春が来ると、フランス政府はドイツに、ドイツとオーストリアから追放された難民がフランスとの国境線を越えることを、これ以上許容するわけにはいかないと通告した。内務大臣のアルベール・サローは、国境の警備にあたる人員を増員して、必要な書類を持たないユダヤ人がフランスに入国できないようにせよ、と命じた。ドイツが支配した地域から、国境線を越えて隣国にユダヤ人を追い出すというやり方は、1939年の秋、ドイツとリトアニアの国境線で、再三にわたって繰り返されることがいずれわかるだろう。ただ一つ違う点は、リトアニアの代表者たちにはドイツ政府に向かって、もはやこのような事態は受け入れがたいと告げる勇気がなかったことだろう。むしろ彼らは、問題が発生した場所で穏やかに事態が改善することを望んだ。ついでながら、1939年秋のソヴィエトも、この点ではナチスに引けを取らなかった。やはり国境線を越えてユダヤ人をリトアニアへと追い立てていた。この点については、いずれ本書が1939年を扱う段階で詳しく論じる予定であり、現時点ではまだかなり先のことになる。この間、ドイツ人は自分たちが支配する地域から、ありとあらゆる手段を使って、ユダヤ人を追い払っていた(22)。

しかしヨーロッパは、全体的には平和を謳歌していた。いや正確に言えば、太平の世という幻影に必死にすがりついていた。その幻影は、依然として朝霧のようにたちこめていたものの、すでに風は立ちつつあった。いずれ時が来れば、この風が幻影をかき消してしまうだろう。霧が吹き飛んだ後に、現実がどれほど思いもかけない姿で現れようとも、誰もがそれを直視しなければならなかった。平均的な知性さえ持ち合わせていれば、誰にでもこのくらいのことははっきりとわかっていた。

1938年3月の末に、ポーランドで一つの法令が公布され、外国で生活しているポーランド国民が所有するパスポートは無効となった。これはつまるところ、当時オーストリアに住んでいた、約5万のユダヤ系ポーランド人を対象としていた。正式な身分証明書がなければ、合法的にポーランドに戻ることはできなくなった。表向きは一応、中・東欧に住んで5年以上となるポーランド国民の市民権が無効になる、ということだった。また、スペイン内乱で共和国側についてファシストを相手に戦ったと考えられる者、または、ポーランド当局が帰国を求めたにもかかわらずそれに従わなかった者、もしくは、そのどちらにも当てはまる者が市民権を失うことになった(23)。

研究者たちは、ユダヤ人を攻撃する大集会が、すでに3月19日にはワルシャワで開催され、悲惨な結果に終わった、と主張している。2人のユダヤ人が殺害され、怪我人が100人を超え、ユダヤ人の店舗が数百軒略奪された。群衆は「ユダヤ人をやっつけろ」「ユダヤ人をマダガスカル島へ」、といった反ユダヤ的なスローガンを繰り返したという(24)。しかし、ユダヤ人への攻撃がデモの目的であったと言うのは妥当性に欠ける。集会がいくつか開かれた事実を否定しているのではない。ただ、開催日は3月19日ではなく、翌日の3月20日であると考えたいのだ。この地域の政治史を知悉している者であれば、3月20日とは、ポーランドがリトアニアに最後通牒を突きつけた日であることを知っている。新聞記事から判断すると、その日はリトアニアとの軍事衝突が起こるかもしれないということで、ワルシャワではいくつか騒動が持ち上がった。人々は銀行の横に並んで預金を下ろそうとした。あっという間に騒動は拡大し、ユダヤ人を排斥する言葉を思いつくと、ユダヤ人の経営する店を略奪し、通りかかったユダヤ人に暴行を加えた(25)。言い換えれば、一連の集会が開催されるきっかけを作ったのは、オーストリア併合に端を発する出来事ではなく、ポーランドとリトアニアという、限定された地域の間で続いていた抗争なのだ。

英国外務省は、我が国は先進工業国であって人口密度は稠密であり、おまけに失業問題で苦しんでいる、と主張していた(26)。

ここまで各国の対応を概観してきたが、当時のヨーロッパの全体像をつかむには十分であろう。明らかにユダヤ人難民は好意を持たれていない。他国の事情に干渉することは望まないという各国の姿勢が、ゆくゆくは第二次世界大戦という破局を招くこととなり、数千万の人々の命が失われることになったのだ。

ヨーロッパ以外の反応

さりとて、視界を広げてヨーロッパ大陸以外の国々を見渡したところで、喜ばしい知らせも楽観的な予想もありはしなかった。それでも、例外的な国がないわけではない。実際に何ができたかはさておき、ここで言及しておきたい。南米のボリビアはオーストリア併合後、ユダヤ人難民の保護に同意した数少ない国の一つである。1938年11月9日から10日にかけて、ドイツでユダヤ人に対する暴動が発生した「水晶の夜」事件から、39年末までに、ドイツ・オーストリアから約2万の難民がボリビアにやって来た。これは、オーストラリア、ニュージーランド、南アフリカ、インド、カナダといった英国の自治領に向かった難民の数をはるかに上回っている(27)。

すでに述べたように、ユダヤ系オーストリア人は、国外へ出る目的を果たすため、外国の在外公館に働きかけをおこなった。これまで述べてきた状況に加え、大半のヨーロッパ諸国の国内政策を見れば、前向きの回答を期待するのは甘い考えであった。しかし例外はあった。オーストリアにある諸外国の大使館が、ドイツへの併合後に任務を終了して退去するか、領事館に変更するよう命じられた。すると、中華民国公使の何鳳山は、1938年5月に中華民国総領事に任命された。彼は米国や英国のボランティア組織と協力して、オーストリアからの出国を目指すユダヤ人に、上海のヴィザを発行した(28)。上海はすでに事実上日本の支配下にあり、このヴィザには本当の意味での法的な力がなかったことに注目しなければならない(29)。しかし、行き先がはっきりと決まっている難民は、引き留められることなくオーストリアを出ることが許された。

上海までの当時の旅程は複雑だった。ここは出入りの自由な都市で、書類を用意する必要もなく、誰でも行くことができた。しかし、上海までの旅には渡航文書が必要であった。とはいえ、それは乗船券でよかった。言い方を換えれば、上海に行くたった一つの方法とは、切符を持って客船に乗ることであった。そして上海への上陸は、日本人による管理の下でおこなわれた。言うまでもなく、この切符は非常に高価だった。オーストリアを出ることを望んでいても、誰もが買えるような代物ではない。最寄りの出航地はイタリアのいくつかの港であり、客船はそこから定期的に船客を上海に運んだ。したがってオーストリアからの難民は、イタリアの海岸地方に行き、そこから客船に乗ってスエズ運河を渡り、インド洋を経て上海に向かわねばならなかった。1940年夏に、リトアニアで杉原によって救われたポーランド出身のユダヤ人難民は、上海でオーストリアからの難民と一緒になるのだ(30)。

エヴィアン会議の提唱

オーストリアで起きていることを見て、素知らぬ顔を決め込むことはできなかった。そこで1938年春、多くの国の指導者たちは声明を発表した。世界中の新聞に大きな見出しが溢れかえり、非難声明や哀悼の言葉が載った。その点、1938年の新聞で使われた言葉は、現在の表現とまったく変わりはない。つまり、皮肉を交えて断定的な言葉を使うけれども、読者に行動を促す力はまるでないのだ。結局、米国国務省から発表があり、米国政府は難民問題がいかに深刻であるかを十分に理解しており、ヨーロッパ諸国と西半球の国々、さらにニュージーランドとオーストラリアも加え、これらの国々からなる特別委員会を創設しようとしている、ということだった。委員はヨーロッパに集まって、オーストリアからの政治難民のみならず、ドイツからの政治難民となる可能性のある人々をめぐるこれまでの事態について、話し合うことになった。この会合は、「受け入れ」国、すなわち、当時または将来、難民を受け入れる可能性があると見なされた国だけで構成されることに最初から決まっていた。この後で明らかになるが、いくつかの理由から南米諸国は、ヨーロッパからのユダヤ人難民を特に多く受け入れることができる国として選ばれていた。英国の自治領と植民地もまた、比較的長期間にわたって難民たちが定住できる地域と考えられた。委員会の創設に携わった国々としては、守ってくれるはずの場所を奪われて、苦難に直面している人々を助けさえすれば目的を果たしたことになるのだった。しかし、今ここで問題にしているのが1930年代の末に起きた出来事であり、エヴィアン会議が開かれる前であるにもかかわらず、この頃からすでにユダヤ系難民の存在は、ひそかに検討されていた問題であったことを忘れてはならない。表向きは、誰もがドイツとオーストリアからの政治難民について発言していた。しかし、難民の大半をユダヤ人が占めることは誰の目にも明らかだった。そしてまた、難民がどの民族に属するかによって、移住するには困難を伴う場所があることも、この会議が開かれる前からわかりきっていた。

南米諸国も他の国々と同様に、ユダヤ人の受け入れを渋る理由を色々と並べたてた。いずれも各国の実情を反映しているとは言い難い理由である。しかし、不可解な理由というわけではなかった。まず、地域社会から不満の声があがる恐れがあった。特にドイツ系住民からの不満は多いであろう。また、ユダヤ人が社会秩序を揺るがす恐れもあった。南米最大の国であるブラジルには、しばらく前からナチスを支持し、難民の入国に反対する有力な組織が複数あった。したがって、すでにオーストリアから来ていた難民はもちろん、ドイツから来る可能性もあった難民にとって最大の問題は、国際法的観点から見た彼らの法的な身分ではなかった。彼らがユダヤ系であることが最大の問題であった、と言える。当時の多くの人々は、彼らの出自が障害となっていると考えており、ユダヤ系難民であるというだけで、入国を拒否するには、十二分の根拠があると理解していたのだ。

もちろん、オーストリアやドイツから逃れて来た人々が受け入れてもらえなかった唯一の理由は、彼らの出自がユダヤ人であったからだ、という仮説を立て、もっぱらこれに固執するのは行き過ぎである。さらに、この仮説を直接証明する証拠となる史料があるとしても、遠回しな表現になっているか、如才なく修正されたものばかりであることに留意しなければなるまい。とはいえ、難民に向けられたこうした反ユダヤ的な言動は、間接的な表現を採りながらも枚挙に暇がなく、それに気づかずにいることは不可能であった。したがって、難民がユダヤ人であるから受け入れてもらえなかったのではないか、という推測ならば申し分なく成り立つであろう。

ところで、この会議の実現に向けて、ドイツは何か関わりを持ったのであろうか。ふとそんな疑問が湧いてくる。会議に参加して、統計上の数字や財政に関する計算値を提示し、ユダヤ人への不平不満を並べながら、ユダヤ人がいなくなったドイツへの展望を示すべきなのは、ドイツの代表者をおいて他にない。しかし、ドイツ国民のみならず、併合前までオーストリアの国民だった人々が、さまざまな権利を侵害されていた。さらに、人間が生来有する基本的人権と自由にも抑圧が加えられていた。その点を考慮すれば、ドイツの参加は好ましいとは言えなかった。米国の国務長官コーデル・ハルの忠告に従い、ドイツは会議に呼ばれなかった。

米国政府による会議への招待状

エヴィアン会議への公式の招待状の文言は、丁寧に読む価値があると筆者は考える。その内容はきわめて説得力のある言葉で語られており、真意はおのずと伝わる。引用を掲げておこう。

「アメリカ合衆国より、難民問題討議のための政府間協議のご提案」
アメリカ合衆国政府は、政治難民問題の切迫性を痛感し、ヨーロッパ、および本邦が属する西半球の複数の政府に対し、オーストリア、そして今後おそらくドイツから到来する政治難民の移住を円滑におこなうことを目指した特別委員会の設立に向けて、ご協力いただけるかどうか問い合わせて参りました。委員会に出席する代表は関係政府が任命する一方で、前記の移住を早急におこなうにあたり必要とされる資金は、民間団体および各国が提供するというのが当方の案です。さらにいかなる国も、現行法において許容されている人数を超えた移民の受け入れを期待されることもなく、求められることもないとご承知おきくださいい。……(31)

この招待状の言葉遣いに接すれば、外交文書に疎い者であっても奇異の感を抱いたに違いない。政治難民という言葉を使いながら、なぜ彼らがユダヤ人である場合が圧倒的に多い、と言わないのであろうか。その彼らが、政治的信念や所属する政党ではなく、帰属する民族ゆえに政治難民として扱われている、と言わないのはなぜであろうか。こうして、問題の要因にすら触れることなく、どの国に対しても、ただちに具体的な行動を起こすよう要請することもなければ、促すこともしない。行動を起こせば、関係国政府の支出はさらに増えることになるからだ。その点を明確に伝えることがこの招待状の役割であり、それ以上に汲み取るべき情報はなかった。実際にエヴィアン会議の主催者たちは、各国および非政府組織の代表に対して会議の席に着き、何十万という難民の運命について討議するよう求めた。しかしその一方で、そもそもなぜ彼らは難民となったか、なぜ突然祖国ですべての権利を奪われ、「ペルソナ・ノン・グラータ」となってしまったのか、その理由を主催者たちは明言しなかった。

難民を受け入れる能力は別として、各国で難民を受け入れようとする意欲が、1930年代に入ると、年を追うごとに失われつつあったことに触れておかねばならない。その原因は、大恐慌の影響を蒙った経済悪化と、高まるナショナリズムである。そうであるならば、前述した米国政府からの招待状の内容は、当時の時代精神と完全に合致していたといえる。さらにまた、これも言葉遣いだけは力強い断定的な文章の一つとして読まれ、理解されたことだろう。

ドイツ難民高等弁務官事務所

1933年、国際連盟はドイツ難民高等弁務官事務所を創設した。当時ドイツで権力を握っていたあの政党には、政治的に対立する人々への態度を軟化させる意志など毛頭なく、必然的にドイツから彼らが移住する原因となることは明らかだった。しかしすでに当時から、難民救済のための財政的援助は、民間の寄付提供者と財団によっておこなわれるだけだった。言い換えれば、「溺れている者たちに援助の手を差し伸べることができるかどうか、それは溺れている者たち次第だ」[32]という状況にあった。創設されたばかりの高等弁務官事務所も、この引用文が象徴するような沈痛な雰囲気に包まれていた。ここには、ドイツの新体制のおかげで辛苦を嘗めている人々を救う実力も資金もなかった。書類にはただ空疎な言葉が並び、字面だけは威勢の良い発表が果てしなく続いた。国際連盟は当時、米外交官のジェームズ・G・マクドナルドをこの高等弁務官事務所の代表に据えていた。しかし彼の給与と仕事上の経費は、複数あるユダヤ人のNGOが支払うことになっていた[33]。弁務官事務所の理事会は、エヴィアン会議と同様に、難民の入国を認める可能性のある国の代表から構成されていた。この専門委員会に与えられた役割は、難民問題の調査であり、国家と民間団体が相互に協力することを求めながら、財政問題と役所での手続き上の問題を解決し、難民の負担を軽減することを目指した。この高等弁務官事務所の他に、ナンセン国際難民事務所という機関があり、ソ連成立以前のロシア帝国からの難民問題を専門に扱っていた。この二つの統合を推し進めようとする動きがあった。

しかし、こうした提案はなおざりにされた。

インドのパンジャブ州で、知事としての職務を全うしたハーバート・エマーソン卿が、新たにドイツ難民高等弁務官事務所代表の職を与えられた(34)。しかし、その財政的および法的な力はひどく制限されていた。国際連盟本部の活動は遅々として進まない。新たな組織を作るのであれば、仕事の遅い国際連盟の組織とは切り離して活動を進めるほうが、はるかに能率が良かろうとフランクリン・ローズベルト大統領は感じていたが、けだし当然であった。

難民受け入れと国内問題

オーストリア併合から数日が経過した。一連の出来事をきっかけとして、オーストリアからの移民の流入が増加することは、この事態に関心を寄せていた政治家たちにとって明白であった。いや、明白であったはずなのだ。そこで英国政府は、他国の政府同様に応急措置を講じて、入国する旅行者の流れに制限をかける法令を発効した(35)。こうなると、身元と国籍を証明する文書をめぐって、厄介な問題が起こりそうだった。具体的には、ドイツ政府がドイツを出る人々にパスポートの発行を拒むであろうし、こうした人々がユダヤ人であることも予想できたのである。また、外国に住むドイツ国民の場合、国籍を証明する文書を受け取るために、各国にあるドイツ大使館領事部および領事館で登録せざるをえなくなる、とも考えられていた(36)。さらに、難民危機にはつきものの、財源に関する問題もあった。難民の流入が増加すれば、予算の中から難民向けの補助金に充てる金額も当然増える。

少なくとも国境線の一部を通過可能な状態にしつつ、流入が見込まれる移民の数を制限するために、英国はオーストリア住民のためのヴィザを5月2日から、ドイツ国民には5月21日より導入した。さらに、やむを得ない場合、難民は永続的ではないが、一時的な保護を受けられることが決まった[37]。国会議員や名士の中には、こうした制限に反対意見を述べる者もいた。しかし、難民および亡命を希望する人々に対して厳しい制限を課すべきだとする主張は、国内の経済事情が厳しいことをその主な論拠としていた。さらに、地域の労働組合は、難民を労働市場に受け入れることに反対した[38]。英国外務省の旅券管理局の回覧文書の一つに、難民の数が増加すれば、経済的にも社会的にも不都合な結果をもたらすことになると明記されていた。好ましからざる難民は、職業および収入によって四つの範疇に分類された。ⓐ商人・職人。英国にて仕事を探す可能性のある人物、ⓑ販売事業者。収入が手数料と営業成績によって決まる人物、ⓒ著名ではない芸術家、ⓓ弁護士・医師・歯科医。例外が認められたのは、保護を求める人々が、自分の政治的信条と行動ゆえに、危険が迫っていることを証明できる場合か、親族が英国にいる場合のどちらかに限られた[39]。

　今から振り返れば、主客転倒もはなはだしい話だが、いくつかの政府がオーストリアからの難民の受け入れ可能な人数に制限をかけるか、まったく受け入れを拒んだのは、自国での反ユダヤ主義運動の高まりを防ぐ意図があったためだ。すでに述べたように、１９３０年代には、米国でもヨーロッパでも、反ユダヤ主義の風潮が高まりつつあるのが実状だった。政治家たちは、ユダヤ人難民の数が増えれば国民が不満を抱き、反ユダヤ主義的な動きが勢いを増すことを恐れ、ユダヤ人難民の到来に制限を課そうとした。英国の新聞『デイリー・エクスプレス』紙は、「オーストリアとドイツから来たユダヤ人移民が増加すれば、国内の反ユダヤ主義的思想はさらに拡がり、極左勢力への支持が集まることになるだろう」と書いた。また、難民の入国を自由に認める政策を採れば、ポーランド、ルーマニア、ハンガリーといった東欧諸国が、自国のユダヤ人を強制的に追い出すことにもなりかねない。『デイリー・エクスプレス』紙は次のように問う。我が英国も「他国同様に、彼らの入国を許す」義務があるのか、と。「反ユダヤ主義運動による騒動が起こることを、我々は断じて望んでいないのだから、ここは良識に従って、移民申請者の一部に入国を認めないよう強く求める」(40)。

ナチスの思うつぼにはまらないよう、難民たちがユダヤ人であるか、それとも非ユダヤ人であるか、という分類はあえておこなわれなかった。しかし、塗炭の苦しみを舐めている人々にしてみれば、それがどれほどの救いになったであろうか。もちろん、何にもならない。ユダヤ人難民を受け入れることができたにもかかわらず、受け入れを望まなかった国は、結果的に、ドイツの人種政策に手を貸していたのではなかろうか。

さらに、オーストリアとドイツのユダヤ人には入国を認める、という例外を認めてしまえば、次は東欧のユダヤ人にも認めざるをえなくなる、という危惧があった。オーストリアとドイツからやって来るだけでも数万人、場合によっては数十万人になるだろう。それが、何百万人にまで膨れ上がるかもしれない。誰もそんな状況を望んでいなかった。ドイツは自国民、主にユダヤ人に対して、随分と厳しい姿勢をとっていた。それに対抗して各国が目指したのは、難民の流入増加に備えた対策を立てるという前例を作らないことだった。残念なことにその結果、不運な人々は運命に身を委ねるほかなくなったのである。

専門家の中には、エヴィアン会議は最初から失敗すべくして失敗した、と言う者がいる。完全に行き当たりばったりの会議であって、協議事項に首尾一貫性がまったくなかった、それだけでも不成功は避けがたかったというわけだ。会議の旗振り役を担った米国は、スイスのジュネーブで会議を開催する意向だった。しかしスイス側はこの提案をはねつけた。理由はいくつかあった。とりわけ、国際連盟とドイツ難民高等弁務官事務所が、ジュネーブで活動していたことが大きな理由となった。というのは、スイスの政府官僚たちは、難民問題に関する会議を開催したところで、現在自国で活動している、というより、ただ存在しているに過ぎない二つの国際的な組織の焼き直しに終わるだけなら無駄ではないか、と考えたらしいのである。第二の理由は、この種の会議の開催地が、この先も常にジュネーブになるのではないか、という懸念である。最後に、スイスは大きな隣国であるドイツを苛立たせたくなかった、という風説があった。これが、少なくとも表向きの理由となった。当時まだフランスの首相であったレオン・ブルムは、ジュネーブの代わりに、エヴィアンにあるオテル・ロワイヤルを会議場として提案した。

ローズベルト大統領は、USスチール社で会長を務めた経歴を持つマイロン・C・テイラーを、この会議の米国代表にすることを決めた。その補佐役としてロバート・ペル、さらに国務省を代表してジョージ・ブラントが任命された。テイラーは特命全権大使の肩書が与えられ、会議の議長に選出された(41)。どれほど確かな根拠によるのかはわからないが、経験豊富な外交官ではなくテイラーが選ばれたのは、米国政府が初めからこの会議に本気で臨んでいないからだ、という噂があった。

ところで、ローズベルトが慎重に事を進めたのには、それなりの理由があった。話は1930年9

月に遡る。時のハーバード・フーバー大統領は、移民申請者が米国で自立して生活できる人間であるか否か、その点を特に注意するよう在外公館の職員に指示した。自活できないことを示す兆候が何か少しでもあれば、申請をしてもヴィザは発給されないことになった(42)。こうした政策を実施すると、目に見えて成果は上がった。1930年に米国へ移住した人々の数は、第一次世界大戦後にさまざまな規制が作られたため、すでに25万人近くに減少していた。それが1931年には9万7000人、1932年にはわずか3万5000人に落ち込んだ(43)。ドイツからの移民は、1929年の4万8000人から1932年はなんと1320人となった(44)。しかし1935年、さまざまなユダヤ人団体が圧力をかけ続けた結果、ローズベルト政権はヴィザ発給の条件を緩和する決定を下した。事実、大使館領事部および領事館には、移民申請者の財力を判断するにあたって、従来を上回る自由裁量権が与えられた。これ以後、大使館領事部および領事館の判断によって、働くことができず生活保護を受給しない限り生活できない人物を除いて、ヴィザが与えられるようになった。以前ならば、入植しても自活できない疑いのある人物には、本国の移民帰化局が直接審査して、ヴィザを下ろさなかったのとは対照的である。これまで以上に寛容になったこうした判断のおかげで、ドイツからの人の流れは大幅に増えた。1936年にドイツから米国に移住した人々は6700人、1937年は1万2500人、そして1938年には、移民の数は2万を超えた(45)。とはいえ、ドイツからの移民の増加は、米国に1年間に割り当てられた2万7377人を超えない、という条件をあくまで満たさなければならなかった。しかも、オーストリアでの危機的な状況や、年を追うごとに悪化するドイツの状態には十分に注意していたにもかかわらず、この割り当て枠を増やす予定はなかった。

米国の失業率は、1938年に過去最高の1100万人に達している。またある調査によると、アメリカ国民の中で、年間の移民割り当て数の制限解除を支持するのは、たったの4・9%であった。かたや、67・4%の国民が、移民の全面中止に賛成していた。故国がどこであろうと、あらゆる移民に反対したのである。以後オーストリアからやって来る移民は、一も二もなく共産主義者であろうと見なされた。米国に住むユダヤ人の20%もの人々が、移民政策の強化に対して賛意を表したのは、こうした事情が与っている(46)。

世論調査では、回答者の65%がローズベルト大統領の三選を支持しないと答えた。このためでもあろうか、ローズベルトは公式の発言の中で、ユダヤ人難民の問題を取り上げることを避けた。その代わりに、エヴィアン会議とは政治的な理由による移民の問題を話し合う場である、と彼は述べ、フランコ政権のもとで弾圧されたスペインの旧共和国派や、ナチスに締め付けられていたドイツのカトリック教徒、はてはソ連から追放されたトロツキスト(訳注7)までも引き合いに出した。

会議開催に向けての駆け引き

エヴィアン会議の進め方について話し合いがおこなわれた。非公開つまり秘密会の方式による、実務本位の会議形式がもっとも無難ということで、提唱国も参加国も意見の一致を見た。この方針に沿って、公式声明の発表は可能な限りおこなわないこととなった。会議全体の権威を、仮にも損なわないようにするのが狙いだった。それにしても、数十万人のユダヤ人の命運が危険に晒されていることは、一般市民の目にも明らかだった。また、ユダヤ人難民に同情を寄せるにせよ反感を抱くにせよ、何らかの決定が下されねばならないことも明白だった。そのための会議であるにもかかわらず、発言した出席者の中に、発言の内容に責任を持とうと思った者が一人でもいたとは思えない。彼らは事例を引用するにしても、発表においても、声明を出すにしても、納得のいく説明をしたいとは思っていなかった。会議の最終日の日取りはあらかじめ決められていた。英国国王が7月19日にパリに到着することになっていたのだ。エヴィアン会議に出席していた多くの人々は、その立場上、国王の来訪に伴う歓迎会や会合にも出席しなければならなかった。そのため、エヴィアン会議は7月17日までに閉幕する必要があった。英国国王のパリ到着に必ず間に合うように、出席者には2日間の余裕が与えられたわけだ。

オーストリアで起きていたことは、今でこそ人道に対する危機と見なされ、甚だしく人権を蹂躙した行為と考えられている。当時、世界中の新聞がこの出来事を報じていた。しかし、すべての国家がこの問題への介入に無条件で同意したわけではない。会期中はいっさいパレスチナの問題を持ち出さない、という条件が受け入れられてはじめて、大英帝国は会議に参加することに同意した。ユダヤ人の移住とシオニズムの思想は、パレスチナの地と切っても切り離せなかった。しかし当時の英国は、パレスチナ地域で暮らしていたアラブ人たちと良好な関係を維持するため、ここへの移住を求めるユ

(訳注7) トロツキストとは、ヨシフ・スターリンの主張するソ連一国による社会主義建設の考え方を否定し、世界全体で社会主義革命を起こすと主張する人々である。

ダヤ人に肩入れすることも、彼らと話し合うことも、共に避けていた。ユダヤ人にパレスチナの地に赴くように圧力をかけるような真似を今後はしない、という保証を米国から取り付けると、ようやく英国は会議への参加に同意した。英国のこうした姿勢は少しも珍しいものではなかった。米国の方でも英国に対して、移民政策を変更して受け入れる難民の数を増やす必要がある、などと主張しないように約束させていた(47)。ところで英国はこの後も、ユダヤ人のパレスチナ入植をめぐる政策の見直しをするよう迫られることになる。民間団体が、英国に直接働きかけずに要求をつきつけてきたのだ。7月10日、「パレスチナ委任統治を支持するアメリカ連合」という団体が、会議の議長である米国代表テイラーに要請をおこなった。その内容は、パレスチナにユダヤ人が移住できるように門戸を開放すべきである、と英国代表に「熱心に言い聞かせる」ようテイラー議長に求めるものであった(48)。

参加国の顔ぶれ

米国のローズベルト大統領は、1938年春、オーストリアのユダヤ人をめぐる事態を収拾すべく、自ら音頭を取ってエヴィアン会議を招集した。しかし、この会議の結果がどうなるか、また世界がこの会議にどのような見方をとるか、その点が明確ではなかった。また当然のことながら、こうした状況では、ドイツが好意的な印象を持たれることを期待するのは難しかった。そのため、エヴィアン会議の開催が発表され、前述したように招待されなかったドイツは、チェコスロバキア、ユーゴスラビア、ルーマニア、ハンガリーに、エヴィアン会議の代わりになるような会議を、1938年の夏の終わりに開催するよう迫った(49)。残念ながら、開会前からおおよそ見当はついていたものの、結局エヴィアン会議が下す決定には、情勢の変化をもたらす力はなく、出席者はユダヤ人に惜しみなく共感を示すものの、実は関心のないことが次第に明らかになっていった。それと共に、エヴィアン会議に対抗する会議の構想も放棄されたのは皮肉である。

エヴィアン会議に列席した国々は、オーストリアとドイツからの難民を受け入れることができた。ただし参加国の数は、移民の受け入れ能力の有無や政治体制による制約もあり、現在の視点から見れば多かったとは言えない。しかし、この数でも十分であった。最終的な参加国を列挙すれば、次の通りとなる。

アイルランド、アメリカ合衆国、アルゼンチン、イギリス、ウルグアイ、エクアドル、オーストラリア、オランダ、カナダ、キューバ、グアテマラ、コスタリカ、コロンビア、スイス、スウェーデン、チリ、デンマーク、ドミニカ共和国、ニカラグア、ニュージーランド、ノルウェー、ハイチ、パナマ、パラグアイ、ブラジル、フランス、ベネズエラ、ペルー、ベルギー、ボリビア、ホンジュラス、メキシコ。

さらに、いくつかの国が会議に立ち会うように要請された。ポーランド、ハンガリー、ルーマニアである。ソ連を別とすれば、この三国はヨーロッパでユダヤ人の人口がもっとも多かった。同様に、会議に立ち会うという形で参加を認められたのが、南アフリカ連邦である。ソ連は、ユダヤ人の人口が当時は世界最大であったにもかかわらず出席しなかった。ソ連の言い分は、このような催し物など、自国の体制に思想的に敵対するトロツキストを保護する口実となるだけである、というものだった。

しかし、ソ連の不参加は重視されるべきだと筆者は考える。理由はいくつかある。まず、まもなく1940年代に起こる出来事に少し目を向けてほしい。ユダヤ人難民が、ソ連に占領されていたリトアニアを離れる方法を模索し始めたのが、1940年の夏であったことが思い出される。筆者は、ソ連に亡命先を求めたオーストリア系ユダヤ人難民が、1938年の段階でかなりの数に上っていたことを示す史料を一つも目にしたことはない。しかしそう推測することは可能だ。1939年の独ソ不可侵条約締結後に、ナチス・ドイツと手を組んだソ連のような国に亡命を求めるとしたら、それはかなり異様なことだ。しかし、1938年の状況は少々異なっていた。にもかかわらず、32カ国の代表がエヴィアンに集まり、難民危機の解決に取り組もうとしている中で、ソ連の代表は一人も招かれなかった。招くまでもない国というのが、当時のソ連に対する評価だったのだ。こうした事情が、従来までの学術的な研究においては、これ以上広い視野から論じられることはなかった。しかしこれこそ、1940年夏のリトアニアでの出来事の前奏曲というに真にふさわしいと思う。杉原千畝の「命のヴィザ」の物語は、ある意味ではエヴィアン会議から始まったと言ってもよい。

開会

さまざまな不安や懐疑的な見方はあったものの、エヴィアン会議は7月6日、オテル・ロワイヤルにて正式な会合に入った。32カ国から140名の代表が出席した。併合されたオーストリアを含めたドイツの状況は、一つの独立国の国内問題に留まらなかった。天賦人権が侵害されていることが問題であった。一部の国民が法の保護を受けられない状態に追いやられ、社会との関わりが断たれようとする瀬戸際にあったからである。そこで、マイケル・ハンソンを委員長とする委員会がまず行動をおこした。委員会内の作業部会は、ドイツの状況と法律的視点から見た難民の地位を明らかにしなければならなかった。ハンソン委員長はノルウェーの裁判官。さらに、米国、英国、カナダ、フランス、オランダ、スイスから派遣された各国代表が委員会を構成していた。この委員会に委員を送り込んだ国をよく見てみると、ほとんどがオーストリア併合後に、規制を強化した移民政策を慌てて導入した国であることがわかる。そもそも、これらの国々は欧米の主要国であり、責任を持って自らの政策を決定すべき国家であった。その反面、問題の解決を図る際に、他国に任せようとする傾向があった。こうした国々が動いて大きく状況が変われば、オーストリアの不幸な人々を救い出すことはできたかもしれないが、期待したところで大した意味がないことは明らかだった。

すでに触れたように、いかなる形であれ、この会議での話し合いが公開されることは期待できなかった。他の国際会議と比較すると閉鎖的なこの方式は、主催者側が前もって決めたものだった。しかし、人道危機に対処しようとすれば、議事の内容を公表せずに、完全に隠し通すような真似はできなかった。ここで決定的な役割を果たしたのは、民間団体に他ならない。紛れもなく民間団体こそが全議事日程の進捗状況を左右し、会議の成果に影響を与えたのだ。結果的に、39の難民救済団体がエヴィアン会議への列席を認められた。しかし作業部会に出席する許可を与えられたのは24団体のみである。許可の下りなかった団体でも、会議に関する情報を直接得ることはできた。しかし、それ以上のことはできなかった。何であれ最初に決定した事は変更しないという形式主義にとらわれて、ここでも柔軟な対応がとられなかったのだ。たとえば、会議出席者の合意に基づき、民間の国際的な救済団体から一人ずつ発表者を出して、10分間で報告をさせることになった。ところが、それがどうも長引きそうだとわかると、5分に短縮された。断るまでもなく、オーストリアから逃れてきた難民の代表者は、いかなる話し合いの場にも出席は認められなかった。今から考えれば、奇妙な話ではないか。

会議の出席者たちは、議長を選ぶまでに2日をかけた。これでは人間の運命を弄び、貴重な時間を無駄に費やしたようなものだ。米国はフランス代表が議長になるべきと提案した。一方、フランスと英国にはその責務を果たす気はなく、米国代表のテイラーに立候補するよう強く求めた(50)。もちろんこれは、どの国が議長としての責任を負うか、という問題には留まらなかった。米国の代表団は、国際連盟から独立した恒久的な別個の組織を設立すべし、と言明していた。英国側は、国際連盟が任命した難民高等弁務局を活用しながら、現状通りのまま事に当たることを是とした。難民高等弁務局は、国家間の政治および難民をめぐる問題の解決法に変化をもたらしていた。こうした変化の中で、エヴィアン会議の議長を務めるのは、会議を首唱した米国の責任であることは明らかだった(51)。フランス代表が議長役を辞退したもう一つの理由が明らかになったのは、この会議の本拠をどこに構えるか、という点に討議が及んだ時だった。フランス代表団のピエール・ブレッシーは、本拠地をパリに据えることに本国政府が難色を示している旨を伝えた。彼が伝えたその理由とは、緊張の高まりによってドイツとの関係を損なう恐れのある事態は避けたい、ということだった(52)。一般的に言って、こうした状況では、会議の旗振り役にして全体を主導する米国が議長を務め、失敗した場合はその責を負うのが道理というものである。テイラー議長は、100万を超える人々が、母国から放逐されかねない状況にあることを概説した。彼の演説によれば、この会議での討議を経て、ぜひとも政府間事務局を設立し、こうした問題の解決を主たる業務としなければならない、ということだった(53)。ついでながら、この演説の中で、ただの一度もユダヤ民族について触れられることはなかった！

「しかし、何ということだ」

この会議で演説をおこなうことになったのは25人。ごく些細な例外を除けば、すべての演説が同じ型を踏襲した。まず銘々が難民に対する共感と同情をたっぷりとこめて話をする。「しかし、何ということだ」、経済的、文化的、（ユダヤ民族には言及していないのに）民族的、そして思想的な壁が難民の受け入れを阻んでいる、というパターンだ。誰もが同じ問題について語った。そして、もっとも胸を痛め、連帯をもっとも強く訴えているのは誰か、そんなことを競い合いながら、その実なんの解決策も提案できなかった。彼らは悪循環に陥っていたと言ってもよい。

英国代表のウィンタートン卿によると、英国はこの状況に対する解決策を発見しようとしていた。「しかし、何ということだ」。高水準の失業率と人口過密状態ゆえに、この国では昔ながらの難民政策を継続できないという(54)。フランス代表団のアンリ・ベランジェの立場も、これと非常に似通っていた。フランスには来客をもてなす根強い伝統がある。しかも昔から迫害を受けたさまざまな人々を受け入れてきた。「しかし、何ということだ」。現在の経済的、政治的、社会的状況のために、以前より厳しい移民受け入れ政策を採らざるを得ないのだ。この演説に先立つ6月21日のこと、フランス植民地相のジョルジュ・マンデルは、彼自身ユダヤ人でありながら、海外にあるフランスの植民地でユダヤ人を受け入れるならば、良い結果どころか危険がもたらされると述べていた。こうして彼は、フランスの広大な領土を活用する可能性を、完全に否定してしまった(55)。オランダ外務省を代表して出席したベーカ・アンドレーアイはこう言った。オランダは亡命者を受け入れてきた国として長く知られている、「しかし、何ということだ」、小国の悲しさゆえ、早くも受容の限度に達してしまった、もはや移民の数を増やす可能性はない、と。当時のオランダは人口900万。すでに2万4000人の移民を受け入れていた。かたや海外植民地の気候は、生活するにはまったく不向きであった(56)。1940年にヤン・ツヴァルテンデイクは、当時オランダ領だったスリナムとキュラソー島への入国ヴィザを必要としないという証明書を発行した。その「キュラソー・ヴィザ」をここで思い出して欲しい。

結果的に、こうした国々の代表が、マイケル・ハンソン委員会を組織することとなった。その任務は、法的な視点から難民の地位を明確にすることである。しかしどの国もそろって、難民の受け入れを拒んでいた(57)。

ベルギー代表のロベール・ドゥ・フォアは、第一次世界大戦以来、ロシアとアルメニアから多くの難民をベルギーが受け入れており、この時点で800万の人口に対して、外国からの移民が30万を少し超えていることを、会議の出席者に改めて認識させた(58)。オーストラリアの代表を務めた貿易大臣のトーマス・ウォルター・ホワイトは、我が国はすでに数百名のユダヤ人を受け入れている、移民受け入れの割り当て数をこれ以上増やすことはできない、と報告した。さらに、オーストラリアには民族を原因とする国内問題は存在しない、このような新興国が、宗主国である英国以外の国民を、しかも同化しにくい人々を受け入れるのは不合理だ、という言い分を述べた(59)。

中南米諸国の代表たち

米国とヨーロッパ諸国が、ともにもっとも大きな期待を寄せたのは、中南米諸国である。アルゼンチン代表のトマス・レ・ブレトンによれば、アルゼンチンは、アメリカ大陸諸国と単純に比較しても、また、各国の人口を考慮して比較しても、もっとも多くの難民を温かく迎え入れてきた。各国の人口密度を考えても、やむなく国を出た人々をもっとも多く受け入れているのはアルゼンチンである、というのが彼の見方だった。アルゼンチンの人口は米国の10分の1でありながら、引き受けてきたユダヤ人の数は米国をわずかに下回るに過ぎないのであれば、アルゼンチンはすでにその責任を可能な限り果たしている、とレ・ブレトンは感じていた。その一方で、この国にやって来たユダヤ人移民の数は、他国と同様に劇的に減少していた。1937年には、5000人をわずかに超えるユダヤ人が、アルゼンチンへの入国を許されたにとどまる。1938年には、たったの1050人だ(60)。とはいうものの、1933年から45年までの間に、アルゼンチンに辿り着いたユダヤ人の総計は、4万人をやや上回った。さらにほぼ同数のユダヤ人が、おもにパラグアイとボリビアを経由した不法入国をおこなった(61)。一方、ブラジルで入国を許されたユダヤ人は、1938年には530名に過ぎない。しかし同国政府は、続く1939年から41年の間に、9000名の難民を受け入れることに同意した。

合わせて2万5000人のユダヤ人が、1933年から42年の間にこの国にやって来たことになる。

エヴィアン会議の全体的な進行状況と報道の内容を調べてみると、一連の出来事はすべて、二つのチームで競われる球技の原理に基づいていた、という想定が成り立つ。一方のチームには、英国、フランス、オランダ、ベルギー、そして米国のような伝統ある欧米の主要国がいた。彼らの言い分によれば、相手方のチームには、できるだけ多くのユダヤ人難民を受け入れることが可能であるばかりでなく、当然受け入れるべき国が加わっている。この球技の原理は、ボールならぬ難民を、できるだけすみやかに相手チームの選手に渡し、それをできるだけ長い間抱えているように強いることだ。こうして両チームの選手、つまり参加各国は、会議の始めから終わりまで難民たちをたらい回しにしたのだ。この会議では、どの発言にも難民への思いやりを表現した美辞麗句がふんだんに使われている。それを取り除いた上で、先に触れた「しかし、何ということだ」という慨嘆を切り捨ててみれば、エヴィアン会議の全容をつかんだことになるだろう。

コロンビア代表のヘスース・マリア・イエペスの言によれば、要するにエヴィアン会議とは、原理そして事実に正面から向き合う場である。この時代において、国家が一部の集団から国籍を奪い、無国籍者を作り出すことが許されるのか。ドイツがこれを実行に移したことによって、「悪しき政策」の前例が作り出されてしまった、このエヴィアン会議には、ユダヤ民族が昨今の受難を訴える嘆きの壁のイメージが結びついている、と彼は報告した。この「悪しき政策」に対して断固たる処置を取るべきである。さもなければ、宗教や政治的信念によって身の危険を感じる集団が、今後どれだけ増えるか見当もつかない。こうした「旧世界の悪しき前例」は、対処もされず問題として取り上げられないまま各地に広まる。そうなれば、世界は人間の住む場所ではなくなるだろう。こうした現状の解策の見通しはついている。悪の原因と戦ってその根源を絶てばよいのだ(62)。

イエペスは演説の中で、ドイツにもオーストリアにも、そしてユダヤ人難民にも触れなかった。しかし、おそらくこれほど厳しく核心をついた発言はなかった。「旧世界」に向かって、度を越さない程度の皮肉を数多く交えつつ、事態の結果ではなく、原因に取り組むことを求めたのである。もっとも、こうした演説は非常にまれであったことを付言しておかねばならない。各国代表の大半は、難民を受け入れられない事実を語り、その理由を説明しようとした。しかし、この人道的な危機が発生した原因と経緯がどのようなものか、また、同じような出来事が他国に飛び火しないために、この場合に採るべき対応策は何か、こうした問いかけに対して満足のいく回答を提示しなかった。各国のこうした不甲斐ない実情を思い合わせてみても、エヴィアン会議の全体的な雰囲気は、現代版の「嘆きの壁」を現出させているに過ぎない、というイエペスの発言は正しかった。

では、自国民の市民権、そして生まれながらの人権と自由を、鼻で笑いながら踏みにじるような国家に対し、一般的な文明世界はいかなる態度をとるべきであろうか。国民の権利と自由を尊重するという取り決めを破棄するような国家は、もはや文明国家と見なすべきではないし、国家本来のあり方から外れているという宣言を受けるべきだ。もちろんこの提案が効果を発揮するには、各国がこれを一致団結して尊重しなくてはなるまい。しかし、この考え方はエヴィアン会議では支持されなかった。それはそうとして、今日にいたるまで、世界の「偉大」にして「伝統ある」国々の政策は、エヴィアン会議が辿った軌跡からさほど離れたところにはない。別の「偉大」にして「伝統ある」国が侵略をおこなった場合、これを非難し拒絶することが世界の総意となったとしても、その総意を守り通すことがいかに難しいか、我々は忘れてはいない。

ドミニカ共和国は、実際にはともかく、難民の受け入れに同意した数少ない国の一つである。確かに、手放しで評価することはできない。移民たちには土地と農作物の種、農具、安全の保障が与えられることになっていた。そうすることで、独裁者のラファエル・トルヒーヨ将軍は1937年の秋に、ハイチとの抗争中に約1万人をハイチ国内で殺害して以来、失墜していた自分の国際的な印象を改善しようとしたのだ(63)。ヨーロッパを追われた白人の難民を受け入れる目的は、皮膚の色が黒いハイチ系住民の代わりとして彼らを新たに迎え入れ、民族問題を解決することだった。ついに、トルヒーヨが率いる政府は、難民10万人の入国を認めるという合意に至ろうとした。米国ユダヤ人合同配分委員会（以下、ジョイント）(訳注8)はこの移民を実現するため、資金の調達まで始めていた。しかし、最終的な結果はまことに低調だった。この国に移民したのは、わずか640人である。

7月2日、キューバはリトアニア、ラトヴィア、エストニア、オーストリアをはじめとするいくつかの国を離れた人々の入国を禁止した。ちなみに、併合前のオーストリア国民で、ドイツのパスポートを提示する人間には例外が設けられている、という噂があった(64)。もちろん根も葉もないでたらめだ。実際のところ当時のドイツは、かつてオーストリア国民だったユダヤ系住民に、その国籍を証明する文書を、ドイツ系オーストリア人と同じように発給する意向など、さらさら持ち合わせていなかった。

閉幕へ

エヴィアン会議も閉幕に近づき、最終的な決議がいくつかなされた。決議全般に、無邪気なほど楽観的な雰囲気が感じられる。出席者が時代の英雄を自負するのも不思議ではないような、そんな重要な特徴がいくつかあった。その一つが、難民問題を解決するために、恒久的な組織を新たに設立することである。しかもこの組織は、次の点で、従来までの類似した組織と異なっていた。

①組織の重要性が増した。米国の代表たちが、そのメンバーに加わったためである。
②この組織の議長は米国の官僚が務める。この人物は、米国政府から重大な権限を付与される。
③新しい組織に参加する資格は、原則的に、難民の故国には付与されないこととなった。つまり、市民権や人権を蹂躙した国家がこの新組織に参加することは、法的に不可能となった。
④これまでは、ドイツからの難民ばかりが討議の対象となっていた。しかし将来、難民問題を取り

(訳注8) ジョイントは、1914年にニューヨークで創設されたユダヤ人救済機関である。アメリカ国内のユダヤ人団体から寄付を募り、差別や戦禍で困窮するユダヤ人を支援し、パレスチナへの移住を助けることを目的としている。第二次大戦初期リトアニアでは、杉原千畝からヴィザを手に入れた多数のユダヤ人難民に、日本までの高額な旅費を支給し、彼らの命を救った。

扱うこの組織が、すべての難民を保護の対象に含める可能性もあった(65)。

ここで、非常に注目すべき問題が一つ発生したことを付言しておこう。世界中の報道機関も論評を加えたこの問題とは、ドイツがいくつかの小国に圧力をかけた結果、最終決議において、難民が自分の財産に対して権利を有することを明記した原文が削除されたのだ(66)。財産の問題は、難民が直面した数々の困難の一つである。大半の国家ならば、蓄えがあって経済的に自立できる難民であれば受け入れていただろう。しかし、自分たちの正当な財産をすべて奪われると、難民たちは祖国での権利を奪われたばかりか、他国にとっても価値のない存在となり、人口統計における増加分としか見なされなかった。

さらに、エヴィアン会議だけでなく、ヨーロッパ諸国も約束の言葉には事欠かなかったことは言うまでもない。今は難民の受け入れはできないが、将来になれば話は変わるかもしれない、亡命は認めないけれども、それ以外ならさしあたり、難民たちへの全面的な支援を継続しよう、という誓約である。新たな会議の開催と、その恒久的な本部の設置は、ともにロンドンでおこなわれる運びとなった。

新しい委員会は、米国、英国、フランス、アルゼンチン、ブラジルの代表から構成されている。ローズベルトの友人、ジョージ・ルブリーが委員長に指名された(67)。委員会設立のニュースに華やかさが欠けていたわけではない。しかし実際には、資金不足と影の薄さがたたって、委員会の活動は最小限にとどまった。

エヴィアン会議の歴史的意義

エヴィアンの地で起きたことはいずれも重要である。それには、いくつかの理由がある。すでに触れたように、この会議は、いわば1939年と記された扉を開ける鍵である。この扉が開くと、我々の眼前には、1941年から45年までの身の毛のよだつような映像が現れる。筆者としては、エヴィアン会議を次のようにとらえることを提案したい。まず、第二次世界大戦中の難民たちの歴史の前史として。また、杉原千畝の「命のヴィザ」の前奏曲として。そして最後に、ホロコーストの発端とその影響を改めて見直す契機として。

真実は一つ、ということはあり得ない。とりわけ、人間関係が問題になる場合はそうだ。この原理をもっとも歴然と証明するのが歴史だ。一連の出来事に対する本書の解釈が批判され、疑問が次々と提起されたとしても、それは至極当然のことである。実際に、あらゆる研究が、通説を覆す仮説であればなおさら、この過程を辿らなくてはならない。沈黙しないことがもっとも重要なのだ。エヴィアン会議が下したさまざまな決定と会議後の出来事に関して、たった一つの真実だの、唯一の解釈だのというものは、どう考えてもあり得ない。さらにエヴィアン会議からわずか一年で生起したいくつかの出来事となれば、議論は百出するであろう。

筆者はここで、会議に出席した国々の姿勢に問題があったことを特に強調しておきたい。なにしろ、全会一致で難民に共感を寄せながら、揃いも揃って「しかし、何ということだ」と嘆く以外に策がなかったのだから。各国が目先の事情に囚われ難民の受け入れを渋った、という事実にこうした姿勢は如実に表れている。その根幹には、「難民対策は必要だが自国では扱いかねる」という考え方が潜んでいる場合が多かった。難民を受け入れられない理由ならば、各国ともいくらでも挙げることができた。移民数の割り当て、国内の失業問題、低迷する経済指標などだ。こうした問題を巡って発言することができたのは、一般の人々、少なくとも一部の人々であり、いずれにせよ報道機関が公表していることに留意すべきである。それよりも、こうした発言がすべて異口同音に、あらかじめ発言者の立場を調整しておいたかのようにおこなわれた、という事実に驚くべきなのかもしれない。まさにこうした状況を踏まえて、次のように想定する研究者もいた。エヴィアン会議の出席者たちは間接的に、しかし十分意思が通じる程度にドイツに伝えたいことがあった。国内のユダヤ系住民を排斥しようとするドイツの政策は、到底受け入れられないものであり、さまざまな問題が顕在化する前に、ドイツは独力でこれに対処すべきである、と(68)。

一方で、次のような仮説も成り立ちうる。1938年の人道上の危機と、れっきとしたドイツ国民であるユダヤ人が置かれた状況を、エヴィアン会議の参加者たちは目の当たりにしていた。そこで彼らはほぼ例外なく、難民受け入れの前例を作らないようにするとともに、今後同じような境遇に置かれる人々が、難民として国を離れるという手段に訴えないよう、受け入れを拒否する選択をしたのだ、と。

アカデミズムでは取り上げられないが、自信ありげなこうした見解を、史料によって証明することはまず不可能だ。とはいえ、比較的筋の通った説明になっているかのような印象は受ける。しかしこの考え方では、私有財産に対する難民の権利を規定した条項が、なぜ会議の最終決議で削除されたのか、その理由をまったく説明できない。前例を作りたくなかったとか、いささか風変わりな方法でドイツに教訓を垂れるつもりだった、といった各国の思惑だけを取り上げて説明するのはなかなか難しい。ここに来て、苦々しく不快な真実が存在することを、誰しも認める勇気を持たなければならないのではないか。

オーストリアとドイツからやって来たユダヤ系の難民は拒絶された。彼らには魅力が感じられなかった。だから、他の国々は国境を閉ざしたのだ。結果的に、大半の国は解決策の模索を続けながら、難民問題に取り組むための組織を進んで次々と設立する方向に向かった。ただしそれは、何ら具体的な策を打つ必要がなく、自腹を切ることもなければ、難民という新参者が、国内の労働市場に入ることを認めない場合に限られていたのが実状だった。

何ともわびしい結論である。しかし、これを論証するために歴史を繙けば、視界の裾野は広がり、会議以前のさまざまな出来事の背景だけでなく、後年の経緯も考慮に入れながら、１９３８年にエヴィアンで起きたことを理解する機会が得られる。こうして、時を隔てた複数の出来事を理論的に結び付けることができれば、仮説を立てる際には結構強固な根拠となる。

この方法を援用するなかで、出来事が起きた時代に生きていた人々を、不公正に扱うことがあるかもしれない。彼らは我々と違って、近い将来、何が自分と自分が生きる世界を待ち受けているのか、知る由もなかったからだ。一方で、現在起きていることが、将来の出来事に直接つながっていることを理解しなければならない。今日の行動から、明日起こることを判断できれば、その判断に従って行動を抑制するだろう。逆に、明日の判断がつかなければ、大胆な行動に出る。ということは、歴史上の出来事は、その後の展開のパターンを参照すれば解釈できることになる。もちろん、そのパターンにも色々な差異はあるだろう。しかし国際政治の場には、年を経ても本質的に変わらない一つの流れがある。それがわかれば、この流れからさまざまな影響が生じたばかりでなく、意外なほど先の出来事まで予見できる、という結論にたどり着くはずだ。

先に「溺れている者たちに援助の手を差し伸べることができるかどうか、それは溺れている者たち次第だ」という、難民に向けられた言葉を引用した。これはエヴィアン会議にこそ当てはまる。残念なことだが、現代の我々は、この会議に続いて何が起きたのかを知っている。「水晶の夜」事件がいつ起きたか、第二次世界大戦ではいかなる残虐行為が人々を待ち受けているかを知っている。こうした一連の出来事の中に、本論で中心的に取り上げる主要登場人物の姿が浮かび上がる。その中には、目立たない者もいれば、何かしら重要な意義を有する人もいる。さらに、彼らが表舞台に立った時期の、というよりは、それ以前のさまざまな現象を体現した国家という存在が視界に入って来る。

第二次大戦の勃発とリトアニアへの難民の流入

前述のように、杉原の物語の話の進め方は、一連の出来事が、それがおこなわれた場所の影響をさほど重視しないまま、歴史の論じ方の型に組み入れられている。領事館がカウナスにあったことは昔から知られているが、そこを首都と定めていたリトアニアという国は、かろうじて印象に残る程度である。この問題にはさまざまな側面があると筆者は考える。まず、杉原千畝の英雄的な行為を原動力としながらも、混乱を招きかねないこの物語は、すべてリトアニアで起きている。この物語に続いて発生する付随した出来事は、科学的な論考には非常に重要である。それは歴史として取り上げるのが妥当であるかどうか、ということに関わるだけではない。リトアニア共和国が忘れられた主人公として、杉原の物語に導入されなければならないもっとも重要な理由がある。それは、独立国としてリトアニアが、難民の問題に関して下したいくつかの決定の結果、難民はリトアニアに移り住み、1940年の夏までこの国で生活したからである。さらに、リトアニアが国家の独立を失ったために、難民たちはリトアニアの代わりに、安全を保障してくれる存在を探すほかなかったからでもある。安全を保障してくれる存在とは、日本の通過ヴィザでありオランダの植民地であった。1940年夏に、リトアニアが国家ではなくなったという状況は、この物語にとってきわめて重要でありながら、どのような形であれ、一般にはほとんど説明もされなければ、何の分析もおこなわれない状態が続いている。ティモシー・スナイダーは、あるインタビューの中で、ホロコーストと法の役割について発言し、次のように語った。

「……実際には、ドイツがユダヤ人への大量虐殺を実行に移すためには、ドイツが他の国家を打ち負かし、その国の法律制度がもはや無効であると発表しなくてはなりません。その結果さまざまな影響が生じます。一つには、ドイツ人たちが自ら、ある特殊な領域で活動していることを理解し始めるのです。しかしもう一方では、ドイツが支配した地域のレベルで考えると、もっとも重要な法律、たとえば財産法がもう機能しなくなると、ユダヤ人から物を盗んでも窃盗にならないわけです。これまでとはまったく異なる政治的な環境が作り出されます。そしてそこで、反ユダヤ主義的な世界観が実行に移されるわけです。こうしたことがすべて、反ユダヤ主義と一種独特な関係を持っているんですよね。ポーランドでの反ユダヤ主義が、どの国民の反ユダヤ主義よりも、ユダヤ人の虐殺を引き起こした可能性が高いというのは本当だろうか。そういう問題を提起することができるでしょう。この可能性は大いにあります。でも大規模な、それこそ何万もの人々を殺害するというような虐殺は、法律がすでに効力を失っている戦時中の社会でしか起こらないことなんです。ビャウィストク西方のイェドヴァブネでユダヤ人を殺害した人々は、殺害に加わらなかった人々よりも反ユダヤ的であった、と言ってまず間違いはありません。でも、独ソ両国によるポーランド侵攻が始まる前の1938年には、彼らはユダヤ人を殺していません。条件がいくつか揃ってから、この場合ですと、法による支配が潰《つい》えて初めて、彼らは殺人者となったのです。……」(69)

非常に興味深く、深い洞察に満ちた意見である。法の優位があり、危機に際して国家とその法を優先させること、それは破壊から我々を守ってくれる文明の救命具となる。逆に言えば、一つの国が独立を奪われ、占領され、戦争に巻き込まれ、それと共にその国の国民が人間性を喪失するのが当たり前のことになれば、地獄への扉が開かれる。もっともおぞましい行為までもが、日常的な現象になりうる。このことを念頭に置いてさらに考えてほしい。ある時点でリトアニアで有益にして非常に重要な決定が下されていなければ、わけても、難民に関する政策が打ち出されていなかったら、日本の領事はカウナスでの己《おの》が任務を全《まっと》うし、他国の外交官と同じように、ソ連に占領されたリトアニアの領土を後にしていたことは明白である。杉原は、まったく知られることがないか、または、ごく少数の専門家にのみ知られる存在に留まったことだろう。その一方で、現在我々が知っている歴史は、世界的によく知られている杉原の英雄的行為を顕彰している。すると、いくつかの出来事がさらに遠景に退き、彼の行動はますます他との連関を失っていく。つまり、外的な要因も関連のある状況も消滅し、杉原の行為そのものが残る。すると我々は、例の「砂漠現象」に絶えず逢着することになる。そこでは誰もが、たった一つの眺めを楽しむことしかできず、周辺では視界が極限にまで悪化し、いまだ踏み荒らされたことのない道を歩いてみようとして周囲を見渡しているうちに、砂漠を進む隊商が慣れ親しんだ道からいつの間にか逸れてしまう。その結果、歴史修正主義者が何かを狙っている、というような誹《そし》りを受ける恐れがある。

リトアニア共和国は、この物語の主役に数えられる。事実、この物語にとって、重要にして欠くべからざる存在であるという点では、難民と同じである。リトアニアがなければ、杉原は1940年の夏に、誰の命も救うことはできなかったであろう。リトアニアは、戦争による残虐行為とナチスおよびソ連の全体主義体制から逃れ、保護を求めてきた何千という人々が避難していた国なのである。

リトアニアという存在はもちろん、リトアニアが独立を守っていた1940年の夏まで、この国が難民の歴史に与えた衝撃も見逃すことはできない。避難先のリトアニアに居住する可能性のあったユダヤ人難民に対して、さまざまな意見があり、そうした意見の背景にあるものに注目すれば、当然のことである。

第1章を、当時の情勢を語る象徴として、エヴィアン会議に充《あ》てたのには理由がある。1938年のこの会議において、ユダヤ人をめぐる問題は、ユダヤ人自身と、難民問題を扱う団体および個人にとって重要であっても、リトアニアおよび諸外国の政策立案者にとってそうでないことははっきりした。エヴィアン会議から1年と少し経過した1939年9月1日、この日に始まった第二次世界大戦は当然のごとく、リトアニアの近隣諸国に難民の波が押し寄せるきっかけを作った。そこに避難してきた人々は、少なくとも一時的にでも、明日の安全を提供してもらえると考えていた。杉原の物語に飛びついては捨ててしまう現代人。その特徴である健忘症のために、当時の出来事も登場人物もあっという間に忘れ去られてしまう。だからこそ、杉原の物語を成立させているあれだけ多くの基本的な要因に、触れる研究が存在しないのではないか。

本書では、第二次世界大戦の開戦時に起きた出来事を解説したり、分析したりする意図もなければ、軍事行動を順を追って深く探求する積りもない。そういうことなら専門家がいる。ここまででおわかりのように、この物語の筋書きの大部分は、その後のさまざまな出来事も含めて、リトアニアを舞台としている。さりとて、独立国リトアニアの最後の年である1940年に対して、詳細な分析を施すことが本書の目的となるわけではない。そもそもそれには複数の研究者が手を付けている。しかも本書では、こうした研究とまったく異なる研究対象が選ばれ、いささか異なる研究手法が用いられている。本書が提案しているのは、政府機関、民間団体、さらに報道機関とそれによって形成された世論を含めた一つの独立国として、リトアニア共和国を難民との関係を通して見ることであり、改めて評価を下すことなのだ。ではこうした研究の枠組みを選ぶ理由とは何であるか。

　エヴィアン会議とそれが下した決定、各国代表の立場、その国が難民を受け入れられない理由、難民という不幸な人々が祖国を離れなければならない状況、彼らがどこの国にも受け入れてもらえない惨状、そしてリトアニアという特定の国家に難民が流入してきた事実は密接にからみあっている。これらを当時の国際情勢を考えながら研究することが、論理的な方法として浮上してくる。その結果、国家一般と難民の関係、リトアニアと難民の関係が示される。

　ヴィザと難民にまつわるこの物語の中には、いささか意外な展開が見られる。ユダヤ人難民が旅費の援助を受けられる環境をうまく利用し、日本までの通過ヴィザを杉原から受け取って、ようやく1940年夏に「大冒険」とも言われる旅が始まったのだった。しかし、最初のヴィザはヴィルニュスにあるリトアニア総領事館にいた難民に与えられたのである。この事実はほとんど知られておらず、世界中の歴史研究においてもほとんど公表されていない。しかし、難民たちの歴史全体の中でも、重要な地位を占めるだけの価値がある出来事である。サンドラ・グリガラヴィチューテは、このテーマに関して、余すところなく研究をおこなった。彼女によれば、9月11日から19日までの間に、A・トリマーカス領事の下で、ヴィルニュスにいたリトアニアの外交官（訳注9）たちが、ポーランドを逃れて来た民間人の難民で、リトアニア人の血を引かない人々に、1000を超える通過ヴィザを手渡した

（訳注9）ヴィルニュスがソ連によってリトアニアに割譲されるのは10月のことであり、ヴィルニュスはこの時点ではポーランド領である。

という(70)。

カール・フォン・クラウゼヴィッツは、「戦争とは政治以外の手段を用いた政治の延長である」という、簡にして要を得た言い回しを残している。しかし世人《せじん》は、戦争は戦闘が連続したもの、と考えるのが通例である。それゆえ戦争に触れる際に意識に上《のぼ》るのは戦闘の場面であって、それがおこなわれた日時や場所はほとんど問題とされない。しかしすでにご承知のように、事はそう単純ではない。しかも20世紀に入って戦争は総力戦となり、かき集められる人々の数は増え、ついに交戦国内には、戦争という悪夢に悩まされずに済んだ者など皆無となる有様であった。誰もが戦争に参加した。一方に、武器を手にして戦った国民がいた。もう一方には、それよりはるかに多くの国民が戦場から遠く離れ、ましてや軍事行動に直接参加することはなかったにもかかわらず、戦争に巻き込まれていた。両者に違いはあれど、相手国からは、同じ敵国民と見なされた。軍事行動が始まれば、重大ではないものの、必然的に始まることがある。一つは民間人の移住の増加である。戦闘の激しさによって、2種類の移住があり得る。まず住民が実際の戦闘がおこなわれている地域に留まることを避けようとして、国内で戦闘の影響を受けていない地域に逃れる場合である。これに対して、住民が自分にとって貴重なものを守る方法として、国外で戦禍を被っていない土地に避難するほかない場合がある。戦争による難民は、行き着き先の土地柄や時期とは無関係に、いかなる国のいかなる環境に身を置こうとも、その国では外国人と呼ばれてしまう。つまり、ある国に入国する外国人と、戦争による難民の著しい共通点は、理由は何であれ、入国先および保護を求めた国の国民ではない、という点である。スナイダーの研究を想起するならば、この点に関して法が重要な役割を果たしている。常識から考えてもそうであろう。加えて、リトアニア共和国による法的な措置が、この推定に根拠を与えてくれる。1933年にリトアニア共和国が発令した「外国人居住法」によると、リトアニア国民でないものは、すべて外国人と見なされる(71)。この法の6年後に制定された「戦争難民監督法」の序文にも、同じような考え方が次のように表明されている。「戦時状態にあるために、リトアニアに入国あるいは亡命した外国人は、戦争による難民と見なされる」(72)。外国人、戦争による難民、リトアニア国民。この三者の関係は、調べれば調べるほど不明瞭であったことがわかる。

国籍の問題は、ヴィルニュス地方がリトアニアに併合された後の1939年の秋に、深刻な問題となった。ナチス・ドイツとソ連によるポーランド侵略戦争による難民が、リトアニア共和国に滞在している間、彼らは法的には外国人と同等の位置づけをされた。難民がリトアニアに到達した際の事情、およびそれに関連する状況は、他の外国人がリトアニアに入国した状況とは違う。何と言っても、難民の資産状況を考えれば、一般の外国人と比べて貧しいのは歴然としていた。しかし難民は日常生活では外国人として扱われ、金銭や社会生活面での問題を自ら解決しなければならない。1939年の秋以前には、リトアニアに住む外国人は二つの集団に分類されていた。一時的な在住者と永住者である(73)。前者の場合、ヴィザに示される条件、もしくは一つ一つの国際協定に則り規制された。後者の場合、必要となる認可を受けなくてはならなかった。もちろん、戦争による混乱が引き起こすような極限状態では、規制の適用は不可能だった。こうした場合、難民は定められた日時に手順を踏まえて登録されなければならなかった(74)。外国人の扱いは、今日に至るまでそれほど変わっていない。たとえば外国人は、特別な許可なくして就職することはできない。難民は主に外国からやって来た者たちだった。したがって、有給の仕事に就くのも起業するのも認められておらず、そのために必要な特別許可を得ることも禁じられていた(75)。一般的な外国人と違い、難民はリトアニアに合法的に留まるために必要な納付金を免除されていた(76)。しかしながら、普通の外国人と難民の違いはここまでであろう。もちろん両者の置かれた状況を考えれば、驚くことではなかろう。外国人にしても難民にしても、便宜上外国人と呼ぶことはできる。しかし平和な時であれ、戦争のような異常事態であれ、他に両者の共通点はある。外国人は、リトアニアの政治団体の活動に参加することを禁じられており、この禁を犯した者は、強制退去させられた(77)。戦争難民監督法の条項によれば、難民の場合にも同様に適用される(78)。

ヴィザあるいは滞在許可証を保有していない外国人を引き留めたり、匿《かくま》ったり、雇い入れるリトアニア国民には、現金で最大1000リタスの罰金が科されるか、もしくは2カ月収監された。1939年、すでに戦争状態に入った状況に鑑み、難民一人を匿ったリトアニア人は、最大で5000リタスの罰金もしくは6カ月の収監となる可能性があった(79)。外国人の中で「リトアニアの国境を、法律で定められた許可がないか、定められた国境通過地点を通らずに国内に入った」者は、国外退去処分となった。この点では、難民も同じであった(80)。もっとも難民の場合、この条項が実際に適用されたとは想像しがたい。無論、彼らが国境を整然と列を作って越えていくさまを単純に想像することはできる。しかし現実は違った。そもそも難民が難民である以上、そうはならなかった。リトアニア国内では、難民は難民であることを証明する書類を携帯し、警察からの求めに応じてそれを提示しなければならなかった。前述のごとく、難民と外国人への対応には、一致する点が多い。やはりここでも、外国人居住法およびその付則に基づいて、この考え方が適用されていた。というのは、普通の外国人も難民同様に、身元を証明する文書を所持するよう求められていたからだ(81)。1939年、リトアニアにたどり着いた難民とは、ポーランド国民であったという事実を説明するためには、改めて第2章で解説しなければならない。こうした難民に関して、難民監督庁長官の命令は、次のごとく非常に強硬なものだった。「ポーランド国民として、あるいはいかなる国籍も持たない状態で、1939年9月1日までにヴィルニュス市内もしくはその周辺に到着し、戦況のためにリトアニアを出国できない外国人は、信頼できる証明書を受け取らねばならない」(82)。この命令の文言は、いくつかの理由で興味をそそる。まず第一に、施行日に9月1日を選んだ点に疑いをはさむ余地がある。結局、リトアニア国籍を難民に与える上で生じる問題を解決するにあたって参照したのは、この年の10月に締結された、リトアニアとソ連の相互援助および、1939年10月27日をもってヴィルニュス地方をリトアニアの管轄に譲渡する条約であった(83)。しかしこの命令では、ポーランドとドイツの間で、戦端が開かれた9月1日が施行期日に選ばれている。ヴィルニュス地方をリトアニア領に加えたこととは何の関係もない。一方で、そもそも適用対象に「外国人」という名称を付けることから始まって、「外国人」という言葉で難民を指すというこの法の言葉遣いを見れば、難民を法的に見れば外国人として定義していることが一目瞭然となる。ここまで述べてきたことを踏まえれば、次のような仮定が成り立つ。難民の立場を規定した法律は、時代の状況に応じて、自然発生的に作られたのではない。すでに存在していた土台の上に、積み重ねられたものであり、それを特定の状況に適応することによって機能するようになったのだ。いや、これは仮定ではなく事実だと断言してよい。

抑留された兵士たちも民間人の難民と同じく、外国人として扱われた。しかし兵士の場合は、まったく別の法的な規範が適用された。いくつかの戦時国際法の規定によれば、抑留される兵士は、難民すなわち民間人や通常の外国人と同等に扱うことはできなかった。1939年の初頭になって初めて、リトアニアが捕虜の待遇に関するジュネーブ条約を批准したことは、注意すべきである(84)。1939年の秋に適用され、いくつかの決定の根拠ともなったこの条約の規定に従うならば、仮に捕虜がリトアニアに入国した場合は、中立国であるリトアニアの立場から見て、難民と同じ身分として扱われることになったであろう(85)。その結果、抑留された将兵の扱いが難しくなった。抑留兵は軍人である以上、一般の外国人と同じ扱いはできなかった。その一方で、リトアニアが中立を宣言した後は、リトアニアが彼ら抑留兵に敵対する存在ではないため、捕虜と見なすことができなくなった。リトアニアが1939年9月1日、ドイツとポーランドの間で軍事行動が始まった同じ日に、中立を宣言したことは思い出しておいた方がよかろう(86)。したがってドイツ軍にしろ、ポーランド軍にしろ、さらには9月17日以後はポーランドに侵攻したソ連軍にせよ、戦争に加わった部隊は、敵もしくは味方のどちらから逃亡するとしても、リトアニアの国境を越えると、武装解除され抑留されなければならなかった。周知の通り、実際にこの処置が適用されたのは、ポーランド軍に属する者のみであった。しかもその数は、9月に入って以降急増したのだった。

2 リトアニアにおける難民の管理

「……君は本当は何をしているんだ。前は何をしていたの？ どんなことをして、どんなことを考えていたのさ、え？」 （映画『カサブランカ』１９４２年）

１９３９年秋のこと、数千名の難民がリトアニアにやって来た。リトアニア政府が処罰と制裁をちらつかせたにもかかわらず、国境を越えて来る者は翌年の春まで跡を絶たなかった。１９３９年10月の終わりから、ヴィルニュス市およびヴィルニュス地方はリトアニア領となった。新たにやって来た難民に加えて、同市および同地方の住民はリトアニアの領土に、より正確な言い方をすれば、リトアニアの管轄下に入った。15万人を超える人々を登録し、生活必需品を支給し、難民と外国人の適切な管理を保証する仕事となると、専門の行政機関がこれを担当し、調整をおこなう必要があった。そこで事が事なだけに、内務省は難民を扱う部署を創設した(87)。しかし、なにぶんにもそれまでに類を見ない問題である。その全容を判断するのは困難であり、経験不足も手伝って、この部署一つで難民を管理し、その救済と保護を統括することは難しかった。そこで当該部署の責任者であるアダルベルダス・スタネイカは、別に機関を設立するよう提案した。そこでは主に、難民とその管理上の問題に取り組むものとされた(88)。

12月の初めに、国会は「難民管理法」を採択し、数日を経てアンタナス・スメトナ大統領が署名した。この法律の条項では次のように述べられていた。「第三条　難民監督庁（コミサリアータス）は難民の管理に責任を有する。難民監督庁は内務省内に設置される。第四条　長官は難民監督庁を統括する。長官および難民監督庁の職員は、内務大臣がこれを任命および罷免する」(89)。この法によれば、難民監督庁は難民の登録、彼らの資産状況の確認、住宅の斡旋、援助活動の指揮、難民の本国送還時の監視を担当した(90)。難民の管理に関するあらゆる問題は、難民監督庁の手に移管されたと言える。その一方で、難民監督庁は別のリトアニア国内の、もしくは国際的な組織と難民を仲介する役割に徹する場合も多かった。この組織とは大抵の場合、赤十字であった。とりわけリトアニア赤十字社は、難民向けにおこなわれる居住空間の提供と、援助金の付与、資金調達に関わる日々の実務を担当する機関であった。「リトアニア赤十字社は、難民、および戦時状態に入ったためにリトアニアを出国できず、暮らしが立ち行かない外国人の援助を担当している」(91)。

1939年の末から1940年春にかけて、リトアニアに留まっていた難民の数は、変動はあったものの実質的には減少しなかった。難民の中には自発的に祖国に戻った者もいれば、戦争前の居住地でありながら、今やドイツおよびソ連に占領された土地に引き戻された者もいた。それにも関わらず、難民の数が増加の一途をたどったのは、40年春に抑留された兵士たちが解放されたからだ。抑留兵だった者の中には、リトアニア国籍を取得するための要件を満たしていない者がいた。法に定められた手続きに従って、こうした人々は難民という地位に分類された。

1940年4月9日、内務大臣は首相への要請を兼ねて、次のような報告をした。「現時点では3万人が難民であると考えています。ただし抑留している兵士や警官たちが収容所から解放されれば、民間人の難民という身分に変わります。それに伴ってこの数字も変わるのです。最近では、国籍を取得する資格のない者の身柄は、すべて難民監督庁が預かることになっております。……その結果、難民監督庁は総勢10万人を超える外国人と難民を引き受けることになるでしょう」(92)。

1939年の秋、リトアニアにたどり着いたポーランドからの難民は、文化的にも言語的にも打ち解けやすいヴィルニュス地方に落ち着く傾向があった。リトアニアがこの地方をポーランドに代わって統治し始めると、統合を進める過程で政治資金をこの地に割り当てるようになった。統合は順調に進まなかった。結局、ポーランド難民ばかりがこの地に多く集まることは容認できなくなってきた。そのため、1940年に入ると、ヴィルニュス地方にいる難民の一部を、リトアニア国内の他の地域に移住させることが決まった。彼らを受け入れる目的で、難民の収容所が設けられた。しかし、ヴィルニュスの地で、お互いに家族のような絆で結びついた難民が、この地を出ていくことを非常に嫌がったので、収容所が利用された事例は、ごくわずかに留まった。

1940年6月のソ連によるリトアニアの占領以後、難民と外国人の数は減ったとはいえ、その減り幅はわずかであった。しかしソ連当局は、ヴィルニュス地方にたどり着いた人々の国籍などにはあまり関心はなかった。そのため、関係諸機関が国籍登録の手続きを変更すると、外国人という身分は廃止されてしまった。結局1940年9月5日、リトアニア＝ソヴィエト社会主義共和国人民評議会令53号27条11項により、難民監督庁は1941年3月31日までに解散するよう命じられた(93)。

写真１　ヴィルニュス市庁舎構内の難民たち

リトアニア赤十字の活動とリトアニアにおける難民の動向

リトアニア赤十字社は、巨大で世界的な広がりを持つ国際赤十字社（訳注10）という上部組織の支部の一つである。赤十字社本来の業務内容を考えれば、1939年にリトアニアにやって来た亡命希望者に対する援助、宿泊施設、登録などの職務を担当するのは当然のことであった。多くの場合、その施策が機能するかどうかの決め手は、赤十字社が有する組織としての能力ばかりでなく、資金力であった。この組織が難民支援のために金を割り当てるためには、自由に使える資金がなければならない。このため、一つの基金がリトアニア赤十字によって設立された。計画によると、その原資となるのは次の二つであった。

①国内および外国の組織ならびに個人が、難民救済の目的で送金した寄付金と寄贈品
②同じ目的で国庫から交付される資金(94)

（訳注10）国際赤十字は1863年にジュネーブに設立された国際機関である。戦時に被害を被った老人・女性・子供や、捕虜・難民などを中立的な立場で保護し、食料補給や医療行為などで救援をする役割を担っている。

まったく系統の異なる組織が中心となって、難民救済に貢献することになったのも当然だった。まず何に注目すべきであろうか。「国庫から」という言葉からは情報は得られない、と思われるかもしれない。そこで実際にこの言葉がどのように使われたかを調べるのが賢明であろう。そして、一度ならず触れておいたように、こうしたことを当時の国際的な風潮、支配的な雰囲気、そして、これもすでに述べておいたように、エヴィアン会議にて下された決議に見られる傾向と合わせて考察することも、また事態を理解するのに役立つ。

リトアニア赤十字社から1939年12月に、国際赤十字社に働きかけがおこなわれた結果、一つの紳士協定がリトアニア財務省と難民救済に当たる複数の国際的な団体との間に成立した(95)。この協定によれば、国際赤十字、米国のポーランド人救済委員会（以下、フーバー委員会）(訳注11)、そしてジョイントは、毎月10万ドルを所定の口座に振り込むことに同意した。これに対してリトアニア側は、寄付金の33％に当たる金額を、国家予算から支給することを確約した(96)。しかしながら、1940年の春ともなると、ヨーロッパの情勢は悪化していた。大戦初期の西部戦線における「まやかし戦争」と呼ばれた戦闘のない状態から、ついに本格的な交戦状態に入った時期である。国外から送金される資金は減少し始めた。そこでリトアニア政府は資金を増やさざるをえなくなり、拠出金は国際的な機関からの送金の50％に迫った(97)。

難民を援助していた外国の組織は、海外で集めた金をリトアニア赤十字社の難民支援のための口座に送金した。そしてリトアニアの政府機関に対し、その金をあらかじめ選定しておいたリトアニア赤十字社の難民救済組織に配分するよう、書面で要請したのであった。リトアニア赤十字社社長が送金命令に署名すれば、最終的には指定された送金先に金は届くのだった(98)。この手続きがどのようにおこなわれたか。それを理解していただくために、いくつかの例を挙げよう。1940年2月2日、英国領事トーマス・プレストン(リトアニアにて領事・臨時代理公使などを務めた英国の外交官：著者注)はリトアニア赤十字社に対して、指定された口座に8万リタスを送金済みであることを伝え、かねて紳士協定にて指定したように、リトアニア側でも負担分である4万リタスを早急に寄付するように要請した。この金額は難民対策に関係する各委員会に分配しなければならなかった。つまり、後述するポレサール委員会に10万リタス、ザグルスキ委員会に2万リタスであった(99)。英国人は同盟国人としてポーランド人を支援することを公式に約束していたから、英国人によるこのような送金の例は他にもある。たとえば4月24日にプレストン領事は、8万7000リタスの送金が追加されるとリトアニア赤十字に伝えた。提示されたこの金額にリトアニア政府からの拠出金を加えた金は、次の各委員会に配分しなくてはならなかった。8万1000リタスがザグルスキ委員会に、5000リタスがポレサール委員会、1万2000リタスがエスロ委員会、1万5000リタスが難民委員会、1万7000リタスがアンダーソン委員会の口座に送金された(100)。

(訳注11) 1939年9月独軍によって占領されたポーランドは、ドイツによる食料収奪のため深刻な食糧不足に陥った。飢えたポーランド人を救うため、アメリカでフーバー前大統領が中心となって、義援金を集めて食料をポーランドに送る組織であるフーバー委員会が結成された。1941年12月に米独が戦争状態に入るまで、委員会の支援は続けられた。

前に言及したように、寄付をする側が財政援助を受ける組織を指定していた。これは非常に重要であった。なぜなら現実の問題として、難民に対する支援に格差が生じることになったからだ。難民がどの民族に所属するかに基づいて分類したことに、格差が生じた主な原因がある。初期の段階では、海外の組織が集めた寄付金は、難民救済のための共同基金（「共有鍋」）に送られていた。こうして、民族によって難民を区別することなく、難民のあらゆる要求に対応した。繰り返すが、さらにこの送金の30％分、最終的に50％に当たる金がリトアニア側から支払われた。集められた金や難民救済という明確な目的のために拠出された資金を管理したのは、リトアニア赤十字社であった。しかし、このやり方では多くの問題が生じた。問題の元凶は、資金の流れに変動が見られたことだった。これは、支援する側の献金を集める能力に大きく左右された。

「……こうして、複数の団体が国外で集めた資金を『共有鍋』と言われる指定口座に送金し、財務省からその額に一定の比率をかけ合わせた支給を受けるか、リトアニア政府からの支給は受けずに集めた資金を各民族を援助する委員会に直接送るか、そのどちらかにするか、いくつかの組織はこの板挟みに直面した。献金が集められると、各民族の難民に送金されたことは明らかである。リトアニア人たちはリトアニア系の難民、ユダヤ人はユダヤ系の難民、ポーランド人はポーランド系難民を支援するために寄付をしている。海外からの献金は、その75％ほどがユダヤ系難民に送付されている。残る25％は、ポーランド系難民を支援するために使われている。こうした状況に置かれたポーランド難民にとっては、この板挟みを解消するのは容易である。なにしろ、もともとヴィルニュスの住民であったポーランド人で、ヴィルニュス併合後は外国人として扱われていた人々も含めて、その数がユダヤ人を上回っているのだからなおさらであった。送金先をポーランド人に指定した金を『共有鍋』に振り込むことによって、ポーランド難民は同じく『共有鍋』にユダヤ人が送金した巨額の資金援助による恩恵を被ることができた」(101)。

リトアニア赤十字社の役割と、難民への尽力の実態を理解するために、リトアニア赤十字社の機構を一瞥《いちべつ》しておく必要はあろう。この組織は「戦争難民援助制度運用規定」に基づいて、援助を実施した(102)。この規定の第一条には、次のように明記されている。「難民には部屋・食物・下着・衣類のすべて、もしくは一部が支給される。例外として、難民の数が比較的少ない地域であるため、物資による援助を提供する手間の割には恩恵を被る人が少ない場所では、金銭による支援も可能になる。難民は必要な医療上の援助を受けることができる。移転する場合は、支払った旅費が返済される」(103)。

難民支援の仕事は、リトアニア赤十字社の代議員会が担当していた。代議員会は難民に関するあらゆる活動を調整する一方で、難民監督庁に対して説明責任を負った。その結果、代議員会には次の責務があった。ⓐ難民への寄付集め。ⓑ難民への支援を提供してくれる団体、および個人との結びつきを維持。ⓒ援助経費予算を毎月承認。ⓓ難民に提供される住まいの利用条件の決定。ⓔ一人分の基本的な食事の量と、それを現金に換算した場合の金額の確認。ⓕ診療をおこなう際の手続きと条件の決定。ⓖ援助に費やした資金の報告の承認。ⓗ支援業務の監督と支援活動に携わる人々への指示。ⓘ難民救済に関わりのあるその他の業務すべての遂行(104)。しかし、大量の作業をこなす必要に迫られたこと、ならびに支援事業の透明性を高めるため、調整委員会という組織がリトアニア赤十字社代議員会によって設立された。難民支援の資金として、リトアニア以外の国からも寄付はおこなわれていた。

写真２　ヴィルニュス市内の倉庫前に停まるリトアニア赤十字社の車と、難民のために外国から送られてきた物資を降ろそうと待機している公務員および労働者たち

そのため、この調整委員会は、リトアニア赤十字社から2名、医療を担当するリトアニア赤十字社の代議員1名、リトアニア赤十字社女性委員会から数名、リトアニア赤十字社戦争難民救済事業本部長といったリトアニアの代表に加えて、国際赤十字、米国赤十字社、難民のために資金の提供をおこなった英国赤十字社、フーバー委員会、ジョイントといった国外の組織から1名ずつ代表が参加した。このように複数の国々の委員で構成された調整委員会は、各方面への要請はもちろんのこと、主として財政上の問題、換言すれば、支援費用の予算案を作成し、報告書の確認に携わった。この委員会が組織としての機能を発揮するように、「夢想を現実のものとする」こと、つまりあらゆることを実際に実行する仕組みを作る必要があった。このため、総務部門、補給部門、衛生部門、広報部門、監査部門といった部門が創設され、さまざまな支援活動を企画した。また調整委員会の

代表と地域職員が任命された。リトアニア赤十字社が承認した予算の枠内での支援をおこない、リトアニア赤十字社代議員会の指示内容を実施し、難民への援助の手はずを整え、各部門および地域職員の活動を監督、難民を支援する外国の組織を代表する人々と連絡を取り続けること、それが代表の役割であった(105)。

実際に予算を配分する場合、難民が属する民族は重要な意味を持っていた。その結果、難民となった各民族の代表が集まった諮問委員会は、調整委員会の代表の意向に沿った活動をおこなった。諮問委員会を構成したのは、リトアニア人、ポーランド人、ユダヤ人、ベラルーシ人の各代表1名ずつ。ここに戦争の影響で、リトアニアを出国することもできなければ、さりとてリトアニアで生計を立てる手段も持たない外国人の代表が1名加わった(106)。かくして、難民に救済と生活の安定をもたらそうという仕組みは、ここまで素描したように立案され、1940年の夏まで実施された。その結果として、数万にのぼる難民が十分な援助を受けることができた。

リトアニア赤十字社が難民支援を始めた経緯は、これまで論じたとおりである。ここで本旨に返って、難民の実状とその人数がもたらした力学について言及するのがよさそうである。1939年9月、独ソによる軍事作戦が始まり、難民の第一陣が到来。爾来《じらい》その数は増加の一途をたどり、同年末には3万人を超えた。1939年12月の時点で、リトアニア全土における難民の総数は、次の通りとなる。ただし数字には、抑留された軍人は含まれていない(107)。リトアニア人4175名。ベラルーシ人、ロシア人、ポーランド人合わせて1万7297名。ユダヤ人1万3469名である。そのうち、男性2万2418名、女性8719名、子供3802名、合計3万4939名である。

写真３　難民の食料に充てる穀物が置いてあるリトアニア赤十字社の倉庫

先に論じたように、大多数の難民はヴィルニュスとその近郊に集められた。これにはいくつかの理由があった。まず第一に、ポーランドとドイツの戦争が始まると、難民たちは戦闘行為を避けてポーランド東部に逃げた。そのため、9月17日にソ連がポーランドに侵攻し始めるに先立って、大多数の難民は、かつてロシア帝国に占領されていたウクライナ西部とベラルーシ西部に滞在していた。ソ連がその地をポーランド人の「帝国主義者たち」から「解放」し始めると、難民の一部はヴィルニュスを目指したものの、大多数は同じ場所に留まった。ポーランドにとって、東ではソ連と、西ではドイツと、この二つの戦線で戦うことは困難を極めた。そのため、ソ連がポーランドに仕掛けた戦争も長くは続かなかった。おまけに、ポーランド人が逃げ込むことができる土地は、あまりなかった。リトアニアとの国境に近い場所に住んでいた人々は、逃げることはできた。それ以外の人々は、途方に暮れたまま、万事正常な状態に落ち着くことを期待しながら

写真４　部屋の隅で、凍えそうな難民たちが身を寄せ合っている難民の登録所

待つ他なかった。しかしながら、ヴィルニュスがリトアニアに移譲されるという噂が10月半ばに広まり、その噂が正しいと証明されるやいなや、難民の本格的な流入が始まった。こうした難民の中には、ヴィルニュス出身か、ヴィルニュスに親類縁者を持つ者もいた。また共産主義の暴力を避けるために、ヴィルニュスに来た者もいた。難民の移動は1940年の春まで続いた。しかし大部分の難民は、1939年の10月から11月の間にリトアニアにやって来ていた。ここで忘れてならないのは、11月から翌1940年3月のリトアニアと言えば、気候条件が実に過酷であったことだ。しかも1939年は、地球規模の温暖化も始まっておらず、冬季の気温は氷点下20度から25度まで下がることが多かった。したがって難民が冬を生き抜くのに必要だったのは、キャンプをするための天幕ではなく、暖房の効く住居に燃料、暖かな衣類であった。

リトアニア赤十字社は、難民に対して食料と物資の支援をおこなうと共に、住居を提供しており、そのような過酷な環境の中でも難民が確実に生き抜くことができるようにしていた。リトアニアを出国して、もっと平穏で豊かな国に行くことができる可能性は、きわめて小さかった。出国するには、ヴィザを持っていなければならなかった。運よく所持している者でも、戦禍のために長い苦難の旅に出ることは難しかった。1940年7月の史料によれば、所属する民族別にリトアニアで登録された難民の数は、リトアニア人3730名。ポーランド人1万2688名。ユダヤ人1万1034名であった(108)。そのうち男性が1万6921名、女性が7297名、子供が3234名、合計2万7452名である。見ての通り、ポーランド人難民の人数がもっとも減少している。これは一部のポーランド人難民が、ともかく腰を落ち着けようと考えて、すでにナチスやソ連に占領されてしまった土地

海外からの難民向け送金リスト　1940年1～3月

1940年	1月	2月	3月	合計（リタス）
米国ユダヤ人合同配分委員会（ジョイント）		316,720.00	386,280.00	703,000.00
ポーランド人救済委員会（フーバー委員会）	30,000.00		145,259.60	175,259.60
英国ポーランド難民支援協会		74,737.40	4,064.45	78,801.85
英国外務省			140,968.50	14,968.50
国際赤十字		59,199.90		59,199.90
他の海外寄付団体			1,871.80	1,871.80
合計	30,000.00	450,657.50	678,444.35	1,159,101.85

に舞い戻る、という危険を冒したからだった。一方、ユダヤ人難民の数には、取り立てて言うほどの変化はない。その原因をあらためて探る必要もあるまい。ユダヤ人難民には、どこへ逃げたくてもその機会がなかったのだ。リトアニアに親類がいたおかげで、難民として登録されずに済んだ幸運な人々を除けば、他のユダヤ人には逃げ込む土地はなかった。少なくとも、この段階では逃げようはなかった。

リトアニア政府が予算を割き、国外の組織がリトアニアに来た難民に援助の手を差し伸べたおかげで、全体的に見て金銭面では前途に光明を見いだしつつあったことは覚えておいてよい。毎月かなりの金額が国外の団体から送金されていた。すでに触れたように、リトアニア側では、受け取った金額の50％を上乗せすると約束していた。1940年の最初の3カ月で、リトアニア政府は赤十字社に対して、100万リタスを若干上回る金額を送金した。こうして送られた金は、上の表のように分配された(109)。

難民がリトアニアに留まっていたのは1939年9月半ばから1940年夏の半ばまでである。その全期間を通して800

万リタスを超える金が難民の支援に充てられた。この当時としては尋常ならざる金額である。寄付活動の中心にあった団体と、リトアニア政府からの金の配分に目を凝らしたくもなろう。義援金の大半が海外の組織によって集められていた。

海外からの寄付金は総計554万9720・20リタス。その拠出元は、ジョイントが300万リタス。フーバー委員会80万リタス。英国が120万リタス。その他が50万リタスであった。この金額に加えて、リトアニア政府は253万9849・83リタスを払った。したがって難民のために合計808万9560・09リタスが集まったことになる(110)。この資金が次の委員会を通して、難民が属する民族に基づいて分配された(111)。

・リトアニア難民委員会に13万7654・09リタス
・ポーランド人難民委員会に152万7886リタス
・ユダヤ人難民委員会に410万2950・65リタス
・残留ポーランド人委員会(訳注12)に114万9550リタス
・残留ユダヤ人委員会に37万800リタス
・チェコスロバキア難民に8535・06リタス
・総計728万8775・80リタス

リトアニア赤十字社はさらに、日々の援助活動とは別の資金も提供していた。ここから80万78

4・94リタスが同じ時期に交付され、ジャガレ、キーバルタイ、ヴィルカヴィシュキス、ウクメルゲー、ヴァイトクシュキス、ロキシュキスの各地に難民収容所が開設されたのをはじめ、医療費と管理費に充てられた(112)。

前頁の分配金の一覧を見ればわかるように、すでに取り上げたことのあるポーランド人難民と、主としてポーランド国籍を持つユダヤ人難民のほかにもごくわずかとはいえ、他の国々からリトアニアにやってきた難民もいた。1940年2月14日、難民監督庁長官のT・アレクナは、外務省政策局長エドヴァルダス・トゥラウスカスに対して、難民に与えられる身分証明書である安全通行証を、チェコスロバキア国籍の人々に22通発行するよう求めた(113)。この要請に対する返答は肯定的なものであった。ただし、「……この安全通行証の有効期限は短期間であり、リトアニアに戻る権利は付与しない、という条件でのみ効力を有する。ただし米国に行く場合はこの限りではない」(114)。

難民や抑留者の中には、リトアニアに滞在し始めた当初から、ポーランドの同盟国の領地、とりわけフランスと英国に向かおうと画策している者もいた。収集した史料によれば、リトアニアを離れたいという希望を明らかにした人々の大部分は若者であった。彼らは元兵士であり、入所していたリトアニアの抑留者収容所から脱走したか、あるいはリトアニアまで逃げてきたが収容所には入らなかったのであろう。難民の大部分は、着の身着のままであるか、少なくともそのように振る舞っていたか

(訳注12)「残留」とは、ヴィルニュスがポーランド領だった頃からの住人で、同地が1939年10月にリトアニアに割譲されてからも、リトアニア国籍を取得していなかった人々の状態を言う。

ら、リトアニア側としても出国ヴィザを彼らに発給する際には、料金を割り引いたり、無料で渡すこともしばしばだった。ポーランドと戦争状態にあった1939年秋のヨーロッパの状況を踏まえ、ドイツはただちにこの政策を非難し、ソ連もフィンランドとの冬戦争に入るとこれを非難した(115)。

しかし内務大臣のカジス・スクチャスは、こうした措置を採ったのも、次のような法規を遵守した結果に過ぎないと説明している。「……外国人のパスポートおよびヴィザに関する規定第48条第8項によれば、外国人はリトアニアを出国するにあたり、申請料金の割引を受けるか、無料でヴィザを取得することができる。難民の大半は貧しいからこそ、こうした規則を適用するのである。……総勢195名のポーランド人難民がリトアニアを離れた。そのうち5名は国境を越えてドイツへ、その他の者はラトヴィアに向かった」(116)。

難民たちがリトアニアを出てから、ここまで言及しなかった国へ行った可能性も、理屈の上ではあり得る。しかし現実には非常に面倒な手間がかかることであり、大変危険なことだった。いったんドイツ軍の捕虜となりながらも、逃げ出してきたポーランド兵がいた。彼らをリトアニア政府はどのように扱おうとしたのであろうか。この点については明確になっていない場合が多い。少なくとも1939年の秋の時点での、この辺の事情はわかっていない。先述したように、ハーグ協定によれば、こうしたポーランド人は捕虜と見なされ、リトアニア国内では抑留することはできなかった。こうした場合に、どういう結果になるかを顧慮しない言語道断な提案がなされることすらあった。「……これまでの経験によれば、我が国の軍政機関ではこうした兵士を横取りしたがらない。国外に追放する、すなわちドイツ側に送還するよう提案してくるものだ」(117)。

さらに担当部署間で取り交わされた通信文を読むと、もともとヴィルニュス市およびヴィルニュス地方出身である抑留兵の処遇をめぐって、はっきりしたことが決まらない状態がしばらく続いたようである。「……いまや抑留されていたポーランド兵が、開戦前に自国の領土だった土地に帰ることができるようになったのだから、早急に帰すべきである。さらに、我が国は返還されたヴィルニュスの管理を実質的に始めており、ここから来たポーランド人の抑留兵士たちを解放できるかどうか、その点を明確にすべきである」(118)。

難民の数を減らし、難民の受け入れに伴う負担を軽減するとよい、と考えたのはリトアニアの官僚ばかりではない。海外の主だった団体の代表たちも同意見であった。とはいえ、それを公表しなかったのは当然である。「テイラー氏は遠慮のない態度で……リトアニア政府は国内の難民をもっと追い払うように努力してみてはどうか、とほのめかしてきた」(119)。ここで問題となっているテイラーとは、すでに論じたあのエヴィアン会議の議長であることに注目してほしい。この事実は、難民と彼らをめぐるさまざまな問題に対する一般的な考え方を理解するうえで、大きな意味を持つ。残念なことに、「難民さえいなければ問題はない」という非常に冷ややかな見方が大勢を占めていた。しかし難民を追い返してはどうか、という提案が実を結ぶことはなかった。

あまりにも簡単にポーランド人抑留兵を解放しすぎる、との非難をドイツとソ連から浴びることをリトアニア外務省は見越していた。そこで、解放する抑留兵の数を増やさないようにしながら、彼らをできるだけ多く帰還させようとしていた。1939年12月27日、ユオザス・ウルプシース外相は、ストックホルムのリトアニア大使館に宛てて、次のように書いた。「……ポーランド人がスウェーデンを通過できるよう努力する中で、ポーランド人が他の国々にもたらしうる利益について、決して誰にも知らせてはならない。これは我々が直接的にも間接的にも、口出ししてはならないことである。今までにも増して多くのポーランド人がリトアニアを出国する必要がある、とだけ言ってほしい。ポーランドの状況については情報をつかんでおくように。何か重大なことが起きたら電報を打ちたまえ」(120)。

それでも、抑留された将兵に関するソ連側の強硬な要求と大きな不満を、完全にかわすことはできなかった。1940年1月の初めに、ウルプシース外相のもとを訪れたソ連のポズドニャコフ特命全権公使は、リトアニア政府は、抑留しているポーランド人に自由を認めすぎると非難した。「……ソ連と戦うために、リトアニアからポーランドに行ったポーランド難民のことで、ソ連政府と連絡を取っていたことを知らせた。そして、リトアニアからの出国を希望するポーランド人抑留者には、ストックホルムではなくドイツを抜けて行くよう、リトアニアの方で指示を出すことが望ましい、というのがソ連政府の返答であったことも告げたのだった。しかもソ連政府は、抑留兵の管理をより厳格化し、収容所を脱走してポーランドに向かい、ソ連と戦うことにならないよう、繰り返し要請したのだった……」(121)。

大国に圧力をかけられた小国は、何もリトアニアに限らなかった。一方、ポーランド人難民に対するあまりにも大らかな扱いに、不満の意を表明した国は、ドイツとソ連に限らなかった。そもそもこうした国々が問題としたのは、ポーランド人の日々の処遇ではなく、リトアニアを出るチャンスを与えないよう、もっと出国の条件を厳しくすることであり、中立国も同じような意見をはっきりと表明した。11月末に、スウェーデンの外務省が、ストックホルム駐在のリトアニア公使館を通して、リトアニアからポーランド人抑留者が簡単に出国することに対する不快感を露わにした。

「……リトアニアはポーランド国民にあまりにも気前よくヴィザを発給している、と考えているクラエス・ヴェストリング駐リトアニア・スウェーデン代理公使が顔を出した。そして我が国の関係官庁に、ヴィザのみならず、ヴィザの保有者が絶対に抑留者収容施設から逃れてきた難民ではない、ということを証明する書類を発行するように求めた。……後になって、スウェーデン公使館では、18歳から45歳までのポーランド人難民には、ヴィザをすでに発給していないことが判明した」(122)。しかし、抑留者収容所から脱走したポーランド人難民ではないことを証明する何らかの文書を、ヴィザと一緒に出してほしいというスウェーデン外務省による依頼に対して、しばらく前に返答はおこなわれていた。この仮説を裏書きするのが、1939年10月26日に、外務省政務局長のエドヴァルダス・トゥラウスカスと、ドイツの特命全権公使であったエーリヒ・ツェヒリン博士との間に交わされた会話である。「……女性を除いたポーランド国民に発給されたすべてのヴィザは、10月23日まで発給を一時停止された。発給済みのヴィザを利用するためには、自分が抑留者収容所から脱走した者でないことを証明する必要が生じてくるであろう。……ポーランド人で、鉄道または船舶の利用を希望する際、上記の証明を提示しない限り、いずれの切符であれ、その購入のために使用する金銭を授与しないということで、金融管理局との間に合意が成立した」(123)。

まとめておこう。1939年から40年にかけてリトアニアに留まった難民について論じる場合、常に視野に入れておかなければならないことがある。それは、リトアニアのごとき小国が、数千人にのぼる難民の面倒を見ようと試み、その実現に要する多岐にわたる手続きを処理しようと努力したことだけではない。当時のヨーロッパを支配していた考え方や、ドイツやソ連をはじめとする国々が、難民とは害をもたらし敵となり得る存在だと捉えていたことも忘れてはならない。リトアニアを出国しようとする難民にとって最大の障害となったのは、難民問題に対するリトアニア以外の国々の姿勢であった。そこでリトアニアの外務省が採った方策を分析してみよう。

リトアニアは在外公館を通して、今後も難民を受け入れ可能な国家であるという積極的な立場を確保すべく、さまざまな措置を実行に移した。1940年の2月のことである。リトアニア公使館のある参事官が、ドイツの外交官たちを非難した。ドイツ側が1939年秋、リトアニアと国境を接するスヴァウキ地方を占領下においたことを根拠として、同地をユダヤ人が通過することに難色を示したからだ。「……レーディガー博士にご承知おき頂きたいのは、100名から200名程度のユダヤ人の通過を認めないなどというのは、分別を欠いた誤った考えであることです。はるかに多くのこうしたポーランド系ユダヤ人を、ドイツ人は我が国に押しつけてきているのですから」(124)。これは非常に示唆に富む説明である。まずドイツ人が、国境を越えてユダヤ人をリトアニア領内に追い出したという事実に触れている。その一方で、難民を受け入れた国は他国からの協力を得られないまま、天に運を任せて単独で問題の処理に当たらざるを得なかったことが、ここにも明確に示されている。本質的には、リトアニアは、誰からも顧みられることのない運命に甘んじた難民たちと、同じ扱いを諸国から受けたことになる。そして、難民に関する唯一の政治的な課題とは、リトアニア国内で難民の数を一人も増やさない方法を探ることだった。

この状況認識から出発して、杉原千畝とツヴァルテンデイクの物語を分析することは可能だ。二人の行動はこうした時代背景にあって、理解しがたい英雄的行為と言ってもよかった。二人とも、国益を第一とすべしとの考えが一般的である中で、これに靡《なび》くことなく、不幸な人々の気持ちを思いやり、慈しむ心で難民と接したからである。

もちろん、他人の不幸に乗じて利益を求めようとする人間は、いつの世にもいる。難民が置かれた状況を、こうした人々が見逃すはずもなかった。難民の中にはさらに安全な場所に行こうと躍起になる者もいた。十分な資力のある者が、違法な手段を使って出国に伴う危険を避けようとするのは当然だ。このため彼らは、国内の行政機関や外務官僚、国際的な組織の関係者に嘆願をおこなった。リトアニア公使館の一参事官が、ユダヤ人の代表との面談について次のように書いている。「……カリスキがユダヤ人グループ全体の代表として、ヤッフェと話をしていたことはわかっていた。ユダヤ人が一人通過するのを認めるごとに、ドイツ人たちに20ポンドを差し出すように彼は命じていた。この取引で、うまい汁を吸うつもりであったとヤッフェは認めた。またヴォルフ領事も、自ら認めたように、私腹を肥やすためにこの問題を取り上げたのだった」(125)。別言すれば、うま味のありそうな話を目の前に突きつけられると、ナチスの役人たちは、自分たちの人種政策を放擲《ほうてき》することも躊躇しなかった。昔から諺にも言うではないか。「金からいやな匂いはしない」のだ。

しばしばリトアニアの外交官たちは、各国の官僚たちに働きかけて、国内を難民が通過することを許可するように求めた。また彼らは、難民の一部で構わないから、もうしばらく滞在させてくれる国が一つでもあればそれで良い、と考えることが多かった。デンマーク政府との交渉がおこなわれた。

「……協議には長い時間がかかった。当方は昨年の11月27日以来、最低でも1000人の難民を受け入れるよう要請していたのに対し、デンマーク政府はこれを拒否してきた」(126)。

この1000人は、あわ良くばアルゼンチンに送られるはずであった人々のほんの一部であった。計画が成功すれば、1万人の移民がアルゼンチンに行けたはずなのだ。しかし、国内の難民の数を減らそうとするリトアニアの目標が、ほぼすべて拒否されたように、この計画も一蹴された。リトアニアが働きかけた国々の外交官たちにしてみれば、拒絶する理由はいろいろとあった。まずヨーロッパの国々は、難民に対して厳しい姿勢をとる理由として、戦争が始まっていること、そしてポーランド人とユダヤ人に対するドイツの過酷な態度を挙げた。一方、地理的に見てヨーロッパから離れた場所にある国々は、世界中が不況で経済的かつ社会的に錯綜している以上、他に取り得る態度はないということだった。「……アルゼンチンは、現下の経済と労働市場の状況を考えれば、我が国の要望には応えられぬと言う。ただし、定住してアルゼンチンの地で普通に農業を営むのに不足ない資金を持ち、専門的な技術を身につけた農民が、個人的に移民の申請をおこなう場合に限り、これを歓迎すると言う」(127)。

こうした決定も、難民がどの民族に属するかによって揺らぐこともあり得たであろう。アルゼンチンの外相カンティロが、ユダヤ人に関してリトアニア公使に語った言葉がある。公使はそれを母国の外相に手紙で伝えた。「……当初は、我が政府としては戦争が続く間、アルゼンチンに1万人のポーランド難民を受け入れて欲しいという要望を伝えました。……カンティロ氏はすぐさま、その難民というのはユダヤ人でしょう、と述べられました。そこで私は、厳密な数字は申し上げられないけれども、彼らはボリシェヴィキとドイツ人による侵略のために、ポーランドから逃れてきたばかりの真っ当な人たちです、と答えました」(128)。

杉原の物語全体を覆いつくしているのは、悪はただ一つという考え方だ。つまり難民、すなわちユダヤ人は、ナチスの手を逃れてきたというわけだ。大方の読者は、こうした主張に対して大きな疑念を抱くことは原則的にはない。それは、ホロコースト全体の歴史が、基本的に同じ概念の上に基づいているからだ。しかしながら、歴史においては、普遍の真理を史実の検証を経ずに受け入れることには、大きな危険が付きまとうのが常だ。明白であると思われることがそれほど明白でなく、実際にはあり得ないことが、えてしてごく当たり前のこととして受け入れられてしまう。ゆえに、ここに引用したように、難民すなわちユダヤ人が、ナチスとソヴィエトから逃れてきたという記録は、例外的な出来事でも偶然の出来事でもなく、当時の悲しい現実の反映に過ぎないのだ。

難民の数を減らすことが困難であるとわかると、生産年齢にある難民と抑留者は雇用すべきであるという要求が、とりわけ1940年の春以降高まった。1940年4月、約1000名の抑留者が道路工事に携わる準備が調えられた(129)。

難民の救済策

難民がリトアニアに現れたのは、1939年9月から10月にかけてのことである。まだ難民の支援に当たる調整機関は一つとして設立されていなかった。したがって、難民への援助は何の計画性もないままおこなわれた。難民たちは主に、さまざまな接点を通して結束しようとした。その接点とは、民族か職業であるのが普通だった。たとえば、鉄道難民労働者委員会、ポーランド人作家・ジャーナリスト部会、ユダヤ人作家・ジャーナリスト部会がヴィルニュスに創設された(130)。難民救済委員会、カジミエシュ・ペルチャル委員会、市民互助協会のようなさまざまな相互扶助組織が生まれた(131)。

活動の範囲という観点から見ると、難民救済委員会がもっとも重要である。ここは委員長を務めた弁護士のイグナツ・ザグルスキの名から、ザグルスキ委員会としてよく知られていた。すでにソ連の占領下にあったヴィルニュスで、この委員会は作業を始めた。リトアニアとソ連の相互援助条約が結ばれ、ヴィルニュス地方をリトアニアに譲渡することになって、ようやく難民支援をめぐる状況に変化が見られるようになり、どうやら一定の秩序らしきものが生まれた。難民救済委員会は、活動の地であったヴィルニュスの人口構造を反映して、そのほとんどがポーランド人だった。

結果的に、難民監督庁が難民問題を一手に掌握するようになり、難民救済委員会の活動をつぶさに監視し始めた。というのは、ひとえに委員会の大部分がポーランド人であるという理由で、リトアニア政府はこの委員会に警戒心を抱いたからである。1940年の初頭には、難民監督庁は職員のヴィンカス・ノルカイティスをヴィルニュスに派遣し、最新の状況を探らせている。委員会の運営は、ヴィルニュスで名を知られた人々がおこなった。前述した在ヴィルニュスの弁護士I・ザグルスキが委員長。ピエトルシェヴィクツヴァ博士が副委員長。さらにカジミエシュ・ペルチャル教授、L・グラボウスキ、弁護士のE・フリニエヴィチゾワ、S・クロニコウスキ、弁護士S・マデジュスキも参加していた。こうした人々は、ポーランド民族を代表して難民が抱える問題に対処することになった。

またこの委員会には、ユダヤ人の代表であるL・クルクやH・ザックハイムが含まれていた(132)。

リトアニアの代表は、一人もこの難民救済委員会に入っていなかったことははっきりしている。「ヴィルニュス難民救済委員会」と呼ばれたこの組織が、1939年の初秋に活動を開始すると、ヴィルニュスを6週間以上支配することになるソ連当局がこれを支援した。ソ連がヴィルニュスを占領してから翌1940年1月4日まで、委員会の始動以降の活動資金は、ソ連による献金10万ズウォティと、民間からの献金2980ズウォティ66グロシュであった(133)。

使われた金は、難民たちの日常生活に関わりのある物、つまり食料の購入と生産、住居・暖房の費用に充てられた。また、難民も他ならぬ人間である以上、病気になることもある。その治療にも金が必要だった。体を清潔にするためには、まず入浴と洗濯は欠かせまい。靴や靴下、衣服を補修しなければならないことは言うまでもない。これには数千リタスもかかった。さらに職員の給与、運搬交通費、シーツ、枕カバー類の購入費といった出費があった。かくして、この委員会が1カ月で実際に使ったのは、集まってきた金額の2倍を大きく上回る28万6000リタスに上った(134)。

難民の衣食住を支えるために実際に支払われた金額を考えると、果たして何人の難民が登録されたのか、あるいは援助物資を与えるために、難民救済委員会が登録した難民がどれだけいるのか、こうした疑問が当然湧いてくる。1939年のクリスマスには、委員会は1万7185人の難民の登録を済ませていた。このうち1万21人がポーランド人、7164人がユダヤ人である。1940年初頭の段階で、委員会は31の宿泊施設と12の食堂を所有していた。忘れないでほしいのは、これがどれもヴィルニュス市内にあったことだ。活動内容を拡充するに当たり、委員会では近郊のナウヨイ・ヴィ

写真５　洗濯したシャツを仕分けして、難民に返す準備をしている難民用宿舎の洗濯室

写真６　修道女たちの指導の下、女性難民用のシャツの縫製と補修作業

写真７　難民用宿舎の洗濯室にて修道女の指導の下、シャツを洗濯している難民の若い女性や少女たち

写真８　倉庫にて、難民に支給する靴の仕分け作業

写真９　食べ物が提供される給食施設付近に並ぶ難民の列

写真 10　難民の列の中で、色々な容器や籠を持って食料を取りに来ているのはたいてい女性

写真 11　給食施設で食事をしている難民たち

写真 12　宿舎の食堂にて。昼食がテーブルに配膳されようとしている。女子生徒たちが自分たちで盛り付ける。ほとんどがソ連占領地から、そしてドイツに占領されたスヴァウキ地方から来た難民たち

写真 13　ポーランド人難民の女子用宿舎にて、宿題に取り組む生徒たち

写真 14　自治体が運営する宿舎内の学校で学ぶポーランド人難民の子供たち

ルネ、トゥルマンタス、ルディシュキアイ、レントヴァリスに支援のための拠点を設置し始めた(135)。委員会の職員は、実に精力的に活動した。にもかかわらず、すべての難民が援助の手に縋《すが》りついたわけではない。ある報告によれば、難民委員会による援助を拒んだ難民が、1940年1月には合計でおよそ7500名であったという。委員会による事業を利用したのは、主としてポーランド系難民であった。難民委員会にユダヤ人の委員が何人か留まったまま、1939年10月には、これとは別にユダヤ人救済委員会が設立された。一方、リトアニア人難民は、ザグルスキ委員会による活動の恩恵の一部に浴することができた。リトアニア人難民の数は比較的少ない方であり、当然のことながら、援助を受けたリトアニア人の数も非常に少なかった。リトアニア難民救済センターでは、毎日約600人に食料を提供した。1940年1月の初頭には、200名を超える難民が、このセンターに寝泊まりしていた(136)。そのほとんどが、少なくともV・ノルカイティスによる報告から判断して、ソ連が占領した地域に留まる気にはなれなかったために、ヴィルニュスに来たのだった。ここで念を押しておこう。誰からも忌避されたソ連。その亡霊は今も我々に付きまとうのである。

おわかりいただけたように、難民救済委員会がその活動期間中に成し遂げた仕事の量は、厖大なものであった。この委員会があったからこそ、てんでばらばらにおこなわれていた難民の救済活動は、組織的で一元管理された支援体制を構築するに至った。もちろん、すべてがうまく透明性を損なわずにおこなわれたとは言えない。当時の状況に対して、ヴィルニュスにある難民監督庁は、否定的な見方をとることが多かったようだ。これはリトアニア人が、ポーランド人による支援団体に働きかけるだけの力をまったく持っていなかったことが理由ではあるまいか。リトアニア人でもない人々の手で、支援活動がおこなわれていることを認めたくなかったのだ。リトアニア人が難民支援に否定的な見解を抱く理由を、今こうして確定しようとすれば、そこに臆断が紛れ込むのも致し方ない。ただし、難民監督庁長官が内務大臣に宛てた書簡の中に、その理由の一部が示されている。「……ヴィルニュスでは難民に対応しているのが、実はザグルスキ委員会という名で知られているポーランド人による委員会です。現状では、援助を受けているのが誰なのか、特定することは不可能です。言い換えれば、それが難民なのか、それともポーランド人の委員会が支援したいと考える人々であれば誰でも良いのか、その点がはっきりしません。出費全体を見ると、食費さらに家賃が飛び抜けて多くなっています。……リトアニア人難民は最低限の援助しか受けていません。それはリトアニア人は組織されていないからです……」(137)。独立した団体としての難民救済委員会は、１９４０年4月にその役割を終え、リトアニア赤十字社に所属して、ポーランド人を対象とする一部門を担うこととなった。

難民救済委員会が扱った作業は、広範囲に及ぶものだった。しかし、ポーランド人難民の社会をめぐるさまざまな問題を担当したのは、この組織だけではなかった。ペルチャル教授を代表とする戦争被害者救済委員会は、主に外国から資金を調達していた。資金集めに際して、腫瘍学者として世界的に令名を馳せていたペルチャル教授自らが、この委員会の一枚看板となってもっとも成果を上げた。その結果、国際赤十字、フーバー委員会、ジョイントのような国際的な組織が、戦争被害者救済委員会に送金をおこなった。この委員会は、１９４０年5月まで活動をおこない、結局は旧難民救済委員会と並んで、ポーランド人難民を担当する部署として、リトアニア赤十字社に取り込まれることとなった(138)。

1939年10月12日、カウナスにあったポーランド公使館は閉鎖され、公使館付武官のL・ミトキェヴィチ大佐は、その数日後にリトアニアを後にしていた。そんな中でポーランド人たちは、もはや自分たちを代表する公的な組織がなくなったことを実感していた。そこで急遽ポーランドの報道機関は、あらゆるポーランド人を団結させるために、何らかの組織が必要だという記事を発表した。こうした団体は、片やポーランド人社会と、片や新しいリトアニア政府の間を取り持つことが期待された。当時ヴィルニュス地域の行政長官を務めていたアンタナス・メルキースが好意的な見解を示すと、すぐさまポーランド委員会が設立された(139)。

このポーランド委員会は、委員の構成を見れば非政治的で無党派、より正確には、党派を超克した組織であることは明らかだった。ヴィルニュス弁護士会会長で、ポーランド議会では上院議員を務めたB・クシジャノフスキが委員会の議長となった。一方ヴィルニュスの弁護士で、ヴィルニュス市議会の議員であったT・キエルスノフスキが書記に任命された。全体的に見れば、ポーランド委員会にしても、委員会内の評議会にしても、ポーランド人以外にも知られていた著名人が含まれていた。例えば、ステファン・バトーリ大学（ヴィルニュス大学）の二人の学長であるヴィトルド・スタニエヴィチ教授と、ステファン・エーレンクロイツ教授。文学史のK・グルスキ教授にL・フマイ教授、Z・ユンジラ上院議員である(140)。

ポーランド委員会はアダム・ジエフトフスキ教授と連絡を取っていた。彼はポーランド赤十字社の公式の代表であり、フランスにあって非公式ながらポーランドの外交使節を務め、1939年の12月から1940年4月まで、カウナスに居を定め、ポーランド人の地下組織と接触していた。彼がリト

写真 15　難民の子供。食事はヴィルニュス支援委員会をはじめとするさまざまな団体から提供されていた

アニア政府の代表者と協力したおかげで、11月11日のポーランド独立記念日は平和裡におこなわれた。こうした当時の状況は非常に重要である。なぜなら10月の終わりと11月の初めに、ヴィルニュスでポーランド人とリトアニア人のいずれも若者たちの間で、大きな暴動が勃発したからである。これはリトアニアの騎馬警官が介入せざるを得ないほどの事件となった。

3　難民による地下活動

「よく戦いの場に戻ってきてくれた。今度は我々が勝つよ」

（映画『カサブランカ』１９４２年）


　ヴィルニュスでは、すでにソ連占領下において、もともとここに住んでいたポーランド人も、他の土地からやって来ていたポーランド人も、かなりの数の人々が地下活動を始めつつあった。リトアニアがヴィルニュス地方を手に入れた１９３９年の10月下旬以来、地下活動はさらに活発となった。その発端はおそらく、リトアニアから派遣された官吏に対して、ポーランド人が取った態度に求められよう。リトアニア人による治安体制の方が、ソ連に比べれば、同じ敵とはいえ危険は少ないと考えたためでもあろう。一方でそのリトアニア政府が、ヴィルニュス市とその周辺地域の住民に臨む態度は、つい1カ月前まで同地で幅を利かせていたソ連の手法とは、天と地ほどの違いがあった。

　ポーランド人による地下組織の活動について、本書ではリトアニア国家保安局が収集、処理した情報を主に扱うことになろう。これに先立つこと数十年にわたり、ヴィルニュス地方がリトアニアとポーランドの関係正常化を阻んできた緊張を孕んだ土地であることを考えれば、1939年10月にこの地方がリトアニアの一部となって以来、国家保安局がその活動をこの地に集中させたことは驚くでもあるまい。ヴィルニュス市とその周辺地域には保安局の職員が多くおり、彼らからの伝達事項は本局へ送られたのち、分析され分類された。こうした報告に基づいて、ポーランド人による地下組織について、その創設と活動、財源、さらにはこうした組織とポーランド亡命政府、諸外国およびその在外公館との結びつきに関する全体像を明らかにすることが可能となった。

ヴィルニュス地方で活動していたポーランド人の地下組織には、さまざまな系統のものがあった。急進的な過激派の組織と、これに比べれば穏健で、リトアニア政府との妥協を模索する組織を切り離して考えることは可能だ。とはいえ、これまでの状況は歴史的に見てもポーランド人に損失をもたらしており、さらにポーランドとリトアニア両国国民は、確かに感情的に対立していたから、過激派が主流となるのは自然な流れだった。1939年の秋の時点で、ポーランド人活動家の間に広がっていた気分をもっともよく説明しているのは、リトアニア外務省の政策局の局長が、首相に宛てた書簡に見える説明である。

「……ヴィルニュスでのポーランド人の活動は、次のような戦術を指針としております。つまりリトアニア人の弱みであれ失敗であれ、つけいる隙を見つけては、残らずこれを利用します。騒ぎを起こし、果ては不買運動やテロ行為すらやってのけます。活動家たちのモットーは、勇み立つ心を合わせて団結し、反乱の時期を待つ、ということです……」(141)。ソ連やドイツの占領地でのこの当時の状況と比べるにつけ、リトアニアは与《くみ》しやすい敵である、とポーランド人の地下組織は考えていた。

それゆえヴィルニュスは、まさにポーランド再興をめざす闘争の場となろうとしているところであった(142)。

ポーランドでは特別捜査官を務め、こうした状況に対処した経験のある人々が、中心的な役割を担った。少なくとも地下組織の創設時にはそうであった。以前はポーランド軍参謀本部第二部に所属していた人物が、こうしたいくつかの組織の設立に大いに寄与した(143)。

リトアニアの当局者によれば、赤十字社のように表面上は政治とは無関係な人道的な組織が、ポーランド人の地下組織の活動を、すっぽりと隠すように覆っているかのような印象を抱く場合があったという。国家保安局の報告書には、この件に関して次のように書かれている。「ポーランド人は、ヴィルニュス市ミツキェヴィチ通りにある大聖堂の傍らで赤十字としての活動をおこなって、難民や捕虜を支援できるよう手はずを整えました。赤十字社の建物の中で彼らはひそかにポーランド人による国家の復活のために、ポーランドの敵対勢力を向こうに回して活動しております。リトアニアも敵と見なされているのです。……大抵の将校が、赤十字社の職員証を所持して偽名を用いています。こうした将校の一部は、いくつかの村を車で回って、表向きは赤十字のためだと称して食料と衣料を買い取っております。しかし実際には、そうした村でパルチザンを組織しているのであって、彼らを村人の中に紛れこませているのです。赤十字は数台の自動車とオートバイを保有しております。自動車には赤十字の印が付いていています。乗ることができるのは諜報部員に限られ、あちこちに武器を運び出しています。一方オートバイでは、さまざまな機密文書を運んだり、パルチザン部隊間の連絡役を引き受けているのです……」(144)。

1939年11月15日、ポーランド亡命政府はポーランド人に向けて、リトアニア人と友好的な関係を維持していくよう求める決議案を採択した(145)。当時のヴィルニュスの日々の状況を説明するのが、先述のリトアニア国家保安局職員が伝える情報に見られる意見である。「職に就いているインテリたちは、次第に現実を認めつつあるところで、自分たちがリトアニアという国家の一員となったことを理解しつつある。しかし現状に適応できてはいない」(146)。忘れてはならないのは、リトアニアが取って代わるまで、ソ連がヴィルニュスを1カ月間支配していたことであり、ソ連の存在感は短期間で拭い去れるものではなかったことである。「市内の労働者たちは……この事態に不満を抱いている。不満は次の要因によってさらに増幅されている。ⓐ失業への懸念。ⓑポーランド人向けに宣伝をおこなう報道機関の閉鎖。ⓒポーランド人地下組織による宣伝の影響。……労働者たちは一方で、リトアニア人のおかげで自由に礼拝をし、教会に行くことができることを喜んでいる。しかし彼らとしてはボリシェヴィキが近くにいてくれたら、という気持ちもある。ボリシェヴィキは仕事を十分に提供してくれるし、自由に学校で学ばせてくれるからだ。ポーランド労働基金に勧められてやってきた労働者や、失業中は刑務所に世話になることが多かった人々は、ソ連の制度の方が良いだろう。……現状以上のものを約束してくれるのであれば、誰にでも従うのが彼らだろう」(147)。

この最後の文が、さまざまな問題を解決する主な方法の一つであったろう。1939年秋のヴィルニュスの状況は、もしかするとリトアニア国家保安局職員によるいかなる報告書よりも、まるで冗談のような次の言い伝えの方に如実に示されているのではあるまいか。「ヴィルニュスの小学校に、リトアニア人の教師が新たに赴任してきた。生徒たちにリトアニア語が話せるかどうか質問すると、生徒たちは答える。『いいえ』。教師は『よろしい。春まで皆さんには教えましょう』と答える。一人の生徒がもう一人の生徒に向かって『ヴァツェク、あいつら春までここにいるつもりなのかな』」(148)。どうやらこうした皮肉な考え方が、ヴィルニュスのポーランド系住民にしばらくの間広まっていたのが実状のようである。もともとヴィルニュスに住んでいた人々のこうした態度が、難民のものの考え方にどれくらいの影響を与えたであろうか。その判断は難しい。この地域のみならず、ヨーロッパ全体の状況はきわめて変化が激しかった。1939年秋には長く続くまいと思われていたリトアニアによるヴィルニュス支配も、1940年の春には、早くも懐かしさを感じずにはいられない思い出となった。複数の全体主義政権が、欧州をほぼあらかた破壊していたからである。

こうしたヴィルニュスの住民とよく似た考えを、外務省の職員で、リトアニア赤十字社に出向を命じられた人物が書き記している。1940年初めのリトアニア政府の転変常ならざる有様について彼は述べた。「統計調査によれば、このタイプに属する人々は、家族も含めてヴィルニュス地方では7万5180人に上る。この数字はポーランド人だけの数字で、ユダヤ人は含まれない。このうちわずか812人だけが、仕事をしたいという意欲を持つ者として登録されている。残りの人々は、『リトアニア人』と関わり合いを持つ気は毛頭ない。なぜなら『卵を赤く塗ってイースター・エッグを作る頃には』(訳注13)、ヴィルニュスはすでにポーランドのものだと彼らは考えているからだ。どうやら

(訳注13) 1940年のイースター、すなわち復活祭は3月24日日曜日。

ポーランド人で影響力を持つ人々が、この連中に資金を提供してヴィルニュス地区に留まれるようにするらしい。……確かにこの手の給付金はプレストンを通して、密かに与えられているのだ。ヴィルニュスのごく普通の清掃作業員ですら、その金を受け取っている」(149)。国家保安局が集めた資料によると、ポーランド人パルチザンの一部は、ヴィルニュスに到着するリトアニア軍に武力で抵抗する準備を整えていたが、土壇場のところで武器の使用は見送られた(150)。

史料によれば、1939年から40年までの期間に、ポーランド人の地下組織である自由ポーランド組織(ヴォルネ・ポラニ)・戦うポーランド組織(オルガニザチヤ・ヴァルチョンセイ・ポルスキ)・ポーランド軍事組織(ポルスカ・オルガニザチヤ・ヴァイスコヴァ)・ポーランド地下組織統一委員会(ジェドノチョニ・コミテト・オルガニザシ・ポルスキフ)、さらにこれらの組織よりも小さな団体がヴィルニュス市内およびヴィルニュス地方で活動していた。もちろん、こうした組織の創設は、初期段階では特に、自然発生的におこなわれたものであり、数週間も経過すると、組織が離合集散の末にさらに大きな集団を形成することが多かった。地下組織はその成り立ち、目的、理念、目的達成のための手段がそれぞれ異なる。それが各集団をまとめて統率する中心的な組織が生まれなかった主な理由である。しかしながらこの年の終わりには、状況は変わり始めていた。ポーランド勝利奉仕団(スフジュバ・ツヴィチョンストヴ・ポルスキ、略称SZP)(訳注14)の幹部たちが、ヴィルニュスを訪れたからだ。

ポーランド人の地下組織の統合に関する一般概念を得るには、せめて簡単な全体像だけでも摑んでおく必要がある。ポーランド人の歴史家トマシュ・スチェムボシュは、その著作の中で、占領された国土で活動したポーランド地下組織に対して、非常に興味深く画期的な解釈を提示している。彼は地下組織の活動と成果、その影響を指して「ポーランド地下政府」と名付けた(151)。彼の立場は、国家の機能についての定義が今に至るまで不正確である、という見方を採っている。彼によれば国家は、特定の活動の領域にのみ重きを置くべきなのだ。具体的には、外敵に対しては防衛に努め、国内の秩序と正義を維持し、私生活と社会生活、経済生活と文化生活が自由に発展しつつも超えてはならない限度を設定することである。スチェムボシュは、第二次世界大戦中のポーランド地下国家とは、必要かつ基本的な機能を発揮したに留まりはしたものの、まさにこのような存在であったと主張している(152)。

「地下国家」は、訓練、教育、援助に携わるいくつもの地下組織の活動を支援しまとめてきた、と彼は述べている。しかも「地下国家」は、ポーランド亡命政府に従属するものであった。ところでスチェムボシュは、「地下国家」における国籍を定義するにあたり、一つの非常に重要な規定をおこなっているのである。国籍に関する独自の解釈を提示しながら「……地下国家の国民は、この国家の正当性を認め、この決定に従い、これに協力し、秘密の組織でありながら、正当な国家機関であると考える人々に限られていた」(153)。

「地下国家」の機能に対する以上の解釈を適用できるのであれば、こうした国家が実際に機能していたという説を認めることができよう。しかしこの場合、正真正銘のポーランド国家の国民であるこ

(訳注14) 1939年9月、旧ポーランド軍関係者の設立になる抵抗組織。のちにドイツ占領軍に抵抗した最大の軍事組織「国内軍」に発展。

と、「地下国家」の国民であることとの間には、明確な違いがある。スチェムボシュの説に従えば、地下国家を受け入れた人々、すなわち自ら進んで地下国家の国民となる、またはその決定に従う人にしか地下国家は存在しなかったということになる。このような条件を満たす地下国家などは、想像による歴史解釈の所産に過ぎず、現実の世界で政治的な成果をもたらす力はあるまい。そもそも1939年から40年は、ポーランド人の地下組織が、実に続々と形成された時期であったにせよ、1941年から44年にかけての勢いにはまだ及ばなかった。それゆえ「……地下国家は1939年12月、実にこの領域（ヴィルニュス地方：著者注）でのみ勢力を保っていた……」(154)とするスチェムボシュの主張には、同意しかねる。1939年から40年の間に、この地域で活動した地下組織はこの時期、同地域の政治的および文化的発展に重大な影響を与えることはなかった。数十を数えるそのような地下組織が、自らをポーランド人による地下国家であると主張することすら無理な話ではあるまいか。

比較的穏健なポーランド人組織が、ヴィルニュス市およびその周辺地域を統治していたリトアニアの行政機関との関係を発展させようとする一方で、それ以外の組織は挑発的な、いや暴力主義的と言ってよいくらいの行動計画を練り上げていた。1940年1月にリトアニア国家保安局の作戦が功を奏して、地下組織の多数のメンバーが逮捕されると、各組織の連携は弱まり、活動の場をヴィルニュス市内から村落へと移すか、ソ連軍基地の周辺に移動した。これは「ソ連ならば、さほど鋭い洞察力を持っていないことを当て込んだ」(155)のである。過激な組織の一つに数えられる自由ポーランドは、1940年1月にありとあらゆる挑発行為を集中的に開始する予定であった。国家保安局の情報を引用しよう。「地下組織によるほぼすべての工作は現在中断している。しかし計画立案は依然として進行中である。彼らの最新にしてもっとも重要な計画の一つが挑発である。それをすべてユダヤ人の仕業にしようというのだ（これもまた非常に説得力のある説明である。リトアニアの公安当局による作戦が功を奏したおかげで、こうした挑発活動を防ぐことができたことに胸を撫でおろさずにはいられない：著者注）。彼らはユダヤ人に見せかけて活動を続けるであろうし、その結果はすべてユダヤ人が責任を取らねばなるまい。実行犯たちは素知らぬ顔で様子をうかがっていることだろう。例えば、テロ行為がユダヤ人の仕業と見せかけて実行に移される。するとさまざまな種類の声明をポーランド語とイディッシュ語の二つの言語で発表する準備がなされ、ユダヤ人組織の名を使って署名されることだろう。……さらに彼らは、基地に駐屯するソ連軍を挑発する計画を温めている。リトアニア政府やリトアニア人のさまざまな組織の名を騙った声明が出回って、それがソ連側の手に渡れば、挑発は成功したと見なされるであろう」(156)。この引用文は、ポーランド人による秘密組織が独自に掲げた目標と、その実行手段の実例を示すものとして重要である。戦わずして戦う、というこのやり方では、誰が味方で誰が敵かを突き止めることは至難の業だった。敵だと考えられる人物の数は多く、協力者と思しき人々は遠く離れたところにいた。ポーランド人による各組織は、今やリトアニア領となったヴィルニュスで活動するに留まらなかった。彼らの地下活動は網の目のように周辺地域に広がっており、その中にはソ連に占領された東ポーランドのリダ、モウォデチノ、オシュミャナ、ブラスワフ、グロドノが含まれていた(訳注15)。地下組織の下部組織、ことに場数を踏んだポーランド軍参謀本部第二部の部員たちの指導の下で結成された組織は、昔ながらの地下活動の手法を踏襲した。大抵の場合は「10人からなるグループを束ねて一つの組織としながらも、各班は独自の単位を構成していた」(157)。その中でも比較的活動が盛んであったポーランド地下組織統一委員会は、宣伝活動、諜報活動、人事、学校を管轄する各部門を有する複雑な組織であった。さらにこれらの部門は、担当する役割によって、いくつかの班に分けられた。宣伝活動部門では、ビラの製作と頒布、新規構成員を紹介する文と会報を発行した。情報活動部門にはスパイたちを監督する班もあれば、地区ごとの班、知識階級や学生による班、さらには技術班まであった。人事担当部門は新しい構成員を迎え入れると、彼らに任務を与えた(158)。こうしたポーランド人組織は、他の地下抵抗運動と同様に、なにがしかの思想を奉じて活動しなければならない。また目的達成に向けて努力し、将来に向けた任務も決めておかなければならない。こうした任務が、地政学的に見て途轍もない規模の変革にまで、発展するかに見えることもままあった。任務達成の暁には、当時のヨーロッパ全体を揺るがす事態になったかもしれない。本局に宛てた報告書の中で、国家保安局のスパイたちが引用しているのは、前出のポーランド地下組織統一委員会が目標に掲げていたポーランド統一計画である。「……機が熟せば、バルト諸国が取るべき行動に関する協定をまとめたうえで、彼らと一体となってボリシェヴィキとドイツ人を攻撃し、双方を離反させるのだ。バルト諸国がこうした計画に乗り気でないのなら、暴動を起こしてロシア人とリトアニア人を攻撃するのが上策と考えられる。この際ドイツ人は除外しておこう」(159)。

地下組織同士は対立し、行動や手段の方向性にも違いはあった。しかし組織がその目的を遂げるべく機能するためには、互いに団結する必要があることは最初からわかり切ったことだった。団結を目指す動きはいろいろあった。ソ連がポーランドに仕掛けた軍事行動が収まると、ソ連軍はヴィルニュスを離れた。リトアニア人による行政機構が設置されると、団結への動きはますます加速した。これにはリトアニアのポーランド人組織と、外国で活動するポーランド人組織との交流関係が、大きな影響を与えていることは断るまでもない。１９３９年の末には、それまでにない数のポーランド人の地下組織が、ポーランド軍事組織（ポルスカ・オルガニザチャ・ヴォイスコヴァ、ＰＯＷ）の傘下に入るという形で統合した。この情報はリトアニア政府の知るところとなった。「この組織（ＰＯＷ）は、限定された地域で活動するものでもなければ、場当たり的なものでもない。フランスにあるポーランド亡命政府が、旧ポーランド領内の至る所に配置した行政委員会の指令に従って活動している。ポーランド人によるこうした行政委員会が、名目上はまるで別の団体に偽装して、ヴィルニュスにも存在していた。この委員会のおかげで、ソ連によるヴィルニュス占領以後に創設された比較的小さな組織は、すべて一つにまとまった。ただ一つ『戦うポーランド組織』（ＯＷＰ）という組織だけが、今も単独で活動中である。この組織が土台となり、同時に隠れ蓑ともなって、ポーランド人による武装組織結成への準備が、現在進められていると見てよい」(160)。

この時期、ポーランド人の地下組織が数多く存在し、またリトアニアに帰属する土地に潜む組織の構成員が多数に上ったとはいえ、その正確な数字を示す史料を手元に用意することは難しい。これにはいくつか理由がある。まず、こうした組織が地下で結成され、活動していたことだ。このため、１９４０年の夏から秋にかけての地下組織の活動状況に関して、より厳密な情報を求めるならば、リト

（訳注15）これらの都市は現在ベラルーシの北西部にあり、それぞれリダ、マラジェチナ、アシュミャニ、ブラスラウ、フロドナと呼ばれている。

アニア国家保安局の情報活動報告書、およびソ連の国家保安人民委員部（ＮＫＧＢ）のような組織による報告書や取り調べの記録の中に見つけ出すことができる。カウナス市におけるポーランド人地下組織活動の規模は、解散したポーランド人組織10、解散した非合法組織16、逮捕した政治結社の構成員１２３名、逮捕した団体の構成員40名、組織に所属しない逮捕者３８６名、逮捕者総数は５４９名に上る(161)。

しかし本書では、こうした史料の信憑性について、責任を負うことは控えたいと思う。ソ連の組織といえば、その官僚機構全体からして、仕事の功績をでっち上げ、誇張する傾向があることは知られている。さらに必要な情報を手に入れるために、取り調べ中におこなわれた拷問などの手段を考慮するならば、こうした情報にどこまで信を置くことができるか、おおよそ理解することぐらいはできよう。

リトアニアにある公文書館は、外国の在外公館とポーランド地下組織との関係については、ごく限られた証拠を提供するに留まる。いきおい、ソ連の組織が集めた情報に頼らざるを得ない。現在知られている史料は、外国の在外公館とポーランド地下組織の両者には、間違いなくつながりが存在していたことをうかがわせている。しかし、さらに具体的な事実に踏み込むのは少々難しかろう。最前指摘したように、史料らしい史料に乏しいからである。一つはっきりしているのは、ポーランドの同盟国であった英国とフランスの公使館が、地下組織とのつながりという点ではとりわけ注目に値することだ。加えて、日本の領事館も、複数の地下組織の活動を連携させるに当たって、大いに与って力があった。

1940年1月ヴィルニュス市およびその周辺で、リトアニア国家保安局が実施した強制捜査において、100名を超えるポーランド人地下組織の構成員たちが、身柄を拘束された(162)。この事件が、ただちに英国公使の知るところとなったことは間違いない。ところが史料が示すように、これは英国公使の印象には特に残る事件ではなかった。「地下武装組織を解散に追い込んだ最近の逮捕劇が、リトアニア側の情報収集活動に対しておこなわれてきた妨害活動に、今後どのような影響を与えるかについて、英国公使のプレストンは次のように言った。『気に障る言い方になるかもしれないが、影響など馬鹿馬鹿しいほど微々たるものだ。どうやら、各勢力が部分的に解体されたに過ぎないようだ。組織の活動は全体的には損害を被っていない。ちょっと邪魔が入ったぐらいなものだ』、と」(163)。プレストンが、ポーランドと同盟関係にあった英国の公使である以上、ポーランド人による地下組織にかなり大きな影響力を持っていたことは、疑いを容れない。個人に対して、そして組織に関して、ポーランド人側が重要な決断を下すに当たって、彼の助言が大きく貢献したことも多かった。1939年の秋、ヴィルニュスがリトアニアに引き渡されてからは、それまでポーランド人だった人々の一部は、リトアニアの国籍を取得したいと思えば、当然それも可能だった。それを考えれば、国家保安局がまとめた文書の中にある、うわべは当たり障りのない次の覚書なども、実はなかなか興味深い。「ジュフトコフスキが英国領事とは異なった政治的見解を明らかにする場合があるとすれば、それは国籍が話題に上るときに限られていた。国籍を手に入れることのできる人であれば、誰もがそれを持つべきである、と彼は言明した」(164)。この覚書から何を読みとることができるだろうか。英国公使プレストンはリトアニアの将来に懐疑的な人物であったのだろうか。それとも、ポーランド秘密組織の構成員であるならば、リトアニア国籍など取得するなと勧めているのであろうか。理由はいくつか考えられる。しかしそれについて推論するのは困難であると同時に、その価値もない。当時の状況をもっとも適切に説明してくれるのは、永遠の友情というものもなければ、敵対関係が永遠に続くこともない。ただ利害関係のみが長続きするのだ、という世間知ではなかろうか。ポーランド人による地下組織は、英国公使館とつながりがあったばかりではない。ポーランドの同盟国である英国とフランスは、リトアニア内外におけるポーランド人の地下活動に対して、積極的に助言を与えた。「……その将校はさらに続けて2人のポーランド軍将校が、スヴァルクー・カルヴァリヤの近辺で、地主のグリンスキが所有するアレクサンドロフ邸に住んでいると言った。……そこで暮らしていたのはポーランド人将校などではなく、実はポーランド軍参謀本部第二部の職員で、東プロイセンを担当していたアンジェイ・ヤニツキなる人物であった。取り調べを進めるうちに、ヤニツキはリトアニアにやって来るとただちにカウナスにあったフランス公使館と連絡を取った。ピション（訳注16）はこの人物に対して、ドイツにいる以前の情報提供者と引き続き連絡を取ることと、ドイツに行ってドイツ軍と全体的な状況に関する情報を収集できる人物を、リトアニア国内で見つけておくようにとの指示を出していたことが明らかになった。さらにピションは資金を提供することも約束していた」(165)。

興味をそそるのは、ポーランド人による地下組織の一員であったスロチンスキが、リトアニアの治安と地下組織の活動の相関関係について抱いていた意見だ。「……リトアニアの警察も情報機関も、大した能力は持っていない。だが慎重には慎重を期す必要がある。なぜならこの国では、ソ連国家政治保安部ばかりか、ドイツの国家秘密警察（ゲシュタポ）がその影響力を及ぼし合っているからだ」(166)。

それを念頭に置くならば、カウナスに対する「北方のカサブランカ」（訳注17）という呼称は、何の気なしに選ばれたのではない。実際に各国の情報機関は、蜘蛛の巣のようにリトアニア全土を覆い尽くし、作戦の調整はカウナスからおこなった。その有様を象徴する比喩が「北方のカサブランカ」だったのだ。ソ連の治安機関が、ヴィルニュスでもリトアニア全体でも、１９３９年からその後にかけて活動をおこなってきたことは、周知の事実である。リトアニアがソ連の一部をなしてからというもの、こうした諜報活動はれっきとした治安組織による活動としての地位を獲得し、ソ連による監視の対象がリトアニア国民にしか向けられなくなると、任務の内容も活動の領域も、以前とはまったく異なるものになったのは言うまでもない。

地下組織の後ろ盾といえば、資金繰りが基本的な問題の一つとなる。現在入手できる情報によれば、複数の在外公館がポーランドの地下組織に対する支援を約束したらしい。ポーランドの同盟国であった英国公使のプレストンは、表向きはリトアニアにいるポーランド人抑留者に対する資金提供の責任者であった。しかし実は、ポーランド人の地下組織に対する援助もおこなっていたのだ。ソ連の警備活動に関する文書によれば、プレストンは１９４０年７月におこなわれた会合の席上、ポーランド人の地下組織の各代表に向かって、今後の資金援助については心配無用である、と述べた(167)。またフランス公使館も、ポーランド人の地下組織を金銭面で支えた(168)。

（訳注16）フランス公使館付武官ピション中尉。
（訳注17）リトアニアの歴史研究者が今世紀に入ってから用い始めた呼称。

リトアニアで活動していたいくつものポーランド人組織と、ワルシャワ、ベルリン、ストックホルムにあったそれぞれの本部、さらにはパリ、後にはロンドンに置かれた亡命政府とのつながりは、比較的安全な通信手段である外交行嚢《こうのう》を利用することで維持されていた。ここで一つの重要な役割を演じるのが、日本の外交伝書使（クーリエ）を務めた人々である。彼らとポーランド人地下組織は、リトアニアに駐在していた日本人領事の杉原千畝を通してつながりを持っていた。入手可能な史料が示すように、打ち合わせや小包の交換はカウナス駅でおこなわれた。日本の外交伝書使はベルリンからヴィルバリス（訳注18）、カウナス、ヴィルニュスを経て、モスクワまで郵便物を携えて往復していた。その際、地下で活動するポーランド人の組織のもとに、指定された日に小包を届けたのである。伝書使が到着する日を伝える葉書は、ベルリンから送られることになっており、あらかじめ取り決めてあった文言が記されていた(169)。各組織の代表はカウナス駅で小包を受け取った。外交伝書使と組織の代表との接触は、古典的なスパイ映画さながらの方法でおこなわれた。カウナス駅に来たポーランド地下組織の使者は、小さなダイヤモンドを付けたネクタイピンと、人目につく腕章を巻いていたことを付け加えておくべきだろう。日本の外交伝書使も同じネクタイピンをしていた。しかも、誤って自分の正体を明かしてしまうことのないように、合言葉が使われた。周囲の誰もしていないようなネクタイピンを使用している人物が、お目当ての人物であるかどうかを確かめるために、ポーランド人側の使者は次のような質問をした。「カウナスに行ったことがありますか？」日本の外交伝書使であれば、「ええ、カウナスに行ったことがありますよ」と答えるはずだった(170)。

こうしたポーランド人の地下組織の活動を、リトアニア国家保安局が知らずにいたわけではないことはわかっている。しかし、リトアニアの情報部員に、地下活動の実情がどの程度知られていたのか疑問が残る。NKGBの文書によれば、ポーランド人の地下組織と複数の国々の在外公館のつながりは、リトアニア側の少なくとも数名の人物には知られていたと想定することができる。ソ連軍がリトアニアに進駐した1940年6月15日以降も、ポーランド人と諸外国の双方による接触は、とりあえず継続することとなった。ただし、従来とはその理由に違いがあった。1940年6月、ヴィルニュスにてポーランド人の地下組織とリトアニアの代表者たちが会合を催したことが、少なくとも情報機関の報告には出ている。その会合には、リトアニア側からはカジース・グリニュス大佐(訳注19)と、英国からの使者も出席していた。会合ではポーランドとリトアニアの再建を目指して、互いにいがみ合っていた両国民が手を結び、ソ連政府に大いに抵抗すべきである、という点で意見が一致した。この目標に到達するために、ポーランド人とリトアニア人の組織が手を組んで、一つの統一した組織を作り、合同司令部を設置し、対ソ武装蜂起の準備を進めることが決定された。ソ連政府に不満を抱くポーランド人とリトアニア人が参加することとなった(171)。

(訳注18) リトアニアの町。ドイツ領東プロイセンとの国境に近い。
(訳注19) 第3代リトアニア大統領カジース・グリニュスの息子。第二次世界大戦後、父親と共に米国に亡命。

4　リトアニアにおけるユダヤ人難民

「忘れられない日です」……「細かいことまで覚えていますよ。ドイツ人は灰色の軍服、あなたは青い服だった」

（映画『カサブランカ』１９４２年）

リトアニアに到達したユダヤ人難民をめぐる状況

「昨夜《ゆうべ》はどこにいたの？」
「覚えちゃいないさ、そんな昔のこと」

（映画『カサブランカ』１９４２年）

本章の論考に、あえて深入りしないまま、まずはユダヤ人がリトアニアに到達するまでの過程に若干の検討を加えるべきではなかろうか。ごく特殊な場合を例外とすれば、二つの主要な地域が難民問題では際立っている。スヴァウキ地方とヴィルニュス地方である。国境沿いにあるこの二つの地域を通って、ユダヤ人は１９３９年の秋にリトアニア共和国にやって来たのだった。

１９３９年10月27日のことである。スヴァウキ地方にいたドイツ軍が、リトアニアの国境警備隊からの抗議を無視して、２００人のユダヤ人をリトアニアに追いやったことが、カウナスでは知られていた。エヴィアン会議を扱った章において、ドイツ人によってユダヤ人は、国境を越えることを強いられた、と述べた。しかしこれは、ドイツとフランスの国境のみならず、ドイツとリトアニアの国境でもおこなわれていた。全般的にスヴァウキ地方のユダヤ人難民の方が、ヴィルニュス地方にたどり着いたユダヤ人とは比較にならないほど、困難な状況に置かれたことに注目しなければならない。ヴィルニュス地方に来たユダヤ人たちは、この地方がリトアニアの一部となった１９３９年10月以後、自動的にリトアニア領内にいるものと見なされることとなった。一方、スヴァウキ地方のユダヤ人は、これから国境の検問所という障壁を乗り越えなければならない。これはそう簡単にできることではなかった。しかも寒い秋のために状況は悪化した。

数百名にのぼるユダヤ人難民が、常にドイツ側に拘束されていた。彼らは元々暮らしていた場所に戻る権利を奪われ、リトアニアに入国する好機を伺っていた。リトアニア国境警備隊を指揮するA・シンケヴィチュスは、警察庁長官への報告書の中で次のように書き記している。「ユダヤ人は行政ライン（訳注20）を越えたい、ときわめて強硬に主張しました。例えば、数名の人々が境界線を越えるところを警備隊員に見つかったことがあります。窒息死した赤ん坊を抱えた女性を一名捕えております。このユダヤ人女性は、赤ん坊が泣くのを止めようと、あまりにも強く布を巻きつけてしまったために、赤ん坊の息が詰まってしまったことが判明いたしました」(172)。この悪夢のようなカフカの小説のごとき逸話の世界が、リトアニアの国境線では日常的な現実となっていた。人々は救済を求めていた。その一方で状況は想像を超えるほど悪化していた。

1939年の末までには、スヴァウキ地方からリトアニア側にやって来た難民の数は、約1800人にのぼっていた。到着早々に彼らを登録し、彼らの記録を取り始め、身元調査を実施すべし、と文書では決められていた。しかし実際には、登録以外に何の措置も取られなかった。その理由は、難民の数が増えてくると、受け入れ地の職員では、すべての手続きを遂行することができなかったためである、と説明することができそうだ。リトアニアにたどり着いて登録が済んだ難民は、ジョイントやヘブライ人難民支援協会(訳注21)、ユダヤ人健康保護協会(訳注22)といった組織から面倒を見てもらうこととなった。ユダヤ人団体「エズラ」(訳注23)の中に設けられていたユダヤ人難民救済委員会が、その施設をポーランド国境に近いバルビエリキス、カルヴァリヤ、カズル・ルダ、キーバルタイ、クデイルコス、ナウミエスティス、マリヤンポレ、ピルヴィシュキエイ、セイリハイ、シムナス、シャケイ、ヴィルカヴィシュキス、ヴィルバリス、ヴィシュティティスに置いた(173)。難民にリトアニアに住む親族がいる場合は、その住まいに受け入れてもらうか、経済的余裕のあるユダヤ人家族に引き取られ

(訳注20) この時期のリトアニアとポーランドの国境線に該当する。

(訳注21) ユダヤ人による民間団体。欧州のユダヤ人の移住を支援。略称HICEM。

(訳注22) ユダヤ人による民間団体。健康の増進に重点を置く。略称OZE。現在はOSE。

(訳注23) ポーランド系ユダヤ人のための団体。

た。こうして、難民のための生活必需品を購入するのに必要な資金を減らそうとしたのだった。その他の難民は、リトアニア全域に分散した。

例外的な場合を除けば、ユダヤ人難民がリトアニアに入る道は二つあったことを繰り返しておきたい。歴史を記述する際には、ナチスの影が絶えずユダヤ人難民という主題に付きまとっている。しかしソ連も、スヴァウキ地方のナチスに負けず劣らず、ポーランド占領後に確定したリトアニアとの新たな国境線を越えて、ユダヤ人をリトアニアに追いやっていたことを忘れてはならない！　これは仮説などではない。公文書という史料によって、容易に裏付けることができるのだ。1939年11月ヴィルニュス近郊のヴァルキニンカイ地区の首長は、ヴィルニュス市およびその周辺地区を管轄する国の役人に宛てた報告書の中で、次のように書いた。「昨日11月12日午後6時、パウオスピス村から西に500メートルの地点で、ソ連兵が力ずくで21名の人々を、ウレー川（訳注24）を越えて我が国の方へ追いやりました。……民間人からの情報によれば、ソ連軍はさらに1000人ほどのユダヤ人を追い払おうとしているということです。……しかも、ソ連軍によって追い立てられ、追放の憂き目にあったこうした人々が、ウレー川を越えてヴァレナ地区のカシェートス村に向かおうとしている最中に、名字のわからないあるユダヤ人が溺死しました」(174)。難民がリトアニア側に強制的に追いやられた事件は、これればかりではなかった。11月11日には、460人のユダヤ人難民が、ソ連軍によってリトアニア国境を越えてシャルチニンカイに連れて来られると、地元の警察本部に引き渡されている(175)。

ユダヤ人難民の構成

難民は独特で、しかもきわめて多彩な重層的集団を形成していた。その中でも3分の1を超える大きな割合を占めていたのがユダヤ人である。ベラルーシ西部とウクライナ西部をソ連が占領したため、ユダヤ人難民はポーランド東部への避難を諦めた。独ソ不可侵条約が締結された結果、１９３９年にポーランドに住んでいた３００万を超えるユダヤ人のうち、１８０万人がナチスに占領された地域に留まった。それ以外の１５０万人がソ連市民になることを「希望する」ことができた。ナチスに占領されたポーランド西部から逃げてきた30万人ほどのこうした難民は、9月17日にソ連が占領する以前にポーランド東部に辿り着いたため、ソ連市民になることを「希望する」人々の中に数えることができる(176)。ソ連の手に落ちたポーランド東部にやってきたユダヤ人社会が、この時点でどのような構成であったか、それを解明することはほぼ不可能であろう。ただそれが、ヴィルニュス地方はソ連からリトアニアに譲渡されるらしいという噂が初めて流れた際に、それを聞きつけてヴィルニュス地方を目指した難民の構成とは違っていた、と考えることはできる。例えば、１９４０年までにヴィルニュスで登録された1万人を超える難民のうち、その大部分に当たる７５００人ほどが成人男性で

（訳注24）現在の名称はウーラ川。

写真 16　ユダヤ教正統派の女性用の宿舎で昼食を摂るユダヤ人難民

写真 17　ヴィルニュス市内のシナゴーグで礼拝中のユダヤ人難民

あった。女性は2500人と見積もられており、子供たちは500人程度に留まる(177)。したがって、ユダヤ人難民の中で家族が占める割合は、明らかに非常に低かったことになる。難民の中で、男性がここまで異様なほど多数を占めている理由を説明するのは、実は簡単なことである。男性のほとんどがイェシバと呼ばれるユダヤ教の神学校の学生だったのである。第一次世界大戦が終わって、第二次世界大戦が始まるまでイェシバと呼ばれるユダヤ教の神学校は、ポーランドが世界一であるという評判があった。戦前には世界中からユダヤ教徒の若者が、当時ポーランド領だったミール(訳注25)、ラディン(訳注26)、ウォムジャ、カミエニエツ、グロドノ、ピンスク(訳注27)で宗教を勉強するためにやって来ていた。信心深い学生と、彼らを教えるラビ(訳注28)がソ連に期待できるものが何一つなかったのはまったく当然のことであった。ベラルーシ西部をソ連が占領すると、主だった神学校は閉鎖された。それゆえ、ポーランドとは違って独立国家であり、中立国でもあったリトアニアにヴィルニュスが併合される、という噂が広がり始めると、すぐさま神学生とラビのほとんどが、将来歩むべき道を求めた土地がリトアニアにほかならなかった。1939年10月14日、ヴィルニュスに入った学生の第一陣は、クレック市(訳注29)のイェシバからやって来ていた(178)。ミール町のイェシバは10月16日にヴィル

(訳注25)現ベラルーシ。
(訳注26)現ベラルーシのラドゥン。
(訳注27)現ベラルーシ。
(訳注28)ユダヤ教の宗教指導者・学者・教師を兼ねる存在。

ニュスに到着した(179)。この学校の学生もラビも、ほかの学校よりは運が良かった。ミール・イェシバは全員がヴィルニュスに来たのだ。学生とラビ合わせて500名である(180)。

占領地ではソ連の規範に従って、宗教団体を結成することを禁じられたばかりではない。あらゆる宗教活動が禁止された。ユダヤ教の各教団に属する人々が集まって、ありとあらゆる宗教活動が禁止された。ユダヤ教の各教団に属する人々が集まって、あらゆる教団が、シナゴーグでの礼拝以外の活動を認められていなかった。その結果、子供、女性、若者のためのさまざまな団体や組織は、活動の停止を余儀なくされた(181)。さらに忘れてならないのは、ソ連では個人が勝手に欠勤を繰り返したり、所定の時刻以前に職場を離れたりすることを禁止する法律が施行されていたのである。したがってユダヤ教信者であろうと、土曜日の安息日の間も働かざるを得なかった（当時のソ連では日曜日を除く週6日労働：著者注）。1938年10月28日ヴィルニュス地方がリトアニアに併合されると、11月の前半にリトアニアとソ連の新しい国境線が画定され、これを越えることがさらに難しくなった。1939年11月、ソ連の占領地においてソ連国籍の登録をおこなうという発表があった。これを知ったユダヤ人たちが、「ソ連という（共産主義の）楽園」を出て、移住する覚悟をさらに固めたと考えるべきである。リトアニアにやってくるユダヤ人難民の中で、シオニストはかなりの割合を占めていた。戦争前のポーランド東部と呼ばれた地方で生活していたユダヤ人は、パレスチナに向けて出発する前に、さまざまな農作業の研修を受けていた(182)。ソ連の政治体制は、明らかにシオニズムに対して否定的な見解を抱いていた。だからこそ、イェシバの神学生のように、すでに家族から離れた所で生活していた若者たちが、各地の調整委員会の指示に従って、ヴィルニュスにやって来たのは当然だった。国境警備を巡って、より厳しい方針が取られたにもかかわらず、リトアニアへ向かうユダヤ人難民の流れは、1940年6月まで途切れることはなかった。

ここまで論を進めたところで、リトアニアにたどり着いたユダヤ人難民の全体像を説明しておこう。それは若いユダヤ人の知識階級が、天災が降りかかった直後に形成した大きな集合体であったとも言えよう。彼らがソ連によって占領された土地を後にして、リトアニアに移住したいと考えた理由は明白となる。ソ連国籍を選んでから、パレスチナや欧米諸国への出国を目指すならば、それは新たな「祖国」であるソ連に対する裏切りであると見なされ、良くてもウラル山脈を越えて、奥深いシベリアのタイガにある強制収容所に送り込まれる結果となることは言わずと知れていた。一方リトアニアでは、ユダヤ人難民にリトアニア国民になるよう強いる者は皆無だった。また少なくとも法律上はさしたる困難もなく、今後の旅に出る計画を練り、その機をうかがうこともできた。杉原千畝の偉業には、このような背景があったのである。

ユダヤ人難民の救済

1939年10月、ヴィルニュスではユダヤ系住民が音頭を取って、ユダヤ人救済委員会が設立された。ユダヤ人の面倒を見るのが主たる目的であった。この委員会による難民の保護が多岐に渡ってい

(訳注29) 現ベラルーシのクレツァク市。

たことを示しているのが、各担当部門の名称である。つまり食事、衣類、住居、法と移住、給付金、育児、会計、管理、統計といった具合だ(183)。その活動はもっぱら、他の難民支援団体と同様に、組織的な送金によって世界的な複数の団体が支えた。ジュネーブにあった世界ユダヤ人会議がリトアニアに支部を置いた。米国にあった10近くのユダヤ系ユダヤ人組織が協力して、ユダヤ人難民のための資金集めをおこなった。ジョイントや、リトアニア系ユダヤ人を支援する米国同盟もこの運動に加わっていた。ユダヤ人救済委員会は27カ所の食堂を運営して、約7000人の難民に食事を用意した。52軒の衣料品店では彼らのための衣類を作り、36の宿泊施設も提供して、そのうちの11をイェシバの学生が使用した(184)。ユダヤ教文化の特徴にしたがって、一般のユダヤ人と信仰生活を送るユダヤ人は、厳格かつ截然と距離を保って寝泊まりした。その結果イェシバの神学生とラビは、今触れた27カ所の食堂とは別の17カ所の食堂で食事をし、全員が一般人から離れた寮で生活した。ヴィルニュスのユダヤ人難民には、合計で50を超える宿舎と、食事を供する施設があてがわれた。イェシバの神学生とラビは、こうした施設を22カ所利用する固定客であった(185)。

ユダヤ人難民への支援は、何から何まで組織的におこなわれた。事実、この時には難民支援の歴史の中で、もっとも見事に支援の仕組みが機能した。1939年秋、リトアニア政府は海外から受け入れた資金の30%を上乗せするという法令を採択した。すると海外にある組織から、ユダヤ人難民のための資金集めが際立って活発となった。その結果1940年の5月には、リトアニアはジョイントが集めた金額に対して、123万2846リタスを上乗せし、他のユダヤ人団体が集めた金には9万7000リタスを追加した(186)。言い換えれば、ジョイントは資金集めの点で、他の追随を許さない存

写真 18　ユダヤ人難民用宿舎の厨房

写真 19　学校で縫製の技術を学ぶ難民のユダヤ人青年たち

在であったことは実に明白である。

資金が大きく減り始めたのは、1940年の春、ヨーロッパの国際関係が複雑になり始めてからのことである。それればかりか、ユダヤ人以外の難民支援にも資金集めにも影響が出た。集められた資金が減ったため、リトアニア赤十字は5月1日をもって資金援助を止めた。資金減少の結果、ユダヤ人難民救済委員会は活動内容を縮小し、食料を除く一切の難民支援を以後おこなわなかった。1940年5月の初めに、ユダヤ人のための職業訓練団体（ORT）（訳注30）の幹部たちは、難民監督庁長官のアレクナに対し、ユダヤ人難民が働くことを認めるよう依頼した。

ヴィルニュス地方に難民が集中してしまったため、彼らをリトアニア全土に振り分けることが決まった。こうして、ユダヤ人とポーランド人の難民は、全員がウクメルゲー、パネヴェジース、ビルジャイ、シャウレイ、ロキシュキスの各地区に移送された。移動に同意しなかった人々は、赤十字からの援助が受けられなくなった。頑なに移動を拒めば、半年間拘禁すると脅された。例外が認められたのは、ハールーツと呼ばれ、イスラエル建国を目指してパレスチナに出発するまでリトアニアで待機していた人々、そして学童とその親であった。こうして1940年6月1日まで、1カ月ほどかけて3000を超えるユダヤ人難民が、ヴィルニュスから退去させられた。

リトアニアを出国しようとするユダヤ人難民の試み

改めて言うならば、ユダヤ人難民にとって、リトアニアに入国し滞在することが持つ意味は、彼ら以外の民族にとっての意味とはやや異なっていた。ユダヤ人は1939年の秋に、すでに論じた二つの経路からリトアニア共和国に入った。つまり、スヴァウキ地方を通ってくる経路と、ソ連によるポーランド占領の結果、リトアニアのヴィルニュスとソ連の間に新たに引かれた国境線を越えるかのいずれかである。ソ連占領地を逃れた難民の数の方が、ドイツに占領されたポーランドの土地からたどり着いた難民よりも、数倍多かったことを忘れてはなるまい。

ユダヤ人難民は、リトアニアを永住の地と考えることはまずなかった。これも繰り返しとなるが、ユダヤ人難民の中で比較的高い割合を占めていたのが、イェシバに通う若い学生で、パレスチナに渡る予定であるか、その他の外国に行く計画を立てていたことに留意してほしい。したがってリトアニアは、希望する目的地に移住する機会が巡ってくるまでの、安全な中継地点とみなされていたのであろう。同じことはとりわけ、移民としてパレスチナに赴かんとするハールーツや、それ以外の国々へのヴィザをすでに取得していた人々に当てはまった。当時のヨーロッパの地政学的な地図を思い描いてもらえば、ドイツに占領されていた旧ポーランド領やドイツ本国を抜けて、リトアニアから欧米諸国に行くことは、事実上不可能であったことがわかる。

1940年の春までは、スカンディナビア諸国を抜ける北側の経路を使うことができた。しかし、ソ連とフィンランドの冬戦争中に、スウェーデンはヴィザの発給を厳しく制限した。これは抑留され

（訳注30）1905年に認可されたユダヤ人団体。

ていたポーランド人の兵士たちが、フィンランド側に立って軍事行動に参加したためである。その結果、このルートは放棄せざるを得なくなった。大部分のユダヤ人が、少なくとも表向きはパレスチナに行きつくことを目標としていた中で、彼《か》の地に赴くために残されていたのは、ソ連領内を通過するルートだった。ソ連の最高幹部たちとの長期にわたる交渉の末に、リトアニア側の交渉担当者たちは、1940年4月、ユダヤ人難民によるソ連領土の通過を認めるよう、ソ連に承諾させることに成功した。この事実は、現在まで触れられたことはない。杉原千畝の物語を専門的に扱ったどの書籍の中にも、この事実に関する言及はなかった。しかしよく調べてみれば、ソ連側がユダヤ人の難民証明書の中に、日本の通過ヴィザがあるのを見て、数千人にのぼるユダヤ人に自国領内を通ることを認めたのは、まさしくこの事実が根拠となっているのだ。1940年4月6日、リトアニアの外務大臣ユオザス・ウルプシースは、ロンドンにいるリトアニア公使に宛てて、次のように書いた。「ミコヤン（訳注31）はナトクス（在モスクワ・リトアニア公使ラーダス・ナトケヴィチュス：著者注）に、ユダヤ人難民がソ連を抜けて、パレスチナまで自由に通過できることを許可する旨を約束した。各ユダヤ人支援団体に、現在割り振られている難民を、もっと増やすよう働きかけられたし」(187)。

当時、パレスチナを支配していた英国は、この地に入域する人々の数を厳しく制限していた。1940年、世界中のユダヤ人のうち、パレスチナに入ることができるのは半年で9000人という定員が決められた。しかしその定員を国ごとに割り当てるに先立って、ユダヤ人自らが優先順位を設定したうえで、この定員を細分した。まず妻と子供を合わせて3000人が入域を許された。さらに学生が3000人、経営者1800人。残る1200人は、すでにパレスチナに移住した者の親、賃金労働者、ラビ、婚約中の女性に割り当てられた(188)。こうして全員を振り分けた結果、リトアニアにいるユダヤ人には、わずか200人という定員が割り振られたに過ぎなかった。

パレスチナに行く許可が下りた幸運なユダヤ人難民であっても、この後に待ち受けるさらに厳しい試練を覚悟しなければならなかった。もともとソ連は、外国へ向かおうとするユダヤ人が、領内を通過することを許していなかった。ナチス・ドイツを通って行く経路も当然封じられていた。そのため1940年の春までは、北方のルートを進むのが慣例となっていた。つまり、スウェーデンに行ってからフランスに出るルートのことであり、本格的なパレスチナへの旅路はそこから始まったのである(189)。パレスチナ入域の許可を与えるのは英国であり、許可される人の数には限度があったことを考えれば、代わりとなる目的地を探す必要があることは当然であった。そこでウルプシースは、ロンドンに電報を送り、さらにワシントンに駐在していたリトアニアの特命全権公使であるポヴィラス・ジャデイキスに手紙を書いた。「ソ連は、自国領内をユダヤ人難民が自由に通過できると約束した。ユダヤ人団体に知らせて、ユダヤ人がアメリカへ出国しやすくなるように取り計らってほしい。各領事館に連絡のこと」(190)。

外務省政策局局長のエドゥアルダス・トゥラウスカスの覚書から、次のルートが使われる可能性があったことがわかる。「……L・ナトケヴィチュスは、ユダヤ人が国内を通って、オデッサ港に出る

(訳注31) アナスタス・ミコヤン。商工人民委員・第一副首相としてソ連の商業や対外貿易を担当した。

ことをソ連側が認めるという約束を取り付けた。オデッサからパレスチナでも、別の場所でも行くことができるだろう(191)。この「別の場所でも」というあっさりとした言い回しが、つまるところ多くの人命を救った「命のヴィザ」物語の序章をなしているわけだ。無論だからといって、この時点では、誰一人そのようなことを知る由もない。

一方ソ連は、リトアニア公使に約束はしたものの、約束が実現してユダヤ人がソ連領内を通過できるまでの過程は、長く緊張をはらんだものだった。そこでナトケヴィチュスはソ連高官に対して、合意から先の進展が一向に見られない、おまけにその理由もはっきりしない、明らかにしてほしい、と辛辣な言葉で指摘せざるをえなくなった。「後になってN（L・ナトケヴィチュスを指す：著者注）は、現時点でリトアニアには、ポーランドからやってきた5000人ほどのユダヤ人難民がおり、ソ連を経由してパレスチナに行きたがっていることに触れた。彼らの存在は、リトアニアという国にとって大きな負担となっていると述べると、だからこの問題に関わる決定を急いでほしい、と頼んだ。ユダヤ人難民は、出国のために必要とされるヴィザはすべて手に入れている、とNは私に教えてくれた（傍点著者）。さらに、未だにこの問題が解決しないのは、ひとえにソ連領内の通過が懸案となっているためだ、とも言った。彼の報告によれば、同志ミコヤンとの話し合いの中で、この問題に触れたという。貿易部人民委員であるミコヤンは、ソ連国営の旅行会社『インツーリスト』を監督する立場にある。この組織の助力があれば、ソ連国内を集団で移動することができるだろう。同志ミコヤンから、この件に関して了承を得たということだ」(192)。

ユダヤ人通過の問題は、ソ連政府の最上層部で取り上げられた。もちろんリトアニアの外交官ばかりでなく、ユダヤ人も自らこのソ連領通過の問題に対処しようとしていた。パレスチナにいるユダヤ教の最高指導者が、ロンドンに設けられたソ連特使との話し合いの席で、ユダヤ教を研究する敬虔な神学生が、ソ連国内を通過できるよう関係当局に働きかけてほしいと懇願した。旅費その他の費用の支払いに対して、援助を受ける保証を得た。しかしこの場合も例に漏れず、ソ連国内の安全対策が、物事の決定を左右する影響力を持っていた(193)。数千人を輸送するのはなかなか厄介な計画であり、それに備えた十分な準備を整えなければならない。ソ連にしてみれば、まだ家畜用貨車を使ってシベリアに向かう旅の方が慣れていた。しかし、それとこれとは訳が違う。このたびの数千人の乗客は、カウナスから自国の西側を黒海北岸のオデッサまで輸送しなければならない。しかも輸送中は目立たぬようにしながら、当然乗客の安全を守るのである。ソ連側が要求する運賃と、ユダヤ人側が支払う旅費の間で折り合いをつける必要もあった(194)。

5　リトアニアに抑留されたポーランド軍兵士

「呼吸を止めれば我々は死ぬでしょう。敵との戦いをやめれば世界が死ぬでしょう」

（映画『カサブランカ』１９４２年）

１９３９年９月１日、ドイツ軍とポーランド軍の間で軍事行動が始まると、まずポーランド西部の住民が、戦争につきもののありとあらゆる難局に直面することとなった。次いで９月17日にソ連が参戦してからは、ポーランド全土の住民が同じ苦境に陥った。軍事行動の結果、難民がリトアニアに流入した。

当時のリトアニア政府は、難民を三つに分類した。ⓐ抑留された兵士、ⓑ難民、ⓒ外国人、である(195)。ここで注意してほしいのは外国人といっても、住んでいる土地を変えたわけではない、ということだ。ヴィルニュス地方がリトアニア共和国の一部となることを定めたソ連との合意に従って、この地域に住む者は全員がリトアニアの法律に従うこととなった。別の言い方をすれば、９月の時点で当時ポーランド領だったヴィルニュスに住んでいた人々は、自宅の庭から一歩も外へ出たことはなくとも、10月の半ばまでにはリトアニア在住の外国人となってしまったのだ。
抑留された兵士とは、軍事行動に参加せずにリトアニアに逃亡してきたポーランド軍のことである。彼らはハーグ陸戦条約に従えば、戦争による難民であり、ドイツやソ連に占領された領土から逃げてきた捕虜と同じ扱いをしてはならなかった(196)。占領された土地を離れてリトアニアに移動してきたポーランド出身の民間人も、難民と見なされた。そして1939年9月以降、リトアニアの一部となったヴィルニュス市とその周辺の地域に住む人々の中で、戦争が始まる前からこの地方にいて、理由はともかくリトアニアの国籍を取得していないか、もしくはできなかった人々が外国人に分類された。

9月7日、リトアニアの西の隣国であるポーランドとドイツの間で軍事衝突が始まって7日経つと、リトアニア陸軍参謀総長スタシース・プンゼヴィチュスは、第一および第三歩兵師団の司令官たちに、収容所の開設を命じた(197)。まず忘れてはならないのは、この指示が第二次世界大戦が始まって以来、リトアニア国内の外国人兵士の抑留に関して、最初に書かれた公文書の一つであり、その点で興味深いということだ。さらに、これによってリトアニア軍内部はもとより、当時のリトアニア社会の大部分がどのような雰囲気に支配されていたか、そしてポーランドとドイツの軍事衝突の帰着に対していかなる見通しを持っていたか、こうした点を理解する手がかりを得られることにも留意してほしい。つまりこの指令書は、交戦中のドイツ・ポーランド両国家に属する兵士を分けるために、二つの収容所が必要であると指摘した上で、抑留兵がさしあたり何名にのぼるのか、その予想を記してある。こうして第一歩兵師団長は、ロキシュキスにてドイツ軍の兵士500名と将校50名が入所できる収容所の設置を担当することになった。これと同じ規模の収容所を、抑留されたポーランド軍将兵のために、パクルオイスに開設する任務を与えられたのが第三歩兵師団長だった(198)。しかし程なくして、いくつかの事件が持ち上がり、こうしたあまりに楽観的な計画は修正された。そもそも1939年の9月7日の段階で、二つの収容所を作ってたかだか1000人の軍人を収容しておけば済むなどと、真面目に考えていたことが奇妙に感じられる。つまり、開戦から1週間が経っていながら、依然としてリトアニア軍では、交戦中のドイツ・ポーランド双方の勢力は、ほぼ拮抗していると考えていたようだ。または、軍事行動が熾烈になるのは、ドイツとの国境に近いポーランドの西側であろうと踏んでいたらしい。9月17日にソ連がポーランドに攻撃を開始するなどという事態を、誰も予想していなかったのだ。リトアニア側の予測がこの程度のものであったならば、予想外の出来事に備えるべく、「万が一」のために最小限の収容所を準備するのはごく賢明な措置であろう。9月8日、リトアニアの新聞は、約2万5000人のポーランド兵がドイツ軍の捕虜になったと報じた(199)。一方で、独ソ不可侵条約が持つ重要な一面を忘れてはなるまい。この条約のおかげでソ連は、ポーランド側からの抵抗を本腰を入れて想定する手間を省くことができたのである。

9月17日、ソ連の攻撃が始まると、リトアニア陸軍参謀本部第二部では、新しい情報を要約した文書が非公開で発表された。その中では、スヴァウキ地方で抑留されるポーランド兵は、たかだか騎兵一個連隊と見られるのに対し、ソ連の侵攻を受けている当時はまだポーランド領だったヴィルニュス地方では、これをはるかに上回る数のポーランド兵が退却して流れ込んでくる可能性があると想定されていた。同じ調査によると、ヴィルニュス地方にはポーランドの歩兵師団が二つから三つ駐屯していた(200)。

翌9月18日の情勢をまとめた文書で、リトアニア陸軍参謀本部第二部の専門家たちは、近い将来ヴィルニュスに向かってポーランド軍部隊の退却が予想される、と考えた(201)。その後の事態の推移を見れば、こうした予想が的中していたことがわかる。1939年9月19日の午前中に、200人のポーランド軍兵士、200台の車両、2本の列車がヴィルニュスを出てヴィエヴィスを通り、リトアニアの国境を越えた。シルヴィントス地域では、4000人のポーランド兵がリトアニアに越境した。ドゥークシュタスの町には、1000人の兵士がやってきた(202)。事ここに至って、ポーランド軍の状況と戦争の帰趨に関して、いよいよ疑いの余地がなくなったのを見ると、ヨナス・チェルニュス首相は、撤退してくるポーランド兵に対して、国境を開くよう命令を下した。これも9月19日のことである(203)。

目下の状況に即応して、リトアニア側ではいくつかの措置を講じ、極限状況の中で撤退してくるポーランド兵の到着に備えた。この事実は、国防相が軍に出した命令を調べれば確認できる。9月18日、第一収容所と第二収容所を開設するよう指令が出された(204)。次いで9月26日には、抑留者の数が増え続けているのに合わせ、第三から第六までの収容所の増設命令が出た(205)。

最初の二つの収容所は、ヨニシュキス地区にあるヤキシュキス館と、ロキシュキスに置かれることとなった(206)。収容所の設置は計画に沿った事業というよりは、思い付きによる行動と言ったほうがよい。短期間で外国から来た結構な数の軍人がリトアニアにたどり着いた。彼らを収容できるだけでなく、秋から冬に向かう時期に適したありとあらゆる建物に対する調査が始まったのはそれからだった。結果的に収容所の場所は、あらかじめ決めてあった計画や原則に従って選ばれることはなかった。むしろリトアニア軍がすでに使用していた建物か、公共建造物で間に合わせなければならない場合が多かった。軍隊とはおよそ縁のない学校や療養所の建物が、この目的のために利用された。当時の状況を説明するには、次の実例を挙げることができる。第三収容所はパランガ市の学校、第四収容所はクラウトゥヴァにある療養所の敷地内に、第五収容所はリゾート地のビルシュトナス、第六収容所はアリートゥスにあった旧兵舎を使用する計画であった(207)。

ソ連軍から逃れたポーランド軍部隊がリトアニアの国境を越えたと言っても、やって来たのは兵士だけではない。弾薬類も丸ごとそのままリトアニア共和国に持ち込まれ、リトアニアは受け入れ国としてこれを接収した。ゼノナス・ゲルライティス師団長が外務省に宛てた申告書は、1939年にこの戦争が始まってから年末に至る期間に、抑留されていたポーランド兵から次の資産を接収したことを示している(208)。食料16万1551・052リタス相当、被服、馬具、馬車が6万8689・743リタス相当、鉄砲と弾薬71万7323・504リタス相当、自動車、自転車、通信器材63万6837・405リタス、外科器具と薬品6197・606リタス、馬が14万9700・007リタス、飛行機が9万リタス、合計183万299・29リタス。9月の末までに、ソ連が占領した旧ポーランド領とリトアニア共和国を隔てる行政ラインの防衛を厳重にしたため、リトアニアへの民間人の流入が減少したばかりか、リトアニアに逃げ込む兵士の数がそれ以上に大きく減少し、国境を越えてくるのは個人か、まれに数名程度がまとまってやって来るぐらいであった。

前述の通り、抑留兵は戦争による難民の中でも一種独特な集団である。そこで彼らに関する問題は、すべて国防省に託された。ユオザス・バルズダ＝ブラダウスカス旅団長が、抑留兵収容所の司令官に任命された(209)。

１９３９年9月19日、ソ連軍はヴィルニュスを奪取した。別に一章を割いて、ソ連に占領された土地で、数週間を過ごすことを余儀なくされた現地住民の感情について扱うこともできるほどだ。しかし、この話題をさらに掘り下げるつもりはない。リトアニア軍司令部第二部によってまとめられた、無味乾燥な情報の要約だけを提示しておきたいと思う。「彼ら（ソ連軍：著者注）は撤収しながら、持ち運びできるのであれば公共の物であろうと、個人の物であろうと、すべて持って行く。食料、衣料、靴ばかりか家具、兵舎の窓をはじめ、歩いて持って行くにせよ、荷車に載せて行くにせよ、運べる物はみな持って行く。彼らは地主を捕らえ、ソ連へ連行する。一般人であれば些細な違反行為であっても、その場で射殺される」(210)。

リトアニアに逃れるポーランド兵に関する噂・憶測・評判は、瞬く間に人々の間で広まった。こうなると人々は、現実から離れたイメージをすぐに大きく膨らませるのが常である。一方で、こうした噂を真に受けた人々がいた。おそらく彼らはソ連に占領された土地に残るべきか、合法であろうが違法であろうが、何とかして国境を越えてリトアニアに入国すべきか、そのどちらにするかまだ迷っていたのであろう。リトアニアに行ったら、すでに狂気にとりつかれていたヨーロッパから離れた場所に脱出する方法を、誰の目も憚ることなく探すつもりであった。

抑留された兵士の支援方針

戦争による難民を支援するには、受け入れ国側が親切を尽くせばそれで済むなどということは絶対にない。難民管理の仕組みが正常に機能するためには、かなり豊富な人材と財源が必要となる。難民の扶養に多少とも予期せぬ出費があった場合、国家予算からの支出を抑制するために、リトアニア政府は外交ルートを通じて、ポーランドの同盟国であった英国とフランスから、そのための資金を得ようとした。ロンドンにあるリトアニア大使館の館員だったH・ラビナヴィチュスは、1939年12月に英国外務省の職員と会い、時局に対するリトアニアの見方を示した。「……英国議会において発表された英仏両国間の金融協定に則って、両国ともポーランドを全面的に支援することになっている。この点に英国当局が留意されるよう、我が政府では希望している。それゆえ、抑留兵の支援に多額の費用を払っているリトアニアとしては、英国政府による具体的な財政援助に望みを託したいと考えている……」(211)。この要望は受け入れられなかった。いや、真剣に検討されることすらなかった。その理由は「……国際的な慣行に従うのであれば、リトアニアのような中立国は、戦争の終結を待ち、しかる後に抑留兵のために費やした全額の支払いを、責任を負うべき国々に請求するものだ」から、ということだった(212)。この状況を説明するのにふさわしいのは、本書ですでに繰り返し引用した不朽の言葉だ。「溺れている人々を心配している者が、自らも溺れまいとしている」。ラビナヴィチュスにしてからが、自らの要求に対して、英国からの反応を心から望んでいたというより、外交辞令の一環として要望を述べたに過ぎない可能性のほうが高い。もちろん英国もフランスも、ポーランドの同盟国としてこの戦争に参戦した。しかしこのことが、リトアニアで抑留されているポーランド兵に影響を及ぼしたとは考えにくい。リトアニアとソ連の間で相互援助条約が結ばれ、この条約に従って、ソ連軍部隊が武力衝突に備えてリトアニア国内に駐留するようになると、「中立国」という言葉がリトアニア共和国に当てはまるかどうか、甚だ疑わしくなったのである。

１９４０年1月以前には、５００万リタスを上回る金額が、抑留中のポーランド兵を養うために費やされた。平均すると、将校に対する一日当たりの支援費用は、４・85リタス、兵士には４・00リタスが充当された。これを民間人の難民に対する日々の支給額と比べてみよう。１９３９年12月、一人の難民に割り当てられた額は一日につき０・46リタス。翌１９４０年1月には、これが一日０・64リタスに増額された(213)。ここで、１９３９年12月時点での食料品の価格をざっと見ておくのが良かろう。こうした金額でどれほどの物が買えるのか、想像を働かせやすくなるはずだ。『リティニス・リエトゥヴォス・アイダス』紙を読むと、１９３９年12月9日、カウナスの市場での物価は次のようになっていた。バター一キロ３・30から３・50リタス。ラード一キロ２・20から２・50リタス。鶏肉は最高3リタス(214)。

収容所開設に向けての準備作業が済むと、働き者で責任感のある職員を見つけて雇わなければならなかった。これがなかなか厄介な問題だった。収容所が本来の機能を確実に果たすべく、専門的な技術を持った職員を採用しようとしたものの、十分な数は揃わなかった。全収容所の数を考えると、新規求人の数はかなりの数に上るはずであり、これを埋めることは到底できなかったであろう。その結果、収容施設の運営は、何をすべきか、誰が担当者なのか、把握している者が誰もいない一般企業のようになることがしばしばあった。ロキシュキス収容所の所長は、抑留者収容所本部長に、10月10日に宛てた書簡で、状況説明をおこなった。「……連隊や司令部の事務室に、帳簿の記入や食料の管理を理解できる職員が一人もいない状態では、どうして仕事ができましょうか。これと同じ理由から、収容所では命令書を書くことも、帳簿をつけることもできないのです」(215)。他の収容所でも、状況はほとんど同じであった。その後4カ月以上にわたって、有能な職員が不足していたことによる弊害は残った。ビルシュトナスの第五収容所の所長は、1940年2月にこう書き記している。「……この収容所では、採用が認められた職員しか雇っていない。……今日に至るまで、必要な員数が揃ったことはなかった」(216)。

言語の違いが障壁となることはある。したがって、これを克服することも重要であった。抑留されているポーランド兵の大部分は、リトアニア語を話さなかった。そこで誤解が生まれないように、抑留兵の支援をする収容所の職員は、ポーランド語かロシア語を話すことが求められた。第二収容所の所長は報告書の中で、言語の壁がどの程度作業の邪魔になるかを説明した。「今後はポーランド語か、せめてロシア語がわかる将校をまず最初に任命することを求めます。将校・職員・兵士は、抑留兵への物資の割り当てをおこない、要望書が持ち込まれればそれを読み、収容所での仕事に必要な話をしなくてはなりません。したがいまして、将校がポーランド語を知らないとなれば、こうしたことが難しくなるのです。事務員の中には、ポーランド語が理解できる者は一人としておりません」(217)。

抑留された兵士の構成

ポーランド人の歴史学者がおこなった推計によると、ポーランド人の抑留兵は最大で1万4000人にのぼると見られている。次頁に挙げたのは、抑留されたポーランド兵の各兵科への所属状況を説明した表である(218)。

ここで、抑留されていた将校のことを思い出してみよう。彼らの中には、家族を伴ってリトアニア側に到達する者が多かったのである。将校の家族は、カウナス南部のビルシュトナスに集められ、リトアニア赤十字社が彼らの面倒を見た。9月16日に発表された『抑留者とその資産の受け入れ、およびその管理に関する規定』の第2段落には、このように書かれている。「抑留されている将校、および将校に準じる人々は誓約をおこなって、リトアニアの領土から出ないこと、リトアニアが遵守する中立の規定に背かないことを書面で約束していれば、国防省の承諾を得たうえで収容所から解放し、指定された土地で、各人が指揮官による監督を受けながら、自由に生活してもよい」(219)。

抑留者は国防省が直接管掌することになった。本来が男性的な官庁であるだけに、次のようないささか滑稽な事態が生じた。「まだ今のところ、どうすればこの責務が果たせるのか、明確ならざる点はあるものの、住居・燃料・食料の提供を引き受けることになりそうだ。ただ衣服の面倒は見ることはできない。我々のところに女性の服はないからだ」(220)。

誰を抑留兵として扱うべきか、という難題が一度ならず生じたのも当然のことだった。収容所にい

リトアニアに抑留されたポーランド軍の各兵科の人数

歩兵隊　2614	後退支援部隊　118
騎兵隊　1301	司法警察隊　87
砲兵隊　753	空挺部隊　33
機甲部隊　149	第３グロドノ軍管区司令部付き　257
航空隊　255	各自治体の官憲　116
地雷除去部隊　232	その他　1482
通信隊　97	国境警備部隊　1148
収容所守備隊　86	上記部隊に属さない国境警備隊員　100
自動車部隊　67	警察　2340
憲兵隊　153	各学生青年団体のメンバー　155
衛生隊　146	情報なし（民間人が含まれる）　2266
合計　1万3955人	

る人々が、自分たちは間違ってここに入れられたのだ、すぐに解放してほしい、と主張する場合もあった。制服を見るのが抑留兵であるという判断を下すための、もっとも手っ取り早い方法だった。それはつまり、国境を越える際の状況にあまり深入りしなくとも、１９３９年秋の段階では、戦争状態にある国の軍服を着用してリトアニアに来た人物は、抑留せざるを得なかったということだ。その結果、１９３９年10月の初めには、収容所本部長がビルシュトナス収容所の所長に宛てた書簡の中で、次のような説明をすることとなった。「軍服を着用している抑留者は、仮に自分は民間人であると言ったとしても、兵士と見なされるべきである。召集を解除されている旨を証明する書類を所持していたとしても、この場合は意味がない。改めて義勇兵となった可能性がある」(221)。忘れないでほしいのは、リトアニアに逃れ、そこで抑留されたポーランド軍将兵の多くは、その出自をたどればリトアニアに近いポーランド東部とつながりがあったことだ。こうした多数の兵士たちが、１９３９年10月から新たにリトアニアに帰属したヴィルニュス市およびその周辺地域出身であるか、その近隣にあってソ連に占領され

抑留ポーランド兵の出身と構成

ヴィルニュス地方の住民	1001名
ヴィルニュス地方に土地・建物を所有するものの、出身は別の場所である者	350名
ヴィルニュス地方に家族を残してきたものの、出身は別の場所である者	1760名
ポーランドの中で、ドイツ領となった地域が出身地である者	3696名
ソ連への移送を待っている者（訳注32）	596名
今のところソ連に行く意思のない者	2138名
合計	9541名

た土地からやって来ていた。1939年の年末の時点でリトアニア共和国に抑留されていたポーランド軍将兵は、上の表のような構成であった(222)。

リトアニアにたどり着いた捕虜（訳注33）は、ハーグ陸戦条約に従えば、リトアニアでは抑留できないことになっていた。彼らはあくまで捕虜に分類されるからだ。しかし、抑留されることは実際にあった。史料によると、国際的な慣例に反しているにもかかわらず、さまざまな理由からこうした捕虜は、1940年4月の末まで収容所に入れられていた。この状況はできるだけ速やかに解決しなければならなかった。こうした不法行為に、国際的な組織や諸外国の外交代表が不満を抱かないようにしなければならなかった。「いくつかの収容所では、捕虜であったポーランド軍人が、近隣の国々からたどり着いた末に抑留されている。すぐに彼らに然るべき対応を取り、カウナスの第三警察署長に送還すべきである。所長は彼らの資料を、難民監督庁長官に転送するだろう」(223)。

先ほど触れた制服による識別法は、収容所を開設した当初は効果もあり、実用的でもあったろう。しかし時が経過するにつれ、収容所での日々の生活に落ち着きが見られるようになったというのに、抑留の正当性に関する疑問が、収容所の運営幹部から依然として投げかけられていた。その主な理由は、抑留された兵士の身分について情報が足りなかったことである。抑留されているのは、実にさまざまな人間たちであり、さらにその所属部隊も多様であった。しかも往々にして、義勇軍組織に属している者もいた。こうしたことが、収容所の所長たちを絶えず悩ませるのであった。クラウトゥヴァ収容所の所長は、収容している軍人を次のように分類した。「将校の中には、予備役もいれば、応召した将校もいる。さらに傷痍軍人、病人、恩給生活者であるがゆえに動員されなかった将校、さらに別の理由で動員されなかった将校、そして義勇軍部隊の将校がいる。兵士は、将校とほぼ同様の理由で召集されなかった兵士。警察は、幹部、背広組、動員されなかった警官、一般の警官。学生は、レギア・アカデミカ(訳注34)に属する学生、ジュナツキ労働隊(軍服は着用せず武器を持たない志願者)、医師、技師、弁護士、鉄道労働者、技術者で、動員命令書を持たない人々」(224)。

将兵の種類がこれほど多岐に渡ると、必然的に次のような難題が生じる。この分類の中の誰を抑留者として収容すべきか、また難民に相当する人物であるがゆえに、解放する必要があるのは誰か、という問題だ。解決策は数日後にクラウトゥヴァ収容所の所長に示された。それに基づいて抑留者の集団に振り分けられたのは、将校ばかりではない。将校になる可能性のある者、さらに戦争当事国のど

(訳注32) 下の項目も合わせて、いずれの抑留兵も、ソ連に占領された地域の出身である。

(訳注33) ドイツ軍の捕虜になっていたポーランド兵の中には、リトアニアに逃亡してきた者たちがいた。

(訳注34) 大学生からなる義勇軍。

ちらの側に付くことになろうとも、戦力になり得る人間も抑留された。「……②あらゆる種類の将校は、仮に動員されなかった者であっても軍人と考えられ、収容所を出ることは許されない。③同じ基準が兵士にも適用される。④あらゆる職種と階級の警官が収容所に収容され、解放されることはない。⑤学生が今後置かれるべき状況に関しては、リトアニア陸軍参謀本部（第二部：著者注）に問い合わせ中である。⑥それ以外の技師、医師、技術者、鉄道員、弁護士などは、リトアニア到着時に制服を着用していなかったとはいえ、軍人と見なして収容所から外に出さない」(225)。

もう一つ重要な要素を忘れてはなるまい。それは民族である。ポーランドは多民族国家であったから、抑留者の中ではポーランド人が圧倒的多数を占めていたとはいえ、ベラルーシ人、ユダヤ人、ウクライナ人もいた。これら三つの民族が信奉する宗教の儀式は、カトリックであるポーランド人の儀式とは異なっている。そこでリトアニア在住のウクライナ人たちは、複数の収容所の所長に申し入れをおこない、ウクライナ人の軍人をポーランド人と別に収容するよう要求した。民族の特徴として、第一に取り上げられるのが宗教であったということは興味深い。「ウクライナ人がポーランド人と同じ収容所の中にいたのでは、自分たちの宗教上の儀式を自由におこなうことができなくなる。ウクライナ人はそのほとんどが、東方典礼カトリックの信者であるからだ。彼らはずっと嫌がらせを受けてきた。今日なお収容所内で、ポーランド人は彼らを虐待している。ウクライナ人にとって、自分たちを虐げる者と一緒に生活するよう強いられるのは当然苦痛である」(226)。

収容所内の兵士のネットワークと心理状態の変化

戦争が始まって最初の数週間のうちは、ポーランド兵が越境してくるといっても、いくつかの少人数の分隊がリトアニアの国境を越えていたに過ぎなかった。その頃まで兵士たちは、カウナス市ペトラシューナイ地区に設けられた、暫定的な収容所に移動させられた。しかし10月に入ってから、各収容所の開設作業が、程度の差こそあれ軌道に乗り始めると、国境警備隊は拘束した兵士を、正式な収容所に移送するよう命じられた(227)。10月の後半になると、リトアニアで抑留されるポーランド兵は次の収容所にそれぞれ分けられた。スヴァルクー・カルヴァリヤの第一収容所には収容者1280名。この収容所は1939年10月半ばまでのごく短い期間クルシェナイに置かれ、そこから移転。ロキシュキスにある第二収容所には1940名。ラウドネーにある第三収容所には535名。カウナス市第5要塞内にある第四収容所には500名。ビルシュトナスにある第五収容所には1500名。アリートゥスにある第六収容所には4000名。ガイジューナイ演習場にある第七収容所には3100名。合計で1万2855名のポーランド兵が抑留されている(228)。しかし収容所の場所は変わり、12月1日の時点では、すでに収容所の所在地は次のようになっていた(229)。

第一収容所はスヴァルクー・カルヴァリヤ
第二収容所はロキシュキス

第三収容所はパランガに移転
第四収容所はクラウトゥヴァに移転
第五収容所はビルシュトナス
第六収容所はウクメルゲーに移転
第七収容所はカウナス市内のパネムネ地区に移転

政府の構想に従って、こうした変化がもたらされたのではない。他国との条約が原因である。1939年10月、リトアニアとソ連の間に相互援助条約が結ばれた。第一次世界大戦以後、ポーランド領となっていたヴィルニュスの帰属は、リトアニア側にとって常に問題となっていた。しかも9月にポーランドが独ソ両国に占領されるという情勢の変化もあって、リトアニアにとっては夢が一つ叶うこととなった。しかし、ポーランドに侵攻してヴィルニュスを支配したソ連から同地方を譲り受けることは、適切に指摘した者がいたように、この国にトロイの木馬を送り込むようなものであった(230)。この条約の条項の一つは、ソ連軍部隊がリトアニア領内に駐屯することを認めていた。それに従って、ソ連軍部隊はナウヨイ・ヴィルネ、アリートゥス、プリエナイ、ガイジューナイに駐留した(231)。そのため、以前はアリートゥスとガイジューナイ演習場にあった収容所は、ウクメルゲーとクラウトゥヴァに移された。しかし、この新たな収容所の配置も長くは続かなかった。同年の1940年3月9日、収容所本部は新たな収容所の場所を郵政省に知らせている(232)。

第一収容所スヴァルクー・カルヴァリヤ
第二収容所はロキシュキス
第三収容所パランガ（閉鎖作業中）
第四収容所クラウトゥヴァ（閉鎖）
第五収容所にヴィルカヴィシュキス（以前はビルシュトナス）
第六収容所ウクメルゲー
第七収容所カウナス市パネムネ地区

抑留されたポーランド兵は、当時どのような状況で各収容所に割り振られていたのであろうか。その点をより正確に想像するために、リトアニアよりも多くのポーランド軍将兵が逃げ込んだ、同時期のハンガリーに関連した数字をいくつか見てみよう。1940年初頭におけるハンガリー国内のポーランド人抑留者の数は、5万人であった。このうち3万8000人が軍人であり、92の収容所に収容された。1万2000人の民間人の難民は、112カ所の収容所、学校などの建物に収容された(233)。

先述のように、リトアニアでは厳しい状況の中で収容所が作られた。収容所としての最低限の安全基準を満たすような建物ですら、恒常的に不足していた。また多くの人々が住めるような建物も十分にはなかった。さらに1939年の秋が寒かったことも重要である。そればかりか、収容所を至急開設するにあたり、そのための建築資材も資金も不足していたとはいえ、収容所職員をめぐる状況は、一層ひどいものだった。本書ではすでに、当時の職員の能力が低い水準にあったこと、しかも収容所での仕事を希望する人間も、こうした業務がそもそも一時的なものに過ぎないためか、あまり数が集まらなかったことを論じた。かくして、開設当初の段階では、どの収容所も職員が不足していた(234)。

ヴィルニュス地区の住民にリトアニア国籍が与えられると、抑留者の中にも新たにリトアニア人となった人々がいたため、抑留者の合計人数に大幅な修正が加えられた。しかもその結果、一部特定の収容所に影響が出た。1939年秋以降、リトアニアはドイツおよびソ連を相手に、抑留されたポーランド軍人の送還について数回の討議をおこなった。ポーランド軍将兵を、ドイツとソ連が占領した旧ポーランド領内に返すという取り決めが、1939年11月にソ連と、1940年の春にドイツと最終的に結ばれた。したがって、ある収容所の収容人数を確定するには、どこか特定の期間で区切らねばならない。大抵は1カ月、場合によっては1週間ということもあり得る。

1939年の9月半ばに収容所の設置が始まり、1940年の夏に閉鎖された。この9カ月から10カ月に渡る期間の大部分で、七つの収容所はその機能を最大限に発揮していた。全収容所内の「人口」は一定ではなく、加えて収容所の数にも多少の変動があったのであれば、収容所を個別に考察の対象とするのが一番良い。

カウナス市内の要塞に設けられた第七収容所を除けば、スヴァルクー・カルヴァリヤにあった第一収容所が、もっとも際立った存在であろう。実は、抑留者の圧倒的多数がポーランド軍将校であった収容所は、ここだけである。兵士が12~13%を上回ることは滅多になかった。抑留者の健康状態をまとめた文書が、衛生部の将校に提出されている。それを見ると、収容されていた抑留者数の変化を容易にたどることができる(235)。

ポーランド将兵を抑留していた第七収容所は、1939年11月16日に開設された。しかし一部の抑留兵は、すでに10月にカウナス第5要塞に収容されていた(236)。収容所が次々と作られ始めた10月のこと、カウナス第5要塞の中にあった収容所は、第四収容所という名称であった。当時はここに500名のポーランド兵が抑留されていた。同じ時期に抑留者が入所していた六つの収容所と同じく、ここでも職員ばかりか、最低限の食料にも事欠くと言ってもいい状態にあった。収容所本部からの報告によれば、10月には第5要塞に収容されていた500名を保護するために、1名の将校と3名の兵士というわずかな職員が確保されていただけであったと言える(237)。12月15日、この収容所には改善が施された。それ以後はカウナス第6要塞も使用された(238)。その一方で、第七収容所は独特な施設であり、ほかの収容所とは明確に一線を画していた。第一の明らかな特徴は、都市圏にあるのみならず、ヴィルニュスに代わる仮の首都でもあったカウナスに、この収容所が創設されたことである。国内第四の都市シャウレイやそれに次ぐパネヴェジースには、このような収容所はなかった。カウナスが選ばれたのは、おそらくこの都市が擁するいくつかの要塞を幅広く活用できる可能性があったためである。この収容所のもう一つの特徴は、収容されていた兵士の種類である。かつてカウナスに作られた要塞の一角を利用して、危険人物・法に触れる場合も含めた重大な問題を起こす者・収容所内の秩序を乱す者と見なされた兵士は、他の抑留者から隔離することが決まった。「警備体制がすこぶる行き届いた施設ゆえ、収容所内の規律を乱す無軌道ぶりもはなはだしい抑留者が、そこに入れられることになる」(239)。

しかしこれら二つの要塞内に、この第七収容所を設けるに至った当初の目的と現実の間には、いささかずれが生じていた。その原因や理由が果たして何であったのか、今となっては判断を下しにくい。ひょっとすると監禁しておく必要があるような抑留者は、一人もいなかったのかもしれない。そうでなければ、第七収容所だけが有していた独特の地位のようなものが影響したのかもしれない。何しろこの収容所は、カウナス市内にあって、カウナス衛戍《えいじゅ》司令部の指揮下に置かれていたのだ。また第七収容所は監獄とは違うことは明らかだった。抑留者たちは収容所で、かなり自由に振る舞うことができた上に、自分たちで楽団を編成し、数は少ないものの収容所で手に入れることのできた楽器を使って、週末や祝日に演奏会を催したほどである。さらに抑留者は、しばしば外出を許されて、カウナス市内に出かけて行くことができた(240)。こうした散歩が、常に良い結果を生んだわけではない。収容所を出る機会を与えられた兵士が、二度と戻ってこない場合もあった。例えば11月の最終週には、7人の兵士が第七収容所から逃亡した。結局誰も捕まらなかった(241)。

第四収容所があったクラウトゥヴァは、リトアニア国内で海に面していない地域としては、指折りの行楽地である。収容所はこの土地と建物を活用した。特色の一つは、抑留者たちが国や団体が所有する公共建造物のみならず、私有の建物にも収容されたことだ。クラウトゥヴァに開設された収容所は、少ない収容人数と短い開所期間の割には、収容所を管轄する機関による報告や、命令の中で言及されることが多い。抑留者はいくつかの集団に分けられてから、町全体に散らばった。秋に入って誰もいなくなったこの観光地には、個人の別荘をはじめ療養所も複数あり、これらを利用した。その結果、クラウトゥヴァに収容所があった期間は、建物の所有者は補償を受けるべく、絶えずいろいろと骨を折ることとなった。彼らの陳情や苦情、さらに警察の調書を読むと、クラウトゥヴァの状況は他と比べて特に良かったわけではない、と断定することができる。9月の末に療養所の所有者たちが、「抑留者のために、土地と建物を明け渡すよう命令された。続けて、75人から80人に上る抑留者に対して、必要なだけのベッド・マットレス・テーブル・椅子・長椅子・照明器具を提供するように求められた」(242)。療養所の所有者たちが、自分の建物の点検にやってきて、初めて敷地と建物の使われ方を知ることができた、ということもよくあった。「……帰宅して別荘を確認してみると、抑留されているポーランド兵がそこで暮らしていることがよくわかった。調べてみると、氷室(訳注35)の板やタールを塗った屋根が剝ぎ取られていた。……軒蛇腹(コーニス)の板は盗まれた。……鉄で覆ったまだ新しい扉……12脚の木製の長椅子……ハンモックを吊りさげる柱30本……。損害は締めて446リタス50セント。誰が私の物を盗んだのかはわからない。私の所有物は盗まれて、抑留されているポーランド兵によって燃やされてしまったのだと思う」(243)。この盗難の被害者がまずその被害を訴えたのは、警察以外ではクラウトゥヴァ収容所の所長であった。「所長におかれましては、所在不明の家具や食器に対して592リタスの補償金をお支払いいただくようお願い致します。土地や建物は別荘の所有者、および小生の了承なく利用されたためです」(244)。

クラウトゥヴァ収容所所長に送られたある報告書が、状況を簡潔に明確に説明している。「今年の11月19日、抑留されているポーランド軍兵士をクラウトゥヴァの保養地に収容した。収容施設は個人

(訳注35) 郊外に建てられた畑地付きの小さな建物。氷を入れる部屋があり、収穫した野菜やミルクなどを数カ月保存できる。ロシアのダーチャとほぼ同じ。

が所有するさまざまな別荘に、所有者のあずかり知らぬうちに設けられた。抑留兵たちが収容される前に、わざわざ別荘に出向いて、建物や家財の状態の記録を残した者は一人もいなかった。……抑留兵が到着すると、生活に必要な家具も食器も、その他の道具も持参していない彼らは、別荘や敷地内で見つけた家具・食器その他の道具を使い始めた。これはすべて別荘所有者が関知しないままおこなわれたため、これらの物がどこにあるのか、今やはっきりわからない状態である。……この問題を調査してみると、盗まれたのではなく、他の別荘に持って行かれたに過ぎないことがわかった」(245)。

言うまでもなく、抑留兵たちはクラウトゥヴァに腰を落ち着けるまでは、非常に慌ただしい状態にあった。状況を考えればそれも致し方あるまい。収容所の設置場所が目まぐるしく変わったからである。その一方で観光地、および収容所にはまったく不向きな建物を抑留兵のために使用することを急いで決定したおかげで、収拾が困難な混乱が生じた。その混乱に収まりがつくには、翌年春の収容所の閉鎖を待つほかなかったのだ。ここで目を引くのは、観光地の基幹施設を接収したとはいえ、建物を居住のために利用するだけに留まらなかったことである。1939年11月、収容所本部長が各収容所長に向けて、次のような命令書を認《したた》めた。「第四収容所の診療所は、性病科をクラウトゥヴァに開設した。近辺の収容所から、該当する患者を治療のためにこの診療科に送致するよう依頼するものである」(246)。

しかしながら、クラウトゥヴァの状況をもっとも的確に説明しているのは、12月1日にクラウトゥヴァ保養地の監督官が、内務大臣に宛てて送った次の書簡であろうと考えられる。そこには保養地の安寧を委ねられた役人が、不快感とは別の感情を吐露していることが感じ取れる。「……収容所のことだけではなく、抑留されているポーランド兵のために性病の治療をおこなう診療所が、クラウトゥヴァの避暑地で開院の準備を進めつつあることを報告する仕儀に立ち至りましたことは、まことに残念であります。そしてこれまでのところ、さまざまな性病患者を40名まで集めることができております。近いうちに、他の収容所からも、このような病気の患者をさらに受け入れる予定です。……収容所そのものは、完全に周囲から切り離されているわけではありません。敷地は広々としておりますから、脱走は頻繁にあります。すぐ近くに散歩に出かけるのと同じことで、まったく珍しくないことなのです。ここで疑問が湧いてきます。性病患者がこの美しい、いかにもリトアニアらしいクラウトゥヴァ一帯に、何の種をまくことができるのでしょうか？」[247] クラウトゥヴァの状況は、１９４０年の春まで、つまり閉所するまで変わらなかった。「……抑留者と地元住民の関係は密接となり、ほぼ毎日のように双方を叱責しなければならない。抑留者たちはクラウトゥヴァを離れる前に、あらゆる手段を使って持ち物をすべて住民に売りさばこうとしたことからも、両者の密接な関係は説明できる。この場合も、ウォッカと女漁《あさ》りが絡んでいる」[248]。

　最初に作られたいくつかの収容所のうち１９３９年の秋に、とりあえず一つがシャウレイ西方のクルシェナイに創設された。とりあえず、となった理由は、すでにおわかりのように、いくつかの収容所は一度ならず移転しており、このクルシェナイ収容所は10月に、スヴァルクー・カルヴァリヤに場所を移したからである。ポーランドへのドイツの侵攻から2カ月も経たない短い期間で、1万人を超える多くの収容者を、しかるべく受け入れる準備を整えるのは不可能であった。いくつかの収容所が長く続かなかったのは、増え続ける抑留兵を収容する余裕がなかったことが影響している場合が多い。

最初のうちは、収容所を建てるといっても、既存の建物を利用しており、しかもそのほとんどが公共建造物であった。鉄条網や柵を張り巡らす空間を設けて、収容所の地所を仕切るという着想は生まれなかった。クルシェナイに急ごしらえで開設された収容所は「クルシェナイ・ライフル銃協会(訳注36)会館を、事務所と門番詰所ごと」利用した。「クルシェナイ第一小学校では、兵士と警官を受け入れている。その一方で、クルシェナイ・ユダヤ人学校には、外来患者用の診療所・病院を設置し、一時的に抑留された民間人を収容。……将校・警察幹部・医師・兵士・事務官は3カ所に分かれて生活。クルシェナイでは町から500メートル離れたところにある邸宅に収容。リングヴェーナイでは1キロ、ミルヴィダイでは町から2キロ離れている邸宅である。……将校たちは誓約をおこなった。彼らは買い物をし、教会に行き、司令所に出頭するために町に行くことが認められている。大抵の場合、彼らは護衛なしで生活している」(249)。これで明らかなように9月から10月にかけて、抑留された軍人たちの実情は、隣国からやってきた兵士を隔離するというより、自然災害によって打撃を被った人々に対する保護を彷彿とさせる。それは遙かなる海原にあって、予想を超えた津波に襲われた島の有様を、テレビの報道番組で目にしているようなものだ。

アリートゥスに設けられた第四収容所も、敷地は一カ所だけではなかった。抑留された兵士は砲兵連隊と旧サラトフ歩兵連隊(訳注37)の兵舎に一旦は落ち着いた。この二つの建物には、およそ5キロの隔たりがあったため、収容所の所長は二つの場所を確実に統率すべく補佐役を派遣してほしい、と要求した(250)。離れた場所に収容施設を配したうえに、敷地の境界が曖昧で、警備もなされていないとなると、抑留兵が社会秩序の維持に悪い影響を及ぼす恐れはあった。そこでこの収容所の所長は、カウナスの軍司令部に対する要請の中で、増援隊の派遣を求めたのである。「……なぜなら、収容施設は町から町へと拡張し、抑留者が地元住民と交流している以上。秩序の維持は困難であります。全収容所の所長は、憲兵隊の派遣を要請いたします。……憲兵学校から武装憲兵をパランガ、ビルシュトナス、クラウトゥヴァ、アリートゥス、ロキシュキスの収容所に差し向けていただくようお願いいたします。可能であれば最低でも3、4名。憲兵の記章を余分に持たせてください。収容所警備の下士官と兵の中から彼らの助手を任命し、その記章を付けてもらうことといたします」(251)。

ウクメルゲーの収容所も、アリートゥスから移転したものである。収容施設はウクメルゲー市の別々の場所にある兵舎に置かれていた。およそ3000人と抑留者の数が多かったため、複数の収容施設から成り立つ他の収容所と同じ問題に直面していた。「毎日、護衛を伴わずに、収容施設として使われている兵舎と兵舎の間を一人で、あるいは二人で、あるいは集団で行き来している抑留兵がいる。街中の店の前を通れば、収容所外の人間と話をする機会があり、レストランに行くこともある。……赤十字ではアンタナス・スメトナ大統領通り25番地に建物を借りて、十数人の女性を宿泊させた。彼女たちの夫は収容所にいるのだ。抑留者たちはその部屋を自由に一人で訪れたり、縁もゆかりもない人物と会う機会を設けることもできる。……抑留兵があり余るほどの自由を手にしており、しかもろくに監視もされていないことは明白だ。敏感なリトアニア人社会はこの現象に憤慨し、明日はどう

(訳注36) 民兵組織。
(訳注37) リトアニアがロシアから独立する以前にロシア国内から移転した部隊。

なることかと恐れすら抱いている」(252)。

バルト海に面するパランガに設置された収容所は、収容者数という点では最大規模であった。全収容所所員の仕事分掌は、法律の文言通りにおこなわれた。言い換えると、収容所の管理部門で働く人々の数は、収容所の大小には関係なく、どこでも同じだった。このため、いくつかの収容所所長はリトアニア軍参謀総長に、収容所が確実にその機能をつつがなく正常に果たすため、必要となる部署を増やすよう求めた。「所長と少数の下士官では、こうした収容所をまとめることは不可能です。……それゆえ脱走が発生しても、数日経ってからではないと調査ができません。……パランガ収容所に15名の下士官を任命していただくようお願いする次第です。彼らには抑留者の監視を任せることになります」(253)。

パランガ収容所は「住民」が最多であったばかりではない。この収容所が際立っていたのは、別に特徴があったためである。各収容所の所在地を思い浮かべてみよう。ここ以外の収容所はいずれも、ポーランドとの以前の境界線とほぼ平行になる場所に置かれていたことがわかる。つまりポーランド軍がリトアニアに足を踏み込んだ際に、越えて来た境界線にごく近い場所にある、ということだ。これは少しも意外なことではない。外国からの兵が大挙して越境したのであれば、彼らを武装解除した上で収容所ごとに割り振って、その国境にできるだけ近い土地に収容所を配置するのがもっとも都合が良い。不要な混乱を避けるためだ。ところがパランガ収容所の位置は、以前のポーランドとの国境地帯にあるとは到底言えない場所にある。ポーランドとの国境からできる限り遠ざかっているということは、見方を変えれば、ラトヴィアとの国境とバルト海沿岸地域に非常に近い、ということになる。

最も抑留者が多い収容所をリトアニア西部の国境付近に配置する必要性とは何か。これに対する明確な解答はない。パランガはたまたま選ばれたに過ぎない、という仮定は排除するとして、いくつかの問題点を提示しておく必要がある。まずすでに触れたように、パランガ収容所にはもっとも多い抑留者がいた。第二に、パランガに抑留されていた人々は、収容所としての設備が整っていない建物、具体的には体育館のような公共の施設に収容された。こうした場所では、適切な警備が確実におこなわれる可能性は限りなく小さかった。三番目は、収容所は海岸にあってラトヴィアとの国境に近かった。四番目は、この収容所は1939年の秋の終わりに、ラウドネーからパランガに移転したことだ。実はこの移転は、フィンランドとソ連の冬戦争の開始と時を同じくしている。こうした要因を偶然が重なった結果に過ぎないと考えるのは、思慮の行き届かない無責任な姿勢ではなかろうか。

「偶然」がこうも続くのであれば、慎重に考察を進めることによって、こうした一連の動きを説明することも可能ではあるまいか。確かに、これらの動きの裏に意図があったことを証明する史料は発見できなかった。しかし、事実そのものが雄弁に物語っている。辺鄙な土地に最も大きな収容所を設置する、という選択には、リトアニアの国内情勢と国際情勢が影響を与えたようである。前述の通り、抑留者を管理するため、リトアニアは膨大な費用を払った。しかも、ポーランドの同盟国であった英仏に、その埋め合わせを求めようにも、両国とも真面目な交渉に入ろうとすらしなかった。リトアニアは短い期間のうちに、民間人の難民を支援し、10月末に取り戻したヴィルニュス地方を統合し、1万人を超える抑留されたポーランド将兵を管理する、という重荷を背負うことになってしまった。リトアニアがそのための予算と人材に対する負担をできるだけ速やかに、そして大がかりに軽減しようと努力したのは、当然言うまでもないことだった。1939年10月、旧ポーランド領への抑留者の送還をおこなうための交渉が、ようやく緒についた段階であった頃、第三収容所の場所によっては、抑留された兵士の数を削減することは可能であった。殺伐とした雰囲気が、特に収容所での生活が始まって数カ月の間は、抑留兵の間に蔓延していた。そして彼らの中でかなりの割合に上る者たちが、フランスで組織され、その後英国で編成されるポーランド軍に加わることを将来の目標に据えていた。またはフィンランドに行って、祖国を侵略した共通の敵・ソ連との戦いに加勢したいと考えていた。抑留兵がこうした目標を実現できるような状況を作る必要があった。収容所内部の規律は緩んでいたことを考えると、大きな収容所が、ラトヴィアとの国境にあるバルト海沿岸に置かれたのは偶然などではないという推測には、単に説得力があるというだけでは済まない整合性がある。。

　抑留がおこなわれていた時期に、ポーランド軍将校150名がリトアニアを出国し、スウェーデン経由でフランスに向かっている。160名の将校が空路と海路を使い、ラトヴィアを抜けてフランスに到着した[254]。ポーランド人の駐在武官レオン・ミトキェヴィチは回顧録の中で、軍人たちがフランスに出国する手はずを整えたことを暗に仄めかしている。こうした作戦行動は、リトアニアの官僚たちによる表沙汰にならない、つまり非公式の同意を得ずしては不可能であった、というのが彼の考えである[255]。パランガ収容所の場所が決定したのは、偶然の出来事が積み重なった結果ではない、という考えを説得力のあるものにするのは、次の状況証拠である。「……昨年、各収容所の警備体制は慌ただしく準備され、柵はあってもそれはそもそも一時しのぎの物でしかなく、収容所の守備に当たる兵士は適切な訓練を受けておらず、入れ替わりも絶えなかった。こうしたことが、集団での脱走を引き起こすことすらあった」[256]。

１９４０年の春、各収容所間のネットワークが再度改変され始めるのと時を同じくして、状況も変化し始めた。兵士たちは開戦前の居住地に送還され、収容所内の兵士の扱いがあまりにも寛大であることが原因で脱走事件が繰り返し起こると、外国からの圧力が高まっていった。また一部の収容所が閉鎖された。抑留者の監視を強化し、収容所内の秩序を厳格にすることが決定した。こうした新しい規則の実施に合わせるため、それまでに臨時の保養所さながらだった収容所が、抑留者を世間から隔離する手段として機能することを余儀なくされるとともに、収容所にふさわしい設備を整え、成果を出すことを求められた。「……①柵の配置図を作成するとともに、警備兵の詰所の位置、立哨および巡回の場所、警備兵が個々に何をどこで警備すべきかを示すこと。……③抑留者による暴動・集団脱走・火事などが発生した場合に、組織的な対応を取るべく、非公開の指針を書いておくこと。……④警備兵の宿泊設備は、抑留者たちが不意打ちを仕掛け、武装解除することが不可能な場所に置くこと。……⑩市《いち》の立つ日や安息日には、抑留者だけで外出して街中に入ることは厳禁。⑪抑留者が収容施設および警備区域に損害を加えることがないように、夜間照明を点検し作り直しておくこと。⑭収容所の所長は、小包受付および面会を管理して問題の発生を防ぎ、武器・毒物・手紙・指令書が、一切抑留者の手に渡らないように手配する。……元抑留者が、現在の抑留者に面会することは決して許されない」[257]。一方でこの文章は、抑留がおこなわれていながら、この時点に至るまで講じられなかった措置が何であるかを逆に浮き彫りにしている。ここに記されているいくつかの願望は、何かを変えたいと本気で考えているというよりは、後悔の念を表したものである。各収容所とも抑留者の数は減少する一方であり、1940年の春には閉鎖の段階に徐々に移行し始めていた。収容所の数も減り、積極的な措置を講じることにさしたる合理性はなく、その意欲もさほどなかった。とりわけ1940年の6月が近づくにつれて、その傾向が見られた。

　1940年春は、脱走と送還によって収容者の数が減り始めた一方で、手紙の量は相変わらず多かった。数千通もの手紙が毎日受け取られ、送られた(258)。1940年1月の抑留者の手紙を分析すると、ソ連の支配下での生活がどのようなものか、彼らは十分に承知していたという仮定が成り立つ。また可能な限り真に迫ったイメージを持っていたことだけは確実であろう。「みんなソ連が占領した故郷には行かない方がよいと言われている。故郷に戻った人は投獄されている。投獄されなかった人たちは、ソ連軍に徴兵されてしまった。知識階級に属する人々は逮捕され、シベリアの彼方に送られてしまう。……リトアニアの誰か大地主のところで仕事を探せ、ゆめゆめボリシェヴィキのところには行くな、行けば間違いなく餓死する、と言われている」(259)。こうした史料を読んだ後で、ソ連とはどのような体制であるかを人々は知らなかったとか、その脅威を理解していなかったなどという見解が一部の研究で披瀝されているのを目にするたびに、違和感を覚えるのである。

　抑留者たちの手紙は、収容所内の状況を知る上で貴重な情報源である。「……ヴィルカヴィシュキスにある収容所では、食べ物と生活環境がパランガよりも酷い、と抑留者の一部が抗議している。まるで牢獄にいるみたいだと主張している」(260)。ウクメルゲー収容所では、「ラジオを取り上げられてしまったので、ポーランド語でロンドンから放送されるポーランドと英国関連の情報を聞くことができない、と不平を漏らしていた」(261)(訳注38)。

抑留者の服が揉めごとの原因になることはよくあった。彼らが身に着けていた軍服は、他の衣服と同じように擦り切れていた。だから新しい衣類をもらうほかなかった。しかし、どのような服を彼らに供与するかを決めるのは簡単には行かなかった。抑留されている兵士たちは、民間人の服を着てはならなかった。「㉚民間人の服を着用することは禁止されている」。そこで抑留兵には、リトアニアの軍服に抑留者であることを明らかにする目印を付けて着用させてはどうか、という提案の声も上がった。しかし、やはりこれに関しては細かな問題があり、不都合なこともあった。「……しかし、そのような抑留兵に我が軍の制服を着用させれば、何らかの混乱が生じるだろう。彼らと我が軍の兵士を区別するのが難しくなり、抑留兵は一層易々と脱走してしまう。脱走してしまえば潜伏して、我が軍の名を汚す行為に出るかもしれない。国境を越えれば、国際的な混乱をもたらしかねない」(262)。

抑留されたポーランド軍兵士から没収した物が、早くも1939年10月に問題を引き起こした。先述したように、抑留される兵士を収容先に振り分ける際に、受け入れ国であるリトアニアは彼らの所有物の中に戦闘行為に利用できると見なしうるものがあれば、何であれ没収した。しかし抑留兵は所持金が尽きると、収容所の所長たちに向かって、荷物・所持品・自動車・オートバイ・馬・鞍《くら》などを返却するよう、次から次へと要求を突きつけるのだった。国境警察はポーランド兵が越境をおこなうと、すぐさまその身柄を引き取ったので、彼らの持ち物は国境警察の各部隊がまだ保管しているはず

（訳注38）つい最近までポーランド領であったヴィルニュスの奪還に関するポーランド人のプロパガンダをリトアニア当局は警戒していた。

だった。とはいえ、もう一つの可能性も完全には排除できなかった。「こうした物が盗まれているとしたら、まったく怪しからん話だ。……」(263)

抑留者たちは臆面もなく、自分たちが持ってきた物を取り戻したら、売って金にしたいと言っていた。しかしそれは収容所の規則に反していた。結局、抑留された兵士の私物は、抑留期限が切れるまで還付されないこと、また没収品に関する証明書は交付されないことが決められた。一見すると手前勝手なこの処置を後押ししたのは、いくつかの国際的な協定ばかりではなく、持ち物が誰の物かを確認するのが煩雑であったからでもある。「……まず第一に、どれが誰から没収した物なのかわからない。しかも今になって、どれが政府に帰属する物なのか、それとも私物なのか、それを決定するのが難しい。国際的な協定を紐解いてみても、この手の証明をおこなう場合についての規定はまったくない。したがって現時点では、こうした証明書の交付を止め、この問題に対する申し立てを受理しないことが必要である」(264)。

ポーランド兵の抑留が始まった1939年秋のこと、彼らが持参したポーランド通貨のズウォティは、リトアニア通貨のリタスに両替ができた。しかし多くの場合、将来の先行きが不安になるにつれ、ズウォティは両替されずに残った。「ヴィルカヴィシュキスの収容所からの報告によると、パランガの収容所では、複数のポーランド軍将校が、ズウォティの両替に反対する運動をしていたということだ。多くの者がこの運動に賛同し、手元に金が残っていない。それなのに当の将校たちは、ズウォティを両替して作ったリタスで大いに羽目を外したことがたたって、行動の自由を禁じられた者すらいる。収容所を出て家に帰る(訳注39)ことを許されているのは、賄賂を払える者がほとんどで、本来解放されるべき人々(訳注40)が、収容所に残っていなければならない有様だ」(265)。

ズウォティとリタスの両替に関しては、これとよく似た事例がヴィルニュスでも見られた。当然のことながら、次のような噂が立った。曰く「リトアニア人は英国への借金をズウォティで払いたがっている。だから金を預けるように命令しているわけだ。これは明らかに窃盗行為である。だから、みんな今後は賢明なユダヤ人の真似をして、金をリトアニア人に預けてはいけないと警告すべきである。ズウォティには、この先もずっと貨幣価値があることをユダヤ人は知っているからだ」(266)。

ビルシュトナス、クラウトゥヴァ、パランガにあるようないくつかの収容所が、リトアニアの夏の行楽地に開設されたことを思い出しておこう。しかも秋という寒い季節に居住するには、およそ設備の整わぬ建物であった。場合によっては、収容所が公共施設の中にあった。または特定の目的のために、こうした施設を利用することもあった。例えば、パランガのとある学校にあったシャワー(訳注41)とバーニャ(訳注42)の場合は、次のような状況だった。「学校側との相談の上で、学校のシャワーを利用してはどうかという提案である。学校当局の同意が得られなければ、シャワー室は法に従って、仮

(訳注39) 1939年の段階では、ポーランド人抑留者にリトアニアに住む親戚がいた場合、その「家」に落ち着くことは可能だった。

(訳注40) ハーグ陸戦条約などの規定により、交戦者でない民間人は収容所から解放されるべき人々であった。

(訳注41) バケツに穴を開けるか、水槽からホースをつないで水を出す程度のもの。サウナには必須。

(訳注42) 一度に数十人が入ることができるサウナ。体を温め、汗や垢を洗い流すことができる。

差し押さえの処分を受ける。シャワー室は、木製の間仕切りによって、生徒の更衣室と分けておかなければならない。生徒向けに野外にシャワーとバーニャが作られる予定」(267)。この場合では、地元住民の不平不満が、さまざまな組織に宛てられた手紙の中に現れている。収容所のために土地を使われたばかりか、生徒用のバーニャまで利用させたことに苦情が寄せられたのである。「……学校に抑留者用のバーニャを新設するというのは、教育上の観点からもリトアニア国民としての見地からも不適切である」(268)。しかしこうした問題は、抑留者の便宜を図るか地元住民の権利を尊重するか、どちらかに配慮することによって、早々に解決を見るか、落ち着くのが通例だった。パランガにある中等教育学校の場合、シャワーは学校に返されることで決着を見た。抑留者のために、屋外に2棟のバーニャが設けられた(269)。

抑留兵の生活は、国際的な協定に則って規定されており、協定の内容は国際法や国内法、さらに当時の時代精神とも完全に調和が取れていた。しかしながら、規律や日々の指示を抑留所で適用するとなると、現実と規則の乖離は、規則の立案者たちの予想を上回っていた。収容所が存続していた期間はほぼいつでも、全体の秩序が確保できていたとは言えなかった。別の言い方をすれば、規則はあっても机上の空論に留まるという、往々にしてありがちな結果となった。スヴァルクー・カルヴァリヤの収容所の所長は、収容所の雰囲気を生き生きと描写している。「……民間人でも軍人でも、収容所に勤務するさまざまな職員が、抑留されているポーランド人とたちまち仲良くなってしまう。一緒になって大酒は飲む、トランプはする、ウォッカを持ち込む。そして手紙を外に持ち出したり、いろいろやる。こうした輩《やから》の不当行為を食い止めることは、非常に困難である。確かに、道理を弁えたリトアニア人はあまりいそうにもないからだ。リトアニア人の国民性に原因があるのかもしれない。ポーランド人は、どこへ行っても同情される民族だからかもしれない。いや、ポーランド人が驚くほど機敏であるからかもしれない。そのいずれであるかはともかく、我がリトアニア国民の大半がポーランド人の召使になってしまった」(270)。4月になると、同じ所長が次のように書いている。「抑留兵だけでなく、時には警備部隊に規律を守らせる必要がある。警備部隊の兵士たちは、よく収容所を出て街に飲みに行ったりなどするからだ。警備部隊の将校は、部下との友好関係や連帯感を優先するあまり、こうした行為を黙認することがままある」(271)。

収容所の設立以来、抑留者と地元住民の関係の基盤にあるのは、双方共に利益がもたらされることであり、それは不法な取引と地元民によるもてなしを通して実現した。収容所全体の秩序は、アルコールの消費量に大きく影響された。全体の秩序と規律を維持しようと、収容所の所長たちは努力した。時には、アルコール飲料の販売禁止といった荒療治を施すこともあったものの、こうした努力は大抵無駄に終わった(272)。

抑留者と収容所所員の間に事件が発生することもあった。こうした場合抑留兵は、自分が争いの中で不利な立場に立たされていると感じたならば、所長に当てて訴状を書き、所長は収容所本部にそれを転送した。収容所の所長たちはこうした訴状を受け取ると、争いの原因など詳細を調査するために将校を1名派遣して対応に当たった。この手の争いは、警備兵と抑留者のように、密接に交流している者同士の間で発生することが多かった。「……抑留されていた将校たちが集会に遅れてくると、ポーランド語とロシア語の口汚い言葉で彼らを罵った」「……警備兵たちが将校たちを小突き回し、銃の台尻で怪我を負わせた」「……警備に当たる下士官が、バーニャから出て来た彼に付き添いながら、ロシア語で悪態をついた」(273)。

抑留者の日課の中には、自由な時間がたっぷりあり、彼らは暇な時間をチェスやチェッカー(西洋碁)に興じたり、講義を聞くのに充てることができた。さらに将来の予想を立て、収容所を出た後に就くべき職業について考えをめぐらす時間もあった。抑留軍人衛生検査統合委員会のある委員は、次のように警告した。「……さらによく見れば、カルヴァリヤ収容所に抑留されている将校の生活は、さながら精神障害者または子供の生活だ。暇つぶしのために、戦後のリトアニアをどうすべきか、などという議論をしている。ポーランドに併合された方が良いと言っている者がいる。もっと進歩的な人間になると、リトアニアに自治権を与えてやるべきだという考えだ。……話はそこで終わらない。現在の階級に基づいて、すでに将来の自治体の首長や判事といった、新しいリトアニア州の官職の任命を済ませていた。……伯爵プシェジジェッキ将軍は、ソ連占領地域への帰還手続きを済ませた300名の将校が、リトアニアを出国することを禁じた。春が来れば母国ポーランドは、ここリトアニアで諸君を必要とするだろう、と言った。……今は謙虚に生きていく必要があるからだ。しかしいずれ我々は、意気揚々と行進することができるだろう。軍楽隊を伴って、はためく旗の下、勲章を胸にして」(274)。

もちろんリトアニア国家保安局では、抑留者の気持ちや彼らが置かれた立場、リトアニアに対する意見に関する情報に関心を寄せて、これを収集していた。1万4000人近い外国人の兵士が、非常に短い期間でリトアニアにやって来ていた。しかもポーランドは、長年にわたるリトアニアとの関係の展開を考えると、例外的な国家であり、どんな情報でも有益であった。事態をより一層掌握するため、抑留者の手紙の内容を確認するという従来までの策に、いくつかの措置を追加するという結論が出た。1939年11月の初めに国家保安局は、収容所本部長に抑留者の指紋を採取する許可を求めた。「前述の内容を念頭に置きつつ、各収容所に抑留中のポーランド軍人、および民間人の指紋採集の許可を求めるものである……」(275)。収容所本部長は数日後に指紋を取る許可を与えた(276)。

収容所を開設して日も浅い1939年の年末までの間に、既成の秩序は地を払い、リトアニアの四囲では急速に事態は変化しつつあった。その中で抑留者たちは、好ましい転機が足早に近づきつつあり、ポーランドは間もなく必ず勝利を収めるはずだ、という幻想を抱くことが多かった。こうした状況下で、収容所内の兵士と外部の世界を結びつける重要な役割をしばしば果たしたのが噂話であった。その結果、抑留者たちが噂に基づいて、不適切かつまったくの見当違いですらある決断を下したのも意外ではない。クラウトゥヴァ収容所の所長は、1939年12月に報告書に次のように書いた。

「……フランスに行っても意味はない、という情報が収容所内に広まっております。理由は、ポーランド軍の上級将校がフランスに行っても、今より上の階級に補任されることはない、彼らがそうした身分にふさわしい能力を持っていないことは、このたびの敗戦で証明されたからだ、というものです。また35歳を超えたポーランド将兵は、原則として受け入れてもらえないとも言われています。こうした噂を聞いたポーランド人は、大きな不安を感じており、今やほとんどの者が、自分たちにとって安全な場所といえば、これから長い期間にわたってリトアニアしかないと考えておりますし、そうも言っています」(277)。

法律によれば、各収容所周辺の住民は、抑留されている兵士との意思疎通を禁じられていた。この場合、意思疎通というよりも「接触」と呼ぶほうが適切かもしれないない。なぜなら抑留兵は言葉を口にすることも、あらかじめ示し合わせた合図を使うことも、手紙や現金、そして食糧を送ることも受け取ることも禁止されていたからだ。この法律に従わない住民には、罰金もしくは投獄という罰則が待っていた。「この命令に従わない者は非常事態宣言法第三条に基づき、小職の決定に従って2500リタス以下の罰金、もしくは3カ月以内の拘禁、もしくはその両方合わせた罰を受ける」(278)。

医師たちは複数の委員会を作って抑留者のもとを訪れ、彼らの健康状態を調べた。しかしその検診は非常に緩やかなものだった。収容所に抑留されている人々は、健康に問題があれば将来軍務に就くことはできないと見なされ、出所が許されるという規定に基づいて、訪問検診中に数多くの出所許可証が交付された。リトアニア国内に抑留者がもっとも多くいた時点で、彼らは総勢1万4000人を少し超える程度であった。それを思えば、医師が解放した人々の数が4500人というのは、いささか驚くべきことである(279)。収容所から退去する「資格がある」とされた疾患の中には、胃痛や歯並びが悪いことまでが含まれていた。ここで問われているのは、往診した医師たちに医師としての適性があったか否かではない。ポーランド軍将兵を「傷病兵軍団」などと、無遠慮な言葉で評するのは愚かしい。リトアニアの医師たちが抑留者に対して、あれほど大らかとも甘いとも言える態度を取ったのは、侵略の被害者である彼らに同情を寄せたからというよりは、このリトアニアに多くのポーランド人がいる、ということを彼らが肌で感じたためなのだ。おそらくはその結果、何としても抑留者の数を減らしたいという願望が、公にされることのないまま広く伝播したのであろう。それは、秩序と規律を適用した事例よりは、この医師たちのように、明らかにその適用を望まなかった場合を調べればわかる。そう考えない限り、病気の数があれほど増えた理由を合理的に説明することは難しいだろう。抑留者がリトアニアにいたほぼ全期間を通して、収容所からの脱走事件がほぼ毎日途切れることなく多数発生した理由も、規則では禁じられていたにもかかわらず、実際には手紙のやり取りは自由におこなわれ、人々の自由な接触が可能であった理由も、同様に説明するしかあるまい。脱走は時々どころか定期的な現象であったことは、統計資料が証明する事実である。例えば、1939年11月の最終週は、第四収容所から20名の兵士が逃走し2名が連れ戻された。第三収容所では31名が脱走しながら1名も連れ戻せず、第五収容所でも19名が脱走して連れ戻した者はいない。第六収容所では4名脱走で1名連れ戻した。そして第七収容所では7名が逃亡しながら1名も連れ戻せなかった(280)。

収容者の数を削減する方法の中にも、わずかながら法に則ったやり方があった。それは送還である。しかしソ連が旧ポーランド領内にて抑留者を受け付け始めたのは、1939年も末になってからであり、同じ問題に関してドイツと合意に至ったのは、ようやく1940年の春になってからのことだった。

ソ連のリトアニア併合による立場の変化とポーランドへの送還

1939年後半になって、「ヴィルニュス市およびヴィルニュス地方の行政執行法」が可決され、「パスポートに関する規定」が改められた。これに合わせて、リトアニア国籍をヴィルニュス出身の人々に対して与えるかどうか、という問題を解決しなければならなくなった。抑留されている将兵の一部は、出身地であるヴィルニュス地方でポーランド兵として兵役に就くと軍事基地に配備され、その後抑留されたため、同地方がソ連に占領されてからこの年の10月にリトアニアに併合されると、リトアニア国籍を得る資格があった。こうして抑留兵の中には、すでにリトアニア国民となった者もいれば、今後そうなる可能性のある者もいることとなった。彼らをポーランド軍人として収容所に留めておくことは、もはや不可能であった。収容所に抑留されていた将兵の数は減少を続けていた。1940年の春、さらに抑留者の数を減らすために、収容所の再編が始まった。その結果、ロキシュキス、パランガ、クラウトゥヴァにあった収容所の司令部員たちはカウナスに移動した。またヴィルシュトナス収容所の幹部職員は、閉所に伴う業務を結了させるため、ウクメルゲーに移った。これらの収容所はいずれも1940年7月1日までに閉所する必要があった(281)。こうして収容所の改組がおこなわれると、それまでクラウトゥヴァに抑留されていたポーランド兵は、4月の初めにウクメルゲー第六収容所に移送された。600名を超える人々が、この時クラウトゥヴァから送致された(282)。

1940年4月、収容所の再編成が進む中で、相当な割合の抑留者が解放された。この解放に大いに寄与したと考えられる出来事がある。抑留兵の個人記録に最終的な分類がなされ、記録に含まれている情報に基づいて、誰を解放するかに関する正式な決定が下されたのである。各収容所から解放された人々は、七つのグループに分けられる。

①民間人であり、徴兵もされていない者　800名

②抑留されていたリトアニア国民　３６０名
③一時的に解放され、指定された場所を離れないと誓約した抑留者　10名
④抑留されていた医師・薬剤師・聖職者　30名
⑤ソ連に送還された抑留者　１７００名
⑥ドイツに送還された抑留者　１６００名
⑦抑留されていた傷病者　１１００名

言い換えれば、全収容所から５６００名が解放され、３０００名が脱走したことになる[283]。この数字は尋常ではない。公式の史料だけでも、抑留者の数は1万４０００人から半年で６０００人に減ってしまったことになる。こう考えてみると、各収容所の全体的な秩序をなぜ長期間確保できなかったのか、そもそもなぜ収容所は「監視がお粗末」だったのか、その理由も明らかになってくる。一時的に収容所から解放される場合、抑留されていた兵士は誓約書に署名した。説明の便宜上、そうした念書をここに引用しておく。

「私こと元ポーランド軍軍人＿＿＿＿＿（氏名と階級を記入）は、＿＿＿＿＿（収容所名を記入）収容所から一時的に出所し、＿＿＿＿＿（居住地を記入）に住み、軍民双方の当局者が提示する必要条件を満たし、リトアニア人に敵対するいかなる活動にも関わりを持たず、地元警察に登録し、無断で居住地を離れないことを誓います」[284]。

夏までに、全収容所の再編作業は一層推し進められた。収容所本部副本部長Z・タレヴィチュス中尉は1940年5月に、リトアニア軍司令官に宛てた報告の中で、次のように書いた。

「軍に対して内命を発すべく斡旋の程、よろしくお願い申し上げます。

1．各抑留者収容所からは、完全閉鎖に着手せよとの下令が出されております。
第二収容所はロキシュキスからカウナスへの移転を4月24日に発令。
第三収容所はパランガからカウナスへの移転を3月23日に発令。
第四収容所はクラウトゥヴァからカウナスへの移転を3月16日に発令。
第五収容所はビルシュトナスからウクメルゲーへの移転を1月29日に発令。

2．各収容所の閉鎖完了予定日は
第二収容所は7月1日。
第三収容所は5月1日
第四収容所は6月9日
第五収容所は4月29日」

リトアニアにソ連軍が侵入を開始した6月15日を過ぎても、収容所閉鎖の流れが弱まることはなかった。ソ連によってリトアニア軍からすでに改変されていた人民軍の司令部が発表した指示に従って、各収容所は7月後半には稼働の停止を余儀なくされた。

「軍に対して内命を発すべく、斡旋のほどよろしくお願い申し上げます。

抑留者収容所の閉鎖開始予定日は、

スヴァルクー・カルヴァリヤの第一収容所は1940年7月16日

ヴィルカヴィシュキスの第五収容所は1940年7月16日

ヴァイトクシュキアイ館の第六収容所は1940年7月16日

パネムネ地区の第5要塞にある第七収容所は1940年7月16日」(285)

抑留者の数を減らすもう一つの方法が、ソ連またはドイツが占領した地域に彼らを送還するやり方だった。送還が特に増加したのは、1939年の末頃と1940年の春であった。この頃、送還される兵士を受け入れる国々とリトアニアの間で、必要な取り決めが最終的に調印されていたのである。1940年5月、1700名に上るポーランド軍将兵が、ソ連に支配されていた地域に送還された。1600名の抑留されていた将兵が、ドイツの支配下に置かれていた地域に送還された(286)。

ここで注意してもらいたいのは、抑留されたポーランド軍兵士は、本人の合意がなければリトアニアから送還されなかった、ということだ。少なくとも、1940年の夏まではそうだった。しかし、6月にソ連がリトアニアを占領した途端に状況は一変した。まだリトアニアに残っていた抑留兵はソ連軍に移管され、ソ連の遥か奥地に連行されたのである。時のリトアニア共和国首相ヴィンツァス・クレヴェ＝ミツケヴィチュスは、英国臨時代理公使のプレストンに次のように現状を説明した。「……我々はソ連軍が我が国にいるという状況に対処せざるを得ないため、彼らに土地建物と必要となる部屋を明け渡さなければなりませんでした。このため、それまで抑留されていた兵士をあちこちに移送しなくてはならなかったのです。現在当方に土地建物が不足しているのはこのためでしょう。空いている場所を探すのが難しいため、そのような兵士をソ連に送らざるを得ないのです」(287)。

しかし、ソ連による占領後、状況が変化したのは抑留兵送還だけではなかった。組織的に政策を推進していたソ連は、抑留されていたポーランド兵の管理を、徐々にリトアニアに代わっておこなうようになった。1940年の夏は、リトアニア共和国の日常的な秩序が何もかも覆った過渡期であった。それゆえ、この時期が誤解と混乱に満ちていたことは間違いない。収容所の閉鎖も、ポーランド兵をソ連の手に引き渡すことも、どちらも円滑には進まなかった。早くも6月24日には、各収容所の所長たちは7月1日まで、抑留者を収容所の敷地外に出してはならない、と申し渡された。さらに抑留者のみならず、収容所職員に対しても警戒を強化すべしと命じられた。所長たちは、収容所の警備隊員と寝起きを共にしなければならなかった(288)。1940年夏の事態を収拾することは、非常に難しかった。収容所から脱走、または解放された抑留兵の名簿は、異例の速さで収容所から公文書館に移管された。収容所閉鎖の渦中にいた職員たちは、すでに責務を果たすことを止めていた。こうした事実も当時の混乱ぶりを証明している。そうした状況を受けて、カウナス第七収容所の一部である第6要塞を、警備がもっとも厳重な施設として利用することが決められた。7月初頭のこと、各収容所所長に次の命令が下った。「一時的に収容所外での生活を許されている抑留者の中で、その旨を記載すべき名簿に名前がなく、リトアニア国籍を有していない者で、障害を負っていない場合は、これを逮捕し、カウナス第6要塞に護送すること」(289)。1940年8月29日、収容所本部長から国家保安局への連絡事項の中に、「ソ連が抑留されたポーランド兵の管理を引き継ぐと、一時的に収容所を出ることを許された抑留兵は、全員が第6要塞に召喚されました。彼らはリトアニア国籍を持っていないため、第6要塞からの釈放は不可能となるのです」(290)。

1940年の7月10日から12日にかけて、ソ連軍から任命された旅団司令官クリヴェンコが、リトアニア軍のヤクシュタス中佐から引き継いで、国内に抑留されているポーランド軍人を担当することになった(291)。その時点での収容者数は、次の通り。

スヴァルクー・カルヴァリヤ収容所に904名
パネムネ地区収容所　403名
ウクメルゲー収容所　1006名
ヴィルカヴィシュキス収容所　2060名
計4373名

1939年11月9日、ソ連の人民委員会議では極秘命令1851–484号「リトアニアで抑留されている元ポーランド軍人のソ連入国に関して」が可決された(292)。この文書は、いくつかの点で非常に興味深い。第一に、これが極秘命令として扱われたことに注意して欲しい。もっとも、これが発令された時期と場所を考えればさして驚くほどではないのかもしれない。この場合、特に重要なのは文書の内容である。この命令によれば、リトアニアに抑留中の元ポーランド軍兵士の中で、出身地であるポーランド東部（ベラルーシ西部とウクライナ西部）に戻りたいという希望を表明していた者たちは、ソ連に受け入れてもらうしかなかった。しかし、将校や軍属、警官はその他大勢の一般的な抑留者と分けて扱われたうえで、捕虜収容所に送らなければならなかった。将校および幹部警察官はロシアのユーフノフ収容所(訳注43)に送られ、軍属と一般警察官はユージュスキー県(訳注44)にある収容所に送られることになっていた(293)。その一方で、兵士たちは解放後、かつて住んでいた場所に帰さなければならなかった。ソ連の同じ情報源によれば、こうした「移動」は１９４０年の初頭まで、しっかりと実施されていたと推定できる。１９４０年1月4日の資料によると、１９３９年12月だけで、抑留されていたポーランド軍将校と幹部警察官の75名がリトアニアを離れ、ユーフノフ収容所に送り込まれた(294)。

１９３９年12月1日　少佐1名、大尉1名、その他の将校を18名、警官と憲兵13名。計33名。
１９３９年12月2日　将校1名、警官と憲兵13名。計14名。
１９３９年12月11日　警官と憲兵13名。計13名。
１９３９年12月19日　警官と憲兵15名。計15名。
入所者合計。少佐1名、大尉1名、その他の将校19名、警官と憲兵54名。計75名。

それでも、リトアニアの状況が劇的に変化した1940年7月まで、4000人を超えるポーランド人抑留者がリトアニアには残っていた。1940年7月6日、ラブレンチー・ベリア（訳注45）は、859名の将校を含むポーランド人将兵4767名をリトアニアから出国させて、所定の複数の収容所に送還せよとの命令書に署名した(295)。夏が終わる頃、リトアニア国内の収容所の閉鎖作業は完了し、ソ連の特務機関が抑留兵を管理することとなり、自国の奥地へと彼らを移動させた。1940年の春、スモレンスク付近のカティンの森で、数万人のポーランド軍将校が射殺された。そこでおこなわれた虐殺のことを現在の我々はよく知っている。さらに、これとよく似た運命が、リトアニアに抑留されていたポーランド軍将兵を待ち受けていたことを想定することはできる。ポーランド兵のソ連占領地への送還が、もっと大規模に早い時期から始まっていれば、彼らはどうなったであろうか。収容所の警備がしっかり固められていたらどうであったろうか。脱走の可能性はもとより、本物の病気であれ仮病であれ、とにかく口実を設けて解放される可能性がごくわずかしかなかったとしたら……。数千人の命が救われる結果となったのは、リトアニア側が抑留者の数を意識的に（としか考えようがない）減らそうと努力し、警備もいい加減に済ませていたからかもしれない。

抑留者たちは去った。収容所も、その管理に携わった関係機関も存在意義を失った。収容所の閉鎖

（訳注43）ユーフノフ県はモスクワから南西に150キロほど離れている。
（訳注44）モスクワから200キロ近く東にある。
（訳注45）ソ連の内務人民委員。粛清を断行するなど権勢を振るう。

と収容所本部の解散手続きは、１９４０年9月16日をもって終了した(296)。リトアニアにポーランド兵が滞留した一年足らずの日々は、歴史となった。

リトアニアの新聞に見る難民

人口が２５０万人の国家があるとしよう。そこに災禍を逃れて祖国を離れた外国人が、漂泊の末にたどり着く。時あたかもこの小さな国家は、領土の譲渡を受け、新たな住民が加わる。ほんの数カ月もしないうちに、この国家は人口が20％近く増加する。その結果どのような状態に立ち至るか、想像しにくいのではなかろうか。しかしこれはまさに、１９３９年から40年にかけてのリトアニアの状況なのだ。すでに引用した１９３７年の国勢調査の統計によれば、当時ポーランド領だったヴィルニュスには、40万を超える住民がいた。さらに民間人の難民が3万人以上。抑留された将兵が1万４００0人増えた。彼ら「新国民」の大半が、どうも好きになれないどころか、この数十年にわたって関係が途絶している隣国からやって来たのだ。引っ越して来たのもいれば、平たく言えば、追い出されてきたのもいる。こうした事情を忘れてはなるまい。さらに１９３０年代の一般的なリトアニア人の考え方、視野、さらに地域社会や政府との関係をざっと理解するだけで、状況ははるかに複雑な様相を呈することだろう。しかも、報道が人の考え方に与えたであろう衝撃を理解する必要もある。そこでこの章では、１９３９年から40年にかけて、リトアニア社会で形成されつつあった、またはすでに形成されていた難民に対するイメージに焦点を当てていこう。

20世紀も30年目を過ぎ、あれやこれやの問題に対するリトアニア社会の意識を取り上げようとすれば、いくつかの難題が表面化してくる。第一に、そもそも「意識」を一つのテーマとして取り上げるには、どうするべきであろうか。よく知られているように、社会学的な調査は1930年代にはまだおこなわれていない。したがって、当時の社会が多少とも自分たちに関係のある問題に対して、どのような意識と考えを抱いていたか、これを理解するのは当然難しい問題となる。

二番目の問題も注意深く扱わねばならない。それは、何がこの考察の対象であると考えるべきかという問題だ。第二次世界大戦が始まった1939年当時のリトアニア社会の意識を考察しようとするならば、問題となるのは何がリトアニア社会か、ということである。考察の対象をリトアニア国民だけの意見に絞ることは可能であろうか。新たに加わったあの20%の人々、つまり「外国人」、難民、新たにリトアニア国籍を得た者、抑留されていた将兵は考慮に入れるべきであろうか。難民や抑留されていた民間人の中には、親族がリトアニアに住んでいた場合がある。リトアニア国籍を取得した者も、取得する資格がある者も含めて、民間人の親族は他の集団と区別して扱うべきではあるまいか。こうした疑問を踏まえて、本書では新聞報道を主な典拠とすることとした。なぜなら1930年代末の新聞報道は、すでに世論を形成する要因であり、いろいろな問題に対して紋切り型の印象を作り上げ、一般大衆に影響を与えていたと言っても過言ではないと考えられるからである。

1939年の秋の時点では、報道機関はまだ難民に関する情報を豊富に提供しているとは言えなかった。難民問題は、ポーランドの敗北という視点から見られることが多かった。一部の記事からは、ポーランド軍の早々の敗退に溜飲を下げる思いであることが容易に感じられる。ただしこれは、第一次世界大戦終了時からこの世界大戦が始まるまで、ポーランドとリトアニア両国の関係がいかに展開したか、その知識があれば驚くには値しない事実だ。情報は非常に簡潔に提供されるのが普通だった。言うなれば、あくまで事実に沿って統計的数字を伝えている。読者にはせいぜい、リトアニアにたどり着いた難民の数を素っ気なく伝える一方で、むしろ抑留されたポーランド人将兵の話題に重きが置かれているほどである。そしてこの記事もまた、ポーランドが不幸に陥って喜んでいることを強いて隠そうともしないのである。わかりやすい実例を挙げよう。9月23日『リトアニア・ニュース（リエトゥヴォス・ジニオス）』紙は、次のように書いた。「あの広大な国家ポーランドが、これほどの短期間で滅亡すると予想できた者は、1カ月前であってもほとんどいなかったはずである。しかも多くのポーランド人が母国を離れ、家を捨てざるを得ず、保護を諸外国に求めることになると、誰が予想し得ただろうか。しかも、かつてポーランドが苦痛を与えた我が国で保護を求めることになろうとは」(297)。または「象徴的なのは、我が国に最初にやってきた人々の中に、昨年我が国がポーランド側から最後通牒を突きつけられると(訳注46)リトアニア国籍を捨てて、ポーランドに出て行った者も含まれていることだ」(298)。こうした文章を読めば、次のような疑問が湧くであろう。ここに書かれている通りのことが起きていたならば、特に抑留されていた将兵をはじめとするポーランド人難民は、いったいなぜリトアニア側に受け入れられたのであろうか、と。その理由はすかさず提示される。「我々は彼らを拒むことはできなかった。他の国もできなかったであろう。これは人道的な義務である。国際法にも定義されている通りだ」(299)。最後の言葉は、どうしても難民を受け入れてやらなければならない、と命令を下しているようなものである。リトアニア社会は、突然やってきたポーランド人をあまり好意的に見ていなかった可能性はある。難民流入の初期段階には少なくともそうであったろう。リトアニアの報道機関は、1939年の9月には、難民を人道的な立場から受け入れるべきだという自分たちの主張が正しい、と訴えている印象がどことなくあることは確かである。さらに政府も、この度のポーランド難民の受け入れが、「国際法にも定義されている通り」である、との声明を出してそれまでに下した決定に対して非難を浴びることがないように、機先を制することができた。ポーランドとの紛争、1938年の最後通牒の受諾という流れがありながら、同時に最近まで敵対関係にあった国民を救済したという事実に、当時の一般的な読者が抱いた印象は、単なる違和感どころではなかった。リトアニア政府の姿勢に見られる、こうした奇異な原因のわからぬ態度の急変は、世間一般の議論の対象にするべきであった。さもなければ完全に問題を不問に付して、できるだけ無視しようとする必要があった。それゆえ、難民の問題が喧伝されることはなかった。『リトアニア・エコー（リエトゥヴォス・アイダス）』紙上で表明された態度は、こうした当時の状況をもっともよく説明している。「リトアニア社会は、この（難民：著者注）問題に関して、態度を保留し続けるべきである。抑留者も難民も、必ずしも特別な支援を必要としているわけではない。また、特に世間が関心を寄せるまでもない」(300)。

新聞が当時提供した難民に関する情報の中には、いくつかの傾向を見て取ることができる。一つは、

（訳注46）1938年3月、国境付近での銃撃事件を機に、ポーランドは断交状態にあったリトアニアに対して、拒否すれば開戦をも辞さない構えで外交関係の樹立を迫った。

ポーランドとポーランドからやってきた難民に対する著しく否定的な意見を伝える報道である。この場合、ヴィルニュスの帰属問題を強調しながら、同じ角度から難民問題を捉えている。もう一つの傾向は、論調はこれとよく似ている。ただし記事の内容は、リトアニア人特有の慈悲深さ・思いやり・もてなしなどの美徳への言及に溢れ返っていた。その目的は、以前まで激しい憎悪の対象であったポーランドの国民が逃げてきた理由を説明し、正当化することにある。「この難民たちに避難する場所を提供しているといっても、それは我々が義務を果たしているに過ぎないことを、一人一人が忘れてはならないし、理解していなければならない。しかもこの義務は、我々の善意から生まれたものである。……我々は、大いなる慈愛の持ち主なのだ。不当に迫害された難民に多くの人が哀れみを覚えるのは、この慈愛の然らしめるところである。しかしここには、感傷の入り込む余地はまったくない。義務を果たしている間、我々は私情を交えてはならない。その結果、我々に利益がもたらされるのだ。さらに忘れてはならないのは、我がリトアニア国民の大願である。遠くない過去に辛酸を舐めたからこそ育まれた大願を……彼ら（難民：著者注）を丁寧に持てなすこととしよう。彼らには義務を遂行している、という気持ちに徹するのだ」(301)。

この引用に、当時の難民に関する新聞報道の中心をなす意見が示されている。一番の問題は、リトアニアとの近年の出来事を通して見たポーランドと、ポーランド人に関するものであることは明白だ。しかし、このように新聞が打ち出した態度が、明らかに世論の形成を狙っていることが非常に重要であると考えられる。感傷は無用、義務遂行に徹すべし、すべては国際的な規定によって押し付けられた責務があるからしているまでだ。さらに、近い将来への展望が述べられている。難民はリトアニアに対して誠実であるべきだというのだ。「あのように、ポーランド人難民に対して大いに寛容に振舞った結果、我々が大いなる損害を被る事態ともなった。寛容というものは、相手もまた寛容な対応をする場合に示すべきだ。……すべては、一つの概念に包摂される。それは誠実性だ。誠実な態度がまったく示されないのであれば、こちらはそれに見合う程度に寛容でありさえすればよい」(302)。

繰り返しておこう。難民に視線が向けられるときは、まずヴィルニュス問題が取り上げられる場合がほとんどである。「国家転覆を目論む複数の組織の存在が、ヴィルニュスで暴かれた」「最近になって、ヴィルニュスの国家保安局関連の機関が、リトアニア共和国に仇なすポーランド人の秘密組織を突き止めた。……殊に目を引くのは、逮捕されたこの組織のメンバーの25%しか地元ヴィルニュスの人間はいないことだ。逮捕された75%の人間は、旧ポーランドにあったいくつかの土地からヴィルニュス地方にやって来ていた」(303)。ヴィルニュスに本社を置くポーランド語の新聞『ヴィルノ新報(クルヘル・ヴィレンスキ)』は、11月にある記事の中で、ヴィルニュスに対するリトアニアの権利とは何かと問い糾し、新たに自分たちを支配するリトアニア政府への反感を露わにした。この記事をはじめとする『ヴィルノ新報』の記事を、紙上で「討議」したのは、『リトアニア・エコー』紙である。「あのような大言壮語に満ちた文章……を読んでしまえば、ポーランド人が多くを占めるヴィルニュスの一般市民は、彼らの言葉によれば『占領者』である我々リトアニア人への聖戦の開始を布告するほかない」(304)。

概して当時のヴィルニュスは、例えて言えばリトマス試験紙さながらの地域だった。ここでほんの小さな騒動が持ち上がると、たちまちさまざまな色を発した。ヴィルニュスがポーランド領からソ連による占領を経て、ほどなくリトアニアの支配に復して以来、社会問題が百出した。労働需要が不足する中、難民の数は増加し、ヴィルニュスに住むポーランド人およびユダヤ人の間で騒擾が発生すると、この状況の責任を負う人物を探し出す必要があった。ヴィルニュスがリトアニア領となったことを改めて世に知らしめる場合、ヴィルニュスでの反応には、特に神経を尖らせる必要があった。「奪還した首都ヴィルニュスには、実はリトアニアへの愛国心を全く示さない集団がいる。それどころか、リトアニアに対して陰謀を巡らす集団すらある。……明確にリトアニアへの敵対意識を表明した言葉は、ポーランドからの難民にとっても、ヴィルニュス地方に残るポーランド的な文物を賞賛してやまない人々にとっても、思いもよらないものではあるまいか。すでに、ポーランド人は現実に根を下ろしていない、と指摘しておいた。彼らには歴史上の事実を正確に理解し、本当に大切な結論を引き出すことができない」(305)。

ヴィルニュスで発行されていたのは、リトアニア語の新聞だけではなかった。ポーランド人もそれまでの習慣に従って、しばらくの間はポーランド人向けの新聞を自由に発行することができた。そこで彼らはポーランド人として、世の出来事に対して、リトアニア人から見れば「非国民的」な考え方を示した。「……ヴィルニュスの当局が、いかなる目的があって移住してきたポーランド人の出版活動を制限しようとしないのか、理解されていないことが多い。……出版物の役割が、情報伝達にとどまるとしても、かなり厄介な存在である。しかしこうしたポーランド語による出版物によって、ヴィルニュスはポーランド復活の起点である、という考えが広がりだしたとしたら、もはや処置なしだ。公然とこうした傲岸不遜の振る舞いに出ることを許す思惑とは、何であろうか」(306)。

いささか作り話めくものの、ヴィルニュスの物情を反映していると考えられる状況が、若者向けの雑誌に取り上げられている。「そのような軍服に身を包んだ男たちの一人に近づいて、今や存在しないポーランドの記章など軍服につける価値はない、どうして捨ててしまわないのか、と尋ねた。返ってきた答えが変わっていた。『リトアニアの国章（訳注47）だって、おもちゃみたいなお馬さんが棒立ちになっていて、そう長くは立っていられないだろう』とその男は言った。『だからイギリスとフランスが、偉大なポーランドを再建してくれるのを待つのは無駄ではないし、そのときはまた記章が必要になるだろうね』」[307]。

こうして検討を加えてきた当時も現在と同じように、世論は街談巷説《がいだんこうせつ》に大きく左右されてきたことは疑いない。ポーランド兵がリトアニアとの国境を越え始めると、リトアニア社会はたちまち次のような噂で持ち切りとなった。「……抑留の進捗状況、抑留者の状態とその数をめぐって誤った憶測と風説が流れ……小競り合いが数回発生したという噂は、まったくの事実無根である」「我がリトアニア軍とポーランド人の衝突については、いたる所で話題に上った。同朋の何人かが殺されたとか、負

（訳注47）リトアニアの国章。

傷したとも伝えられた。双方からの発砲があったのは間違いない、と言われた場所に何度か足を運んだものの、何も起こった様子はなかった。あれも噂、これも噂だ……」(308)。1940年の春に入ると、難民に関する情報が報道されることは事実上なくなった。

6　1939〜40年のリトアニアの日本領事館の活動

「どうしてカサブランカなんかに来た？」

「……身体のことを考えて、水のためにカサブランカに来たのさ」

「水だって？　どんな水さ？　ここは砂漠だぞ」

「……嘘を教えられたんだ」


（映画『カサブランカ』１９４２年）

残念ながら、１９３９年末から１９４０年７月に至る期間に関しては、これから紹介する事実よりも詳細な情報はない。ソ連の内務人民委員部（ＮＫＶＤ）の史料からは、日本領事館がポーランドの諜報機関の隠れ蓑となり、日本の外交行嚢（クーリエ）網を利用する機会を提供したことが判明している。リトアニアの公文書によれば、１９４０年１月にリトアニアの諜報機関による取り締まりが成果を上げ、ポーランド人による地下組織の中でも過激な集団は、そのほとんどが活動を停止したことがわかっている。こうした文書の中に、杉原千畝の名前は出てこない。しかし、彼がポーランドの諜報機関と密接な関係を持っていたことは明らかである。

今日のカウナスは、リトアニア第二の都市である。しかし1939年には、リトアニア共和国の暫定的な首都であった。レストラン、高級ホテルをはじめとする建築物が建ち並び、小さなパリと呼ばれていた。ヨーロッパの基準からすれば、ここは中規模の暮らしやすい都市だった。今日と同じように、1920年代と1930年代にも、首都にはさまざまなチャンスがあり、それが地方の若者を惹きつけていた。そのため、市の人口はたちまち倍増した。1939年の時点で、カウナスの人口に占める割合は、リトアニア人がもっとも高かった。つまりカウナスでは、ロシア語が通じない市民が多数を占めていたのである。ロシア語を流暢に操る杉原千畝も、リトアニア語ではそうはいかなかったため、それは一つの問題となったはずだ。

杉原千畝の家族が、カウナス滞在中に経験していた日常生活を記述してみよう。1939年のリトアニア共和国は権威主義体制による国家であり、1926年から同じ大統領（訳注48）が統治し続けていた。非合法であった共産党に対する弾圧はあったものの、それ以外はなかった。新聞は検閲を受けていた。杉原千畝にはリトアニア語を話す秘書がつき、ラジオや新聞を使って公式の報道を知ることができた。しかし、もっとも重要な情報はポーランドの諜報機関から得ている。彼にはカウナスで生まれた息子がいる。記録写真によれば、家族がヴァイジュガント通りで、赤ん坊を乳母車に乗せていたことがわかる。杉原夫人はロシア語もリトアニア語も話すことができなかったので、いかなる場合でも、食料品の注文はすべて仲介業者に頼まなければならなかった。とはいえこれは、外交官の家庭ではごく当たり前のことだった。

日本領事館から1キロもないごく近い場所に、新しい体育館が建設された。ここで1939年5月、リトアニア代表がバスケットボール欧州選手権で2度目の優勝を果たした。冬から春にかけては、この体育館で地元の試合がおこなわれ、杉原家の人々には試合中に響き渡る歓声が聞こえていた。杉原夫人と妹の菊池節子が、二人だけで中心街に出かけたかどうかはわからない。杉原家が居を定めたこジャリアカルニス地区は丘の上にあって、市内に行くには長い階段を下る必要があり、乳母車を押しながら降りることはほとんど不可能であった。最寄りの公共交通機関の停留所は体育館の近くにある。しかし杉原家の人々が、カウナスで公共交通機関を利用していた可能性は低い。杉原千畝が不在のときは、おそらく家族は家にいたか、近所を散策していたのであろう。

当時のカウナスの社会的・文化的な生活はどうであったろうか。ポーランドで戦争が始まり、難民が押し寄せてきたのだから、すべてが停滞していたのではないかという考えは誤っている。この時期に、もっとも近代的な映画館が三つ開館しており、そのうちの2館では、1940年春に柿落《こけら》としがおこなわれた。この2館で使用されていた映写装置は、当時のパリでも最高級の映画館と同じものであった。カウナスはまさに「小さなパリ」であり、杉原家の人々も、そのいずれかに足を運んでいた可能性はある。

1940年の春には、重大な出来事が立て続けに起きている。3月、ソ連によるフィンランドへの侵攻は終結し、和平条約が締結された。杉原はカウナスに赴任する前に2年間、フィンランドの首都

(訳注48) アンタナス・スメトナ。在任期間は1940年まで。

ヘルシンキで、ロシア語通訳官として職務についていたことを念押ししておこう。4月、ドイツはノルウェーとデンマークに侵攻した。しかし同月には、情報こそ極秘裏に処理されていたものの、ある悲劇的な事件が発生した。難民はもとより、抑留兵の問題も併せて取り上げてきた本論では、この事件が起きたことを特筆大書しないわけにはいかない。そう、2万2000人のポーランド軍将校が、カティンの森でNKVDによって虐殺されたのである。杉原がポーランドの諜報部員を、日本領事館に匿っていなかったとしたら、彼らがNKVDに捕まった場合、どのような運命が彼らを待ち受けていたかわからなかった、ということをここで触れておいても良かろう。

5月になると、ドイツはベルギー・フランス・ルクセンブルク・オランダに攻め入った。それがヨーロッパにおけるナチス時代の始まりだった。1940年5月のヨーロッパの地図を思い浮かべてほしい。杉原はリトアニアのカウナスで働いている。かつてのヨーロッパは今や存在しない。ポーランドはドイツによる占領地と、ソ連による占領地に分割されている。スカンディナビア諸国の一部はドイツに占領され、フィンランドはソ連との激しい戦争で疲弊も甚だしい。さらに、公式の数字によれば最強を謳われた軍隊を有しつつ、自由を守る最後の砦であるフランスは敗色濃厚である。それは地政学的な悪夢であり、おそらく杉原千畝の人生の中で、もっとも慌ただしい時期の一つであったろう。ドイツが一部の師団をフランスに移動させた頃、杉原にはベルリンの日本大使館や東京に、ソ連占領下のポーランドにおけるソ連軍の動向を伝える必要があったことは間違いない。フランスの降伏後、7月にはドイツ軍の優勢は揺るぎないものとなった。ポーランド亡命政府はパリからロンドンへの移転を終え、杉原の協力者であったポーランド人たちは、ストックホルムやロンドンと連絡を取り合い、指示を仰いでいた。

1940年6月15日は、杉原千畝とその家族の運命と、彼に続く世代の人生を変えてしまった。その日、ソ連軍はリトアニア共和国との国境を越えた。スメトナ大統領は国を離れ、リトアニアの占領と併合が間近に迫っていることは明白となった。そしてソ連軍がリトアニアを占領すると、ようやく難民たちは侵略者から逃れる方法を探し始めるのだった。彼らにとって二度目の試練である。ソ連によるリトアニア占領は、物語の流れを変える転換点となった。その重要性はきわめて高い。こうして出現した新たな状況によって、領事にして諜報部員でもあった一人の日本人の存在が、世界中に知れ渡るようになったからである。

1939年9月から1940年9月まで、杉原はリトアニアに1年間滞在した。彼と家族はカウナスに、一軒の家を借りて暮らしていた。これが在リトアニア日本領事館であり、今日「杉原記念館」として知られている建物である。杉原が居を構えたのは、カウナスの中でも一等地であるジャリアカルニス地区である。当時この辺は、リトアニア人の中でも上流階級に属する人々が住む、条件の良い土地であった。

ここで興味深いことがある。リトアニア語で緑の丘という意味のジャリアカルニスから、カウナス市の中心部に向かって下っていくところに、すべての外国公館が建ち並んでいた。ただし例外が二つあった。スウェーデン公使館と日本領事館である。では、なぜ日本領事館の場所として、他国の在外公館から離れた、ひっそりとしたヴァイツガント通りが選ばれたのか。何か意図があったのか、それとも単なる偶然であろうか？

日本領事とその家族の住まいは、作家・建築家・オペラ歌手・俳優といったリトアニアの著名人が住んでいた地域にあった。1939年のヴァイツガント通りは、自由で気ままな生活を送るカウナス市民の住む場所だったと言えるだろう。領事館の近くには店舗も市場もなく、会社もなかった。平穏な私生活を大切にしたいと考えている人たちにふさわしい閑静な静かな場所である。カウナス市の中心部を訪れる必要があれば、杉原には二つの選択肢があった。徒歩で行くか、自分が所有する交通手段を使うかである。この日本人が車を所有していたことは、記録史料からわかっており、杉原へのインタビューによると、リトアニアで自動車に乗っていた。

そう言えば、1939年の日本領事館の開設の際には、どことなく異国情緒が漂っていた。当時のリトアニアには、日本に関する情報はきわめてわずかしかなかった。言語能力の高かった杉原は、リトアニアがロシア帝国領であった1915年までにロシア語で教育を受けたか、別途特別な教育を受けてロシア語を話すことができる現地のジャーナリストと会話をすることができた。週刊紙『日曜日（セクマーディエンス）』による杉原のインタビュー記事は、興味をそそる読み物である。このインタビューは長いもので、二つに分載して発表された。

とりあえず自己紹介から始まって、あなたの仕事や予定を読者が大雑把に理解できるようにしてほしいと求められる。それに対する杉原千畝の答えが、実に興味深い。「私は、リトアニアで最初の日本の領事ということになります。ラトヴィアの（首都）リガには日本公使館があります。しかし私の活動は、リガとはまったく関係がありません。東京からの指示に直接従うのです」と彼は答えたのである。この答え方には引っかかるものがある。なぜこのように語らなければならないのか。在ラトヴィア日本公使館からの独立性を強調し、東京に対しては職務の報告義務があることを強調する必要はどこにあったのか。あのように答えることが、一般的なリトアニアの読者にとってそれほど意味のあることだろうか。おそらく意味はあるまい。では、このメッセージは誰に向けられたものか。

インタビューの第一部「日出ずる国からのお客さま——日本領事・杉原千畝さんとの対話」は、1939年11月12日に発表された。この頃にはすでに、数千人の難民がリトアニアに避難していた。この逃避行の結果、ポーランド人の諜報機関はその情報網も、諸国の在外公館と接触する能力も失っていた。そして杉原は、自分なりの情報網を作る方法を見つける必要があった。彼がカウナスで、ポーランド公使館付武官レオン・ミトキェヴィチに会ったことはわかっている。後者は杉原に、ポーランドの諜報部員を数名引き合わせた。杉原には、自分が自由に行動していること、行動の責任は東京に対して負っていることを何者かに向かって、改めて保証する必要があったのではないか。もはや結論は一つしかない。杉原は通常の領事と違って、任地での文化交流活動の責任者であるに留まらず、さらに重要な使命を帯びていたのである。

インタビューの第二部では、杉原千畝がロシア語を話せるようになったいきさつが取り上げられている。当時、杉原はすでにソ連のボリシェヴィキ政権にとって、「ペルソナ・ノン・グラータ」であったことを考えれば、彼の返答は事実ではないにもかかわらず、理に適っている。私はソ連に一度も行ったことはなく、その国のことは何も知らない、と彼は答えたのだ。ロシア語は日本で習ったと言い、続けて「ヨーロッパのみなさんが、日本語を学ぶことはまことに難しいことですし、書き方を習得するに至っては不可能と言っても良い。ですから、我々日本人のほうから外国語に慣れ親しみ、外国語を学ぶ必要があるわけです。日本では、だいたいどこに行っても英語は通じますよ」と説明したのだ。かくして彼は、「ソ連のことは全く知らない」と宣言した。もちろん、事実は全く逆である。杉原千畝はロシア語の学習歴を持つ専門家である。そればかりか、最初の妻はロシア人女性であった。

続けて、リトアニアから日本に渡航するとすれば、という質問を向けられた彼は、リトアニアと日本との協定により、リトアニア国民にヴィザは不要であり、日本に行きたい場合でも何ら問題はないと説明した。杉原はこの翌年、難民に対して何千もの通過ヴィザを発給する。彼が期せずして1939年の段階で、日本への入国について発言していたという符合には、深い感興をそそるものがある。

リトアニアは美しい国だと思う、と杉原千畝は最後に社交辞令を気後れすることなく口にした。しかし、「海・島・大きな山・大勢の人通りといった日本での光景に慣れていますから、リトアニアは少々単調だと思います。リトアニアの地方へ行くと何もない感じですね。人はあまりいないし、家と家とが遠く離れている。1キロ以上離れていることもあるでしょう。カウナスの我が家では地元製品を使い、地元で取れた食べ物を食べています。でも、たまに米や野菜を使った一般的な和食を作ることもあります。リトアニア語は好きです。リトアニア語を勉強するのは、ロシア語や英語の勉強と同じような感じですね。もう覚えた言葉もありますよ。labas（こんにちは）とか、viso gero（さようなら）とか、klausau（もしもし）です」。

さしあたり結論を出してみよう。すでにボリシェヴィキにとって、ペルソナ・ノン・グラータであった日本の外交官・杉原千畝は、第二次世界大戦のまさに直前にカウナスに到着した。ソ連については何の情報もないと言いはしたものの、もちろん、それは真実ではない。杉原はソ連情勢に精通していた。彼が任務を帯びてカウナスに派遣されたのは、ロシア語が堪能で、ソ連の政策に通じていたからというのが主な理由であったろう。日本領事館は、市の中心街に近い場所に開設された。とはいえ、他国が在外公館を置いている地域ではない。日本領事館はひっそりとした地区にあった。敢えてその静寂を破ることも厭わないのであれば、訪れて話し合いをするのも悪くはあるまい。彼は在ラトヴィア日本公使館の指図を受けることはなく、東京に直接監督されていることを宣言した。さらにインタビューの中で、リトアニア人が日本に行くには何の制限もないと述べている。インタビューから、杉原がリトアニアで車を運転し、リトアニアの風景を知っていることが判断できる。これらを総合すると、リトアニアに来て最初の2カ月で、杉原が非常に活発に活動していたことがわかる。

杉原千畝は、どのような状況で任務を果たすことを迫られていたのであろうか。話題をその点に戻して考えてみよう。まずリトアニアは、外交官が通常昇進していくうえで立ち寄る赴任地などではなかった。かたや杉原のリトアニアへの任命は、困難な状況の中で彼が活動できると上層部から評価されていることを示していた。他方、杉原が置かれた状況は、いつ噴火してもおかしくない火山の頂上で生活するようなものだった。1939年、緊張状態にあるヨーロッパにおいて軍事衝突の前兆を察知すべく、日本政府は注意を怠らなかった。独ソ不可侵条約が1939年8月23日に調印されると、予想にたがわず、事態はまさに全く新しい方向へと展開していく。ドイツとポーランドの衝突が迫りつつあるなかで、現地において情報を手に入れるのに都合が良く、両国にもっとも近い国といえばリトアニアだった。日本側はカウナスに領事館を設置したいとリトアニア政府に要望していた。1939年8月2日、大鷹正次郎在ラトヴィア公使は、リトアニア側が前向きの対応を示したと東京に報告。

1939年9月2日、杉原千畝は正式に在リトアニア副領事となった(309)。

詳述するには及ばないが、領事の日々の公務といえば、たとえばリトアニアと日本の文化・経済交流を促進する、諸外国の外交使節との会合に参加する、などである。杉原がカウナスに赴任した目的は、こうした日常業務とはかけ離れたものだった。杉原自身の言葉を借りれば、彼の主要な仕事は、新たに同盟を結んだドイツとソ連の動向をできる限り収集すること、そして、新たな紛争の兆候があれば、できるだけすみやかに、正確に報告することであった(310)。すでに杉原は、1939年以前からソ連側と交渉をする経験を積んでいた（杉原は、北満鉄道買収交渉にかかわりスパイを使って情報を集め、高値で日本に売りつけようとするソ連側と渡り合い、底値で買い取ることに成功した）。杉原はモスクワに赴任する外交官の候補であった。しかしソ連は彼が「ペルソナ・ノン・グラータ」であると公表し、入国を拒絶することに決めた。その結果、杉原の次の赴任先はヘルシンキとなり、1939年にはカウナスに派遣されたのだ。杉原は流暢にロシア語を話せたものの、容易にはスパイ網を構築できなかった。リトアニアに住んでいる日本人はいなかった。いたとしてもごくわずかであり、顔立ちに特徴があるため、必要な情報を集められなかった。そのため、他の方法を見つけなければならない。早くも9月の半ばに絶好の機会が到来した。ポーランド公使館付陸軍武官ミトキェヴィチの斡旋で、杉原千畝はポーランド人のボレスワフ・ルジツキを顧問として雇い入れた(311)。杉原領事は後日、公務をこなしながら彼の眼となり耳となって働くポーランド人をさらに何人か採用した。こうして雇われた一人が、レシェク・ダシュキェヴィチ中尉である。彼は、ストックホルムに本部を置くポーランド課報センター所長、ミハウ・リビコフスキ大佐と密に連絡を取っていた。ここで、アルフォンス・ヤクビャニェツ大尉という、これまであまり知られていなかった人物が登場する。彼は大戦前にポーランド軍参謀本部第二部（情報部）で働いており、リビコフスキの薫陶を受けたことが知られている。大戦が始まるとリトアニアで拘束されたが、収容所を脱走した(312)。ヤクビャニェツはカウナス市内で奔走し、ポーランド諜報分隊を組織して、自らが分隊長となった。この分隊は参謀本部第二部長の指揮下に置かれ、リトアニアの状況と、ドイツ軍および赤軍の動静について情報を収集してパリに送った。この活動に関しては、ストックホルムに本部のあった諜報センターが統括している(313)。ヤクビャニェツは、フランス大使館付陸軍武官代理ピションや英国公使と協力して、カウナスの英国公使館にポーランド専門の部署を設立した(314)。だが何より興味深いのは、ヤクビャニェツ（通称クバ）がスパイとして活動しながら、カウナスで開館したばかりの日本領事館と緊密な関係を維持し続けたことである。ヤクビャニェツは、ダシュキェヴィチ中尉が英国公使館に採用されるように取り計らったばかりか、フィンランド領事館とも密接な連絡を取り合っていた(315)。

ポーランドがリトアニアで情報を収集する際に、フィンランド領事館が演じた役割については推測の域を出ない。しかし、杉原がカウナスの領事に任命される前に、ヘルシンキの日本公使館に勤務していたことを忘れてならない。リビコフスキ大佐は自らの回想録で、カウナスがポーランドの諜報機関の関係者に及ぼした影響について記した。さらにその諜報網が、ローマ、リスボンからロンドン、パリ、ベルリン、ストックホルム、ワルシャワ、ビャウィストクを経てモスクワ、そして東京までに及んだことを明らかにし、重要な諜報拠点としてカウナスの名も挙げている(316)。リビコフスキは、自分がかつてはロシア白衛軍に属していた「ピョートル・イワノフ」であって、ロシアの内戦が終わると満洲国に逃れてきた、と申し立てている。その偽名が記された満洲国のパスポートを受け取ると、彼はストックホルムに移って活動を継続した(317)。

杉原千畝とポーランド地下運動との連携は、1940年9月上旬に彼がカウナスを去ってからも続いていた。杉原とともに、ヤクビャニェツとダシュキェヴィチもリトアニアを離れてベルリンに向かった。興味深いことに、この時すでに彼らは日本のパスポートを受け取っている(318)。ベルリンに到着すると、ヤクビャニェツは「クンセヴィチ」という偽名で、満洲国領事館に勤務した。この領事館の庇護を受けながら、彼はドイツ軍についての情報を収集し続け、その情報はストックホルムにある日本大使館に送られた(319)。ヤクビャニェツのスパイ活動は、彼がゲシュタポに逮捕される1941年7月まで途絶えることはなかった(320)。ダシュキェヴィチも、ケーニヒスベルクで日本領事館を隠れ蓑としながら、同じような活動を遂行していた(321)。

結びに代えて──通過ヴィザを携えて日本に向かう難民たち

1939年の末に始まったフィンランドとソ連の冬戦争は、リトアニアにいたポーランド人の難民、および抑留兵に影響を及ぼした。その頃までには、リトアニアの抑留者収容所から脱走していたポーランド難民と抑留兵の一部は、スウェーデンを経由して、フランスに送られ、ここで編制されていたポーランド人部隊に入隊した。この一連の流れを支援したのは、ポーランド人の陸軍武官ミトキェヴィチ、前章で触れたヤクビャニェツ、そして英仏両国の公使館であった。しかしこうしたポーランド人の多くが、スウェーデンではなくフィンランドに向かい、そこでソ連軍と戦っている疑惑があるとして、ソ連側が大いに不平を鳴らし始めると、スウェーデン公使館は、徴兵適齢期に当たるポーランド人難民に対して、ヴィザの発給を拒否した。リトアニアも同様の苦情や抗議をソ連やドイツから受けていた(322)。そのため、ポーランド人がリトアニアを出ることは一段と困難となり、1940年の春ともなると、ポーランド人による出国の可能性はほぼなくなった。ポーランド人地下組織を指導していたポーランドの在外公館職員たちは、有能なポーランド兵を、リトアニアから危険を冒すことなく掻き集める新たな方法を探らざるを得なくなった。ダシュキェヴィチは1947年になって、回想録の中で次のように書いている。「1940年4月、ヤクビャニェツ大尉の命令で日本領事館に行き、そこで独ソ国境においてソ連が準備を整え、軍を集結させていること、どうやら臨戦態勢に入ったようである、と大尉に代わって報告した。ソ連領内で上がった情報を日本の領事に伝えた後、領事からは日本への通過ヴィザを発給することを決めたということで、彼の返答を聞いた」(323)。1940年6月にソ連軍がリトアニアに侵入してからは、状況は一層混迷の度を深めた。しかし最終的には、東京の了承を得てポーランド人難民に600通の通過ヴィザを発給することになった(324)。その結果、リトアニアを出国する別の方法をどうしても見つけたい、というポーランド人の願望は、何とか実を結びそうであった。ここまでの物語で何よりも興味をそそるのは、ポーランド人の目的を果たすことができるように中継地点の役割を担うことになったのが、日本領事館であったという事実である。ダシュキェヴィチは回想録の中で、南米の海岸近くにある島々についても触れている(325)。1940年の段階でオランダに属していた植民地のキュラソーとスリナムは、次第に伝説と化しつつある杉原千畝の「命のヴィザ」の物語では、今や中心的なキーワードとなっている。オランダに対するドイツの軍事行動が始まると、リガに駐在してバルト三国のオランダ特命全権公使を務めたJ・P・J・デ＝デッケルは、挑発的な意見を表明したという理由で、オランダ領事をカウナスから立ち退かせた。6月半ばにには、オランダ人領事の任務には一時的にフィリップス社の広報担当であったヤン・ツヴァルテンデイクが当たった。一方、特命全権公使のデ＝デッケルは、そのまま重要な決定を下す立場に留まり続けた(326)。

戦争、難民、そして圧倒的な本能の力が、多くのことをしばしば成し遂げる。したがって、何千人ものユダヤ人がシベリアへの流刑もホロコーストも、そのいずれをも避けるために、ソ連占領下のリトアニアから離れることができるヴィザを、いったいどのような状況で入手できたのかと問われても、明解な解答は得られない。そのようなものがあるはずがない。歴史では白か黒か、はっきりさせることは決してできない。したがってこの場合、揺るぎようのない事実はただ一つ、ヴィザはオランダと日本の二人の領事によって発給された、ということである。ソ連は最終的に、1940年の終わりから1941年の初めまで、こうした難民が自国領内を通過することを許可した。すでに触れたように、杉原からヴィザを最初に入手したのは、ポーランド人の地下組織である。またリトアニア側も、ソ連との合意に向けて尽力し、ついにソ連から、ユダヤ人難民による領内の通過を許可する保証を得た。

ではユダヤ人難民たちはどうであったか。彼らも拱手傍観していたわけではない。ユダヤ人難民の代表を務めたゾラフ・バルハフティク(訳注49)は、カウナスの有名な医師であったエルチャナン・エルケスの助力を得て、リトアニアがソ連の影響下に置かれていた1940年の夏に、外務省の官房長を務めていたピユス・グロヴァカスと会談した(327)。この会談の中で、ユダヤ人難民が新たにソヴィエト化されたリトアニアを離れる可能性について討議がおこなわれた。一通の覚え書きの草案が作成され、グロヴァカスに差し出されて締めくくりとなった。その内容は、パレスチナ行きを計画していたユダヤ人難民を国外に出すことを支持するものであった。言うまでもなく、ソ連の制度が機能している以上、グロヴァカスと話し合うだけでは満足な結果は得られなかったであろう。そこで、ソ連の全権代

(訳注49)杉原千畝の発給した通過ヴィザで敦賀に来る。のちにイスラエルの宗教大臣。

表ニコライ・ポズドニャコフの主治医でもあったエルケスがこの時も仲介の労を取って、バルハフティクは全権代表と接触した。一方、在ロンドンのソ連大使イワン・マイスキーは、エルサレムの首席ラビから、ユダヤ人難民がソ連から外国に出るために力を貸すよう打診されたと語った(328)。

忘れてはならないのは、この物語ではユダヤ系ポーランド難民に日本領事、そしてリトアニアが利益を求めたばかりではなく、ソ連も自国の利益を主張したということだ。しかも、ソ連が何か言えば、それで話の決着がついたわけではないことは明らかなのである。ロシアの歴史家イリヤ・アルトマンは、ユダヤ人難民の研究のためにロシアの公文書館に保管されている史料を利用する機会を得た数少ない研究者の一人である。アルトマンによると、1940年4月21日、ウラジーミル・デカノゾフ(訳注50)はソ連人民委員会議議長にして外務人民委員のヴャチェスラフ・モロトフに手紙を書いた。なぜポーランドからのユダヤ人難民が、ソ連領を通過するのを許すことに価値があるのか、その理由を説明したのだ。この移動によって、3000名ぐらいの人々が影響を受けることから、これならソ連は18万ドルほど受け取れそうである、とデカノゾフは計算していた(329)。こうしたお偉方が関わりだすと事態は進展する。ついにソ連は、ユダヤ人難民の旅立ちに許可を与えた。しかし、以前から議論の的となっていたオデッサ－イスタンブール－パレスチナ間のルートは、1940年末には閉鎖されてしまう。それはトルコが、自国領内を難民が通過することを拒否したことが原因である。その結果、1940年の夏以降新しいルートが構想され、日本を通過することとなった。

杉原千畝が発給したヴィザの一覧表である「本邦通過査証発給表」。その最初のヴィザは7月9日付けである。しかしその数は1通だけであり、取り立てて大きな意義は認められない。杉原は7月15

日から7月19日にかけて、ヴィザをほとんど発給していない。いくぶん多目にヴィザを発給したのは、7月24日水曜日が初めてである。この日は、これまでの領事館の日常業務にはなかった出来事《しゅったい》が出来した日であったと言えよう。以後ヴィザの数は増え、7月30日火曜日にはたった一日で259通に達した。一つ興味深いことがある。この同じ7月30日、ソ連占領後に新たに選出された人民議会から選ばれていたソ連寄りの代表団が、カウナスを出てモスクワに向かったのである。代表団の主な目的は、リトアニアをソヴィエト連邦に編入するようにソ連政府に要請することである、と公式には発表されていた。

7月24日から8月26日までの期間に日曜日は5回あった。7月28日、8月4日、8月11日、8月18日、8月25日である。杉原千畝の場合、日曜日に発給されたヴィザは一通も見つからないであろう。右記5回の日曜日も、ヴィザの一覧表には記されていない。杉原によって救われた人たちの中には、ユダヤ教聖職者やユダヤ教の神学校イェシバの学生が多くいたことがわかっている。日曜日にヴィザの発給をしなかったのは、ユダヤ教の習慣に従ったためだろうか。いや、敬虔なユダヤ教徒はキリスト教徒と違い、日曜日ではなく、安息日である金曜日の日没から土曜日の日没を聖なる日としているから、この推論は成り立たない。外国からの使節の活動は、現在と同じように当時も、任地国の暦と直接結びついていたであろう。リトアニアでは日曜日が休みと決められていたので、日本の領事館も

(訳注50) ソ連の外務人民委員代理。ソ連占領後のリトアニアの新体制を整えた。

それに従ったのである。

8月に入って一日に発給されたヴィザの数がもっとも多かったのは、7日の水曜日である。この日、211通のヴィザが難民に発給された。これもまた偶然の一致であろうか、同じ日にモスクワで開催された第7回ソヴィエト連邦最高会議では、いくつかの案件の処理を終えた。その中で、ソヴィエト化されたリトアニア・ラトヴィア・エストニアの編入に伴って、ソ連憲法の改正が可決されたのである。この日以降ヴィザの数は減少し、100通に達することすらなかった。最後の3通のヴィザは、8月26日月曜日に発給されている。注意してほしいのは、これらヴィザの発給数は、杉原千畝が公式な形で提出したヴィザの一覧表に依拠していることだ。偽造による違法なヴィザは一つも含まれていない。

リトアニアと日本の気象条件の違いについて、もう一度触れておくのも良いだろう。リトアニアは北の国である。当時の冬は寒いのが当たり前であった。1940年1月には記録的な寒さが襲った。氷点下40・5度である。リトアニアの夏も暑くはなるが、日本ほどではない。7月から8月はもっとも過ごしやすい天気となり、日中の平均気温は摂氏23度から25度である。リトアニアでは夏に雨が降ることが多い。しかし長く降り続くことはない。この情報によって、7月30日および8月7日におけるカウナスのヴァイジュガント通りの有様を、より正確にイメージすることができるのではなかろうか。両日とも杉原は、200通を超えるヴィザを発給した。

領事館前の門の前に立つ難民を撮影した有名な写真がある(訳注51)。写真には10人から11人の男性の難民が写っているものの、いつ撮影されたものかはわからない。ここで思い浮かべてほしい。高級住宅地を抜けていく幅の狭い閑静な通りがある。そこに200人を超える男性の難民が立っている。家人を同伴していれば、その数はもっと増えるかもしれない。杉原が日曜日にヴィザの発給を休まざるを得なかった理由は、こうした状況にもあるのかもしれない。領事館前に人々が居並ぶのを見て近隣住民がどういう印象を抱いたか、その点に関する情報は得られなかった。しかし、皆が満足していたわけではないと考えることはできる。杉原千畝が「命のヴィザ」を発給し続けている間、その家族は何をしていたか、信頼に足る情報を得ることはほぼ不可能である。ただ、領事館前の通りに人だかりがしていた以上、杉原家の人々は、もっぱら建物の中に留まっていた可能性が高い。

ここで偶然にも、運が難民に味方した。1941年の春、英国政府はユダヤ人難民の移住を進行させまいとして、すでに行動を起こし始めていた。目的達成のため、斯界《しかい》の大立者である日本の外務大臣に接触が試みられた。実例を示しておこう。これは英国外務省から、日本の外務大臣に送られた手紙である。

「……現在ラトヴィアとリトアニアにおりながら、将来パレスチナに移住する可能性のある者が数百名おります。英国領事館員が撤収する(訳注52)以前に、リガとコヴノ(訳注53)で英国当局から

(訳注51) 杉原千畝記念館のホームページ(http://www.sugihara-museum.jp/)などで見ることができる。
(訳注52) バルト三国へのソ連侵攻のため。
(訳注53) カウナスのポーランド語名。

移住の許可を得ていたこの者たちに、通過ヴィザを発行するよう、ソ連駐劄《ちゅうさつ》の日本外交官を説得する努力がおこなわれていることを、閣下にお知らせいたします。……たとえ通過ヴィザを取得していても、パレスチナ政府はいかなる移民の入国も認めないことを日本の関係当局に通知されるよう、閣下のご高配を賜るようにとの指示を小職は受けております。……」(330)

パレスチナ問題はロンドンにとって、難民の命運よりも重要であった。そのこと自体は驚くべきことではない。これがこの時代のヨーロッパ全体を覆っていた政治的な雰囲気であり、その問題を端的に示したのがエヴィアン会議であることは本書の冒頭で論じたとおりである。こうして冒頭に戻ってきたのであれば、新たに言葉を費やす必要もない。「水晶の夜」が訪れても、ルブリン(訳注54)やワルシャワにゲットーが開設されても、クラクフはポーランド総督府領(訳注55)内で、「人種的にもっとも浄化された」都市となる一歩手前まで来た、とナチスが何憚ることなく公言しようとも、人々の目は見開かれることはなく、塞がれた耳を改めて聞こえるようにする人もいなかった。要するに、セルジオ・レオーネ描くところの、あまりにもお馴染みのあの砂漠の砂の光景が現出したのである。

杉原とソ連全権代表のポズドニャコフがカウナスで会っていたことは知られている。その際、すでにポーランド地下組織の人々に日本に入国するためのヴィザを発給していた杉原が、日本の通過を認めるヴィザをユダヤ人難民に発給した場合、ソ連はユダヤ人難民が領内を通ってウラジオストクに行くことを許可することで合意していた(331)。さらにここで、ツヴァルテンデイクが最終目的地のキュラソーへのヴィザを発給することによって、危険が潜んでいないわけではないとはいえ、基本的にこの計画は何から何まで完璧であったように見える。難民はソ連領内の通過を認めてもらい、最終的には首尾よくこの全体主義国家を離れるために必要な書類を取得することができる。その状況が、今や徐々に明らかになりつつある。偶然にゆだねられた多くの要因が重なりながら、事が順調に運ぶことがある。これを普通「奇跡」と呼ぶ。杉原の「命のヴィザ」は確かに奇跡であった。なぜ奇跡か。それはエヴィアン会議が開かれ、戦争が勃発して難民が生まれ、そして思いやりの心が示されたからだ。

現在、ユダヤ人の救済を専門とする歴史書が中心に据えているのは、「命のヴィザ」物語の中でももっともよく知られた説明の仕方に従っている。それによれば、杉原千畝とツヴァルテンデイクは1940年の夏、ユダヤ人難民に数千通のヴィザを発給してホロコーストからユダヤ人を救出した。こうして約6000人の命が救われた、ということになっている。しかしこの物語では、純粋な思いやりの気持ちと、上層部からの直々の命令が果たした役割、そして当事国同士あるいはそれ以外の国益の関係を見定めることはまず不可能であろう。1940年の春から夏にかけて、ポーランド人による高度に組織化された地下組織が、リトアニアでは網の目をなしつつ活動していたことを忘れてはならない。このような組織の指導者の中には、ダシュキェヴィチやヤクビャニェツのように、ポーランド亡命政府だけでなく、リトアニアにある英国、日本、フランス、フィンランドの各在外公館と連絡を取っていた者もいた。ポーランドの諜報部員が仲間のために日本のヴィザを最初に調達したことは知

(訳注54) ポーランド東部の都市。
(訳注55) ドイツに占領されたポーランドの中で、ドイツに併合されなかった地域。

られている。さらに、東京の正式な承諾を得て、ポーランド人に600通の通過ヴィザを発給したことも知られている。しかし、杉原が発給したヴィザの一覧である「本邦通過査証発給表」では、その圧倒的多数と言ってよいくらいの数をユダヤ人が占めている。1939年10月に、ヴィルニュスがリトアニアの一部となると、約1万人のユダヤ人難民がそこに集中し、その3分の2を超える人々が若い男性であり、おそらくそのほとんどがイェシバの学生であったことはすでに触れておいた。

多くの場合歴史家は、収集された記録史料を分析し、それに基づいて結論を提示する。しかし、時代精神を実感する最良の方法は、当時の人の言葉に耳を傾けることである。神戸にあったユダヤ人のコミュニティから、日本の外務大臣に宛てた次の手紙は、当時の出来事を当時の視点から見るだけでなく、実際の「哀れな人々」の目を通して見る最善の方法であろう。

……昨年1年間で、ドイツとオーストリアから約4000人のユダヤ人難民が、他の国々へ向かう途中で日本を通過しました。今度は、まったく新しいユダヤ人難民の移動が始まりました。ソ連占領下のポーランドとリトアニアから、このたびポーランド系ユダヤ人およびリトアニア系ユダヤ人がおこなった大移動です。

約1万人のユダヤ人難民が、ポーランドからリトアニアに移動したのが1939年10月のことです。このとき、ポーランドの一部はソ連に占領されていました。彼らはリトアニアなら安全にして安心できる国であろうと考えていました。しかし1940年6月、リトアニアがソ連に譲渡されると、こうした難民の大部分がソ連政府に対して、他国へ移住する許可を求めたのです。自分たちの宗教的、そして民族的な信念のために、ソ連国民のままでいることを望まなかったからです。

これと同時に、彼らは移住を援助してもらおうと、ユダヤ人に同情する人々やユダヤ人による組織による支援を求めました。

海外のさまざまなユダヤ人組織から得た情報によりますと、今お伝えしたユダヤ人の移住の見通しは次のようになります。

a　アメリカへ約２５００人
b　パレスチナへ約１２００人
c　他国へ約４００人

aグループ２５００人のうち、約１８００人がラビまたはユダヤ教を学ぶ神学生です。……いまお伝えしたグループa、b、cの人々のうち、約３０００人がいまだに日本の通過ヴィザを所持しておりません。以前リトアニアに属しておりましたカウナスでは、現在手に入らないのです。そこにありました日本領事館が１９４０年8月に閉鎖されたためです。……私どもはこの手紙にて、さきほどからお伝えしております難民に、日本の通過ヴィザをお与えくださるよう、モスクワの日本大使館領事部へ閣下からよろしくお取り計らいいただきますことをお願い申し上げます。そうしていただければ、彼らはモスクワの日本大使館に参上することでしょう(332)。

この手紙には、ユダヤ人難民の絶望、嘆願を繰り返さずにはいられない難民の状況、リトアニア共和国の難民の数、ソ連占領後の生活への見方、カウナスの日本領事館の仕事ぶりなど、本書で述べてきたほとんどのことが示されているではないか。英国人から日本の外務省に宛てられた要請もすでに引用しておいた。パレスチナに入国できない状況では、モスクワの日本大使館でヴィザを発給したところで時間の無駄に終わる、と書かれたあの書簡をここで思い出してみると、実に不快な気分になる。

ユダヤ人難民の中には、ポーランド人の地下組織と密接な関係を維持してきた者もいた(333)。ポーランドの同盟国であった英国とフランスは、明らかに歩調を合わせた行動を取っており、両国はポーランドの地下組織の重要人物たちと密接な関係を持ち、ユダヤ人難民の一部にはこの地下組織と連絡を取っている者もいたことを考えれば、カウナスでの「命のヴィザ」の物語は、入念に計画された作戦であったという想定も可能である。この物語から受ける印象を、銀幕の世界で描いた作品があるとすれば、今なお熱心なファンの絶えないハリウッド映画の傑作『カサブランカ』がそれに当たるだろう。

しかしなぜ杉原千畝が、許可を受けた600通を大幅に超過した通過ヴィザを発給したのかという疑問は、まだ解けずに残っている。忘れてならないのは、1940年の春にソ連政府は、ヴィザを所持するユダヤ人難民(ユダヤ人のみ：著者注)に対して、ソ連領内を経由して他国に出国する許可を与えたことである(334)。1940年の夏の時点で杉原は、当時の情勢を完全に理解していた。リトアニアには、外国の軍隊であるソ連軍とともに特務機関である国家政治保安部が入ってきた。ソ連主導の新体制が、前政権から引き続き機能するようにしたのである。言い方を変えると、ソ連政府を脅かし、

「明るい明日の夜明けを妨げる」可能性がある者が、根こそぎいなくなるようにした。ところで杉原千畝は、すでにソ連との取引では苦い経験を味わっていた。やがてソ連の一共和国になることによって、粛清の嵐が吹き荒れることを推測するのは、杉原にとっては造作のないことであった。ひょっとすると、彼は現地のリトアニア人よりも短時間で理解したかもしれない。

在カウナス杉原千畝領事代理から松岡洋石外務大臣宛
電報第50号
1940年7月28日発

……「ゲペウ」(訳注56)ハ先ス赤軍進駐ト共ニ波蘭《ポーランド》人白系露《ロシア》人當國人及猶太《ユダヤ》人ノ政治團體ヲ襲ヒ團員名簿ヲ取上ケタル上選擧三日前ヨリ團員ノ一齊檢擧ヲ開始右ハ今ニ至ルモ繼續セラレ居ル處今日迄ニ逮捕セラレタル者「ウイルノ」千五百當地其ノ他ノ諸地ニ二千アリ大部分ハ舊波蘭軍人官吏白系露人將校當國舊政權與黨タリシ國民黨乃至社會黨幹部「ブント」派及「シオニスト」猶太人等ニシテ前首相「メルキス」及「ウルプシス」外相モ夫々家族ト共ニ莫斯科《モスクワ》ニ送ラレタリ
……右肅清開始以來危險ヲ感シ農村ニ潜込ミタル者鮮カラス獨逸《ドイツ》國領ニ脱走セル者數百ト謂ハレ

(訳注56) ソ連国家政治保安部。反政府的な運動・思想を弾圧した秘密警察。30年代にスターリンが数百万人を粛清した際の中心的な組織。

猶太人ハ本邦經由渡米スヘク査證關係ニテ當館ニ押掛クル者連日百名内外ニ及ヒ居レリ

右の電報を現代風に表現すると、次のようになる。

「赤軍の進軍とともに、ソ連国家政治保安部はポーランド人、白系ロシア人、リトアニア人、ユダヤ人の各政治団体本部への襲撃を開始、構成員の名簿を没収した上で、選挙（訳注57）の3日前から名簿記載者の一斉逮捕に取り掛かり、現在も継続中。ヴィルニュスで1500人、カウナスおよびその他の場所では2000人が逮捕された。逮捕者の大半が、旧ポーランド軍人や官吏、白軍将校、さらに政権与党である国民主義党と社会主義的政党の幹部、ユダヤ人社会民主主義労働者協会員、シオニストのユダヤ人である。メルキース前首相とウルプシース外務大臣は、家族とともにモスクワに送られた。

粛清が始まった当初から、多くの人々が危険を感じて農村に逃げ込み、ドイツ領に逃げた者も数百名と言われる。ユダヤ人は、日本を経由して米国に向かうためのヴィザを手に入れようと、我が領事館に殺到。その数は毎日百人前後を数えた」(335)

なぜ杉原千畝が日本を通過するヴィザをあれだけ多く発給したのか、これ以上の説明が必要だろうか。おそらくあるまい。すべては明白ではなかろうか。

（訳注57）7月14日から15日にかけて「人民議会」議員選挙がソ連の監視下で実施された。99％がリトアニア労働人民同盟に投票した。

あとがき

影とは、存在や対象の後に続き、あるいは先回りをし、または取り囲むものだとたいていの人々は考える。実は、影は言葉にも思想にも、欲望にも、行動にも、衝動にも、記憶にもまとわりつくものだ。　（エリ・ヴィーゼル）（訳注58）

歴史とは、過去に対する考察であると考えてみる。すると、映画『アリス・イン・ワンダーランド／時間の旅』（訳注59）の映像が立ち現われて来る。現実も虚構も、すぐ手の届くところにあるかのようだ。ここ何年もの間、私は次のように感じることがよくあった。発生した当時は、きわめて意味のあることと考えられていた出来事が、層をなして虚構にまとわりつく影の下に埋もれてしまうことが多い。当初の途方もなく重要であったはずの考え方は、時がたつにつれて、さほど重要でもない要因

（訳注58）エリ・ヴィーゼル（1928-2016）。強制収容所での経験を踏まえた作品を発表し続けたハンガリー出身のユダヤ人作家。１９８６年ノーベル平和賞受賞。

（訳注59）２０１６年公開のアメリカ映画。英国の作家L・キャロル（1832-98）の『不思議の国のアリス』、続編の『鏡の国のアリス』を下敷きにしている。

や登場人物のおかげで曖昧となって、見失われてしまう。それはもっとも美しい音楽的な和音が、意味のない雑音によってその魅力を失うことがあるのと同じだ。

私は、歴史は四つの次元で動くという意見を持っている。X軸、Y軸、Z軸で表される日常空間の三つの次元に加えて、時間が歴史には必要なのだ。付加的な尺度としての時間こそが、歴史を理解するにあたって鍵となるのではなかろうか。ありのままの本当の世界は、静止していないことを理解するのは難しい。世界は絶え間なく変化しており、その変化に気づくためには、出来事が発生した現場に足を運び、その地域の人々の物の考え方や文化的な特殊性を知り、季節が当時の日常生活に及ぼした影響であるとか、近隣地域との相互交流が生活様式や地域の政治に与えた影響を理解しなければならない。

この本の執筆の歴史が始まったのは、机に向かい、カタカタと音を立てながらコンピューターのキーボードから入力する作業が始まる少し前のことである。2003年、歴史学で文学修士の学位を取得したばかりの学生で、まだ若かった私は、取得を目指していた博士号にふさわしい、興味をそそるであろうさまざまなテーマを検討していた。その年の夏、名前を挙げるよりは「先生」とお呼びしたいエギディユス・アレクサンドラヴィチュスが、1939年から40年までのリトアニアにおける戦争難民をテーマとして研究してはどうか、と言ってくださったのである。研究活動中の私は、ヴィータウタス・マグヌス大学にある大量虐殺犠牲者救済研究センターと、カウナスの第9要塞博物館に勤めていた。つまり研究をおこなう空間の近辺に、衝撃的でつらい出来事の現場が存在したのである。しかし、それはこのテーマに取り組むにあたり、障害となるどころか意欲をかきたててくれた。やがて、リトアニアに残る記録の中で発見した史料が増え、ポーランドや日本での研究に時間を割くにつれ、一つの物語が自然に展開していき、テーマは広がり続け、新たにいくつかの空間と人物が引き寄せられてきた。そしてその中には、記憶から不当にうち捨てられていたものも含まれていた。これに力を得た私は史料の収集を続け、忘れられていた数名の英雄たちを覆っていたほこりを払い落としていった。

２０１４年、エギディユス・アレクサンドラヴィチュス教授と、杉原「命の外交官」財団会長のラムーナス・ガルバラヴィチュス、そして私が、カウナスでの「北のカサブランカ」会議開催の見通しについて話し合いを進めるなかで、念頭にふと浮かんだのは、杉原千畝の物語は、ここ数十年で世界的な歴史書の一部をなしてきたとはいえ、そこからリトアニアの状況が抜け落ちているということだった。この名高い日本の領事が執務していた当時の周囲の事情や全体的な状況を、もっと詳しく調べてみたいと思っている読者に向けて、私の長年にわたる研究を一冊の本にまとめることは価値のある仕事ではあるまいか。私は心からの感謝をガルバラヴィチュス氏に、そしてもちろん、ビルテ・ガルバラヴィチュス氏に捧げたい。彼らの支持と懇篤な援助なくして、この研究が日の目をみることはなかった。さらに長年の友人であり、杉原「命の外交官」財団理事であるシモナス・ドヴィダヴィチュス氏には、有益な討議・助言・史料を頂戴しており、お会いして礼を申し述べたい。

研究の領域を広げ、史料の調査を続けるうちに、歴史の専門家として尊敬するとともに、同僚にして友人であると言いたくなるような、興味深い多くの人々と出会うことになった。とりわけ感謝の言葉をお伝えしたい素晴らしい人物が、稲葉千晴・名城大学教授である。私が外務省外交史料館所蔵の難民に関する記録を使って研究する機会を得たのも、杉原千畝の資料を利用することができたのも、ひとえに氏のおかげである。歴史学の多岐にわたるテーマについて、稲葉氏と夜を重ねて語らったおかげで、私は自分の研究を改めて見直し、それまで気づかずにいたいくつかの問題を発見することができたのだ。いつかまた、氏の辛抱強さに少しでも甘えさせていただくことができればと切に願っている。またハイファ大学のローテム・コフナー教授にも感謝申し上げたい。困難に突き当たるたびに氏からいただいた高い見識と、助言と援助が、研究を続けるうえでの刺激となった。

最後になったが、感謝の意を込めて、我が最愛の妻と娘たちについて触れておかなくては、このあとがきの意味がまるでなくなってしまうだろう。この研究に取り組んでいる間、私は夫として父親として、彼らと生活を共にすることができない時間が長く続いた。だが、彼らがそれを受け入れてくれたおかげで、大いに居心地の良さと安らぎを感じることができた。私が彼らに対する良心の呵責に耐え、負目を抱く苦しみが和らいだのはそのためであり、さらにこの仕事が完成するまで、研究を続けようという気持ちに私を駆り立ててくれたのである。

訳者あとがき

本書はリトアニアの歴史学者シモナス・ストレルツォーバス氏が、リトアニア語で発表した『善人たち・悪人ども・哀れな人々——杉原千畝と第二次世界大戦時のリトアニアにおける難民』の英訳版に基づく邦訳です。翻訳に当たって題名を改め、本文の構成と写真の選択と配置に変更を加えてあります。

本書で扱われている歴史上の出来事は、1938年3月のナチス・ドイツによるオーストリア併合、同年7月のエヴィアン会議に始まって、1940年6月のリトアニアへのソ連軍侵入、8月に副領事を務めていた杉原千畝がカウナスの地を離れるまでとなります。記述内容の大半がリトアニアに関係しており、リトアニアの読者にとっては自明となる地名や事件の説明が省かれていますが、それをそのまま訳しても、私たち日本の読者には何のことやらよくわからないことが多々あります。そうした点を補いながらの翻訳となりましたが、この作業は、本書の解題をお願いした名城大学教授の稲葉千晴先生のご指導とご助言を仰ぎました。

本書の英訳の表題は、*The Good, the Bad and the Miserable.* ですが、これを見て、『続・夕陽のガンマン』のタイトルで知られる *The Good, the Bad and the Ugly* を思い浮かべた映画好きの方もいるのではないでしょうか。映画では3人の主要登場人物がこの三つの属性を体現しますが、いずれも犯罪者ですから、あくまで相対的な「善人」なり「悪玉」に過ぎません。本書ではこの「善人・悪玉」が、「善人たち・悪人ども」となり、さらに国家の姿が重ね合わされます。そのうえで、当時大きな世界的な問題として取り上げられつつあった難民、とりわけユダヤ人難民が「哀れな人々」として扱われています。こうして表題の置き換えが行われた時点で、映画と本書の内容には大きな懸隔が生じますから、映画を観たことがなくても、印象的な音楽に聴き覚えがなくても、本書の理解に影響を及ぼすことはないと思います。

本書でしばしば批判の対象として取り上げられる砂漠、そして砂の比喩にも同じことが言えます。この映画には今でも熱烈なファンがいるらしく、かつてのロケ地が放置され、忘れ去られていたところ、これを発掘する企画を立てる人たちがいたとか。その発掘までの過程を、関係者へのインタビューを交えて描いた映画『サッドヒルを掘り返せ』(2017年)を見てもわかるように、心に残るシーンがほかにもあるこの映画の中で、映画の前半部を締めくくる砂漠と砂は、いささか影の薄い存在ですから、映画を見なくても、本論の記述に従って各人が砂漠なり砂を思い浮かべてもらえば、それで十分かと思います。

その一方で、折に触れて言及されるもう一つの映画『カサブランカ』の方が、本書の内容に深く関わっています。

『カサブランカ』は、名台詞が多くちりばめられていることで有名なのだそうですが、本論の各章の冒頭で引用された台詞は、どの登場人物がいかなる状況で口にしたか、それを一切省略したまま、各章の内容を予告する言葉になっています。ストレルツォーバス氏の引用の意をどこまで酌《く》むことができるか、これは映画『カサブランカ』に対する読む側の理解度や、俳優や音楽に対する愛着にかなり左右されるはずです。

ちなみに、本論のほぼ半分あたりに置かれた第3章「難民による地下活動」の章末にて、カウナスが「北方のカサブランカ」に例えられる理由が、リトアニア全土に張り巡らされた各国の情報機関の中心地であったから、とされていますが、これは史実に基づく比喩でしょう。映画『カサブランカ』では、反ナチス・ドイツの地下組織に関わる人々は描かれていても、情報機関との関わり合いは正面から扱われていません。その点では、同じくカサブランカを前半の舞台とした2016年のアメリカ映画『マリアンヌ』(原題 *Allied*)を観る方が参考になると思います。

最終章「結びに代えて」に至って、「命のヴィザ」物語と、映画『カサブランカ』の類似点が示唆されています。おそらく多くの読者にとって、この指摘はにわかに納得しがたいのではないでしょうか。ただ氏はこうしたイメージを拡大延長することを好むようで、対象は違いますが、例えば、「リトアニアは、誰からも顧みられることのない運命に甘んじた難民たちと、同じ扱いを諸国から受けたことになる。」(本文110ページ)という記述や、第5章のパランガ収容所を巡る考察などは、歴史書としては批判もあるでしょうが、興味深い文章であると思いました。

最後になりましたが、この仕事を紹介していただいた稲葉先生には深くお礼を申し上げます。この書の英語原稿を手渡しで頂戴したのが、2018年3月末のことでした。先生の叱咤激励がなければ、私の遅々として進行しない仕事振りでは、いつになってもこの訳業は成らなかったことでしょう。さらに先生には解題のみならず、地図の作成もしていただいたばかりか、世界史・地理に関する私の知識の欠落を補っていただき、さらには翻訳者としての心得、翻訳文体上のご指導もいただきました。まことに感謝の念に堪えません。さらにこのたび、編集を担当していただいた明石書店の兼子千亜紀さんには、とりわけ校正の段階でご迷惑をお掛けし、ご心配もいただきました。篤くお礼を申し上げます。また翻訳にあたっていろいろと便宜を図っていただいたリトアニア大使館の皆様にもお礼を申し上げます。

赤羽俊昭

《主要参考文献》

稲葉千晴『ヤド・ヴァシェームの丘に―ホロコーストからユダヤ人を救った人々』（成文社、2020年）

曽根田純子『名作映画完全セリフ集　スクリーンプレイ・シリーズ131　カサブランカ』（フォーイン、2008年）

エイディンタス、ブンブラウスカス、クラカウスカス、タモシャイティス『リトアニアの歴史』梶さやか、重松尚訳（明石書店、2018年）

解題

稲葉千晴

1　通説を疑う

「通説を疑う」。私が大学に入学したばかりの新一年生向けの授業で最初に教えることである。学生は高校まで日本史や世界史の教科書の記述をひたすら暗記して、試験でその成果を競わされてきた。しかし大学に入ったのだから、これまでの暗記を止めて記述の信憑性をもう一度検討してみよう、と学生たちに訴えている。どのように検討するのかという方法論に移ると、日本からの視点、大国からの視点だけでなく、小国からの視点も取り入れてみようと提案する。そうすると、これまでの見方が大きく転換するかもしれないと。

日露関係とロシア帝国支配下の小国の研究を続けてきた私にとって、1990年代以降に注目されはじめた杉原千畝も、「ロシア通外交官」という点で関心の対象であった。小国リトアニアに領事として赴任したと聞き、第一次大戦後にロシア帝国から独立したバルト三国の一国に駐在していたのだと思い起こして期待感が高まる。しかもリトアニアでは、第二次大戦中ナチスによってユダヤ人のほとんどが虐殺された。ホロコーストから6000人のユダヤ人を救った人道外交官、日本人で唯一「有徳の人（諸国民の中の正義の人）」としてイスラエルから表彰された人物、彼の評価は鰻登りである。テレビ番組となり、2015年に映画『杉原千畝 スギハラチウネ』も封切られ、18年からは小学校の、19年からは中学校の道徳の教科書で彼の善行が取り上げられる。無慈悲な政府に反して、自らの職を賭してユダヤ人に救いの手を差し伸べたヒーローと、不毛な現代社会に生きる日本人の目に映っているにちがいない。

ユダヤ人を救った「命のヴィザ」のストーリーを世に知らしめた最初の著書、千畝の妻幸子《ゆきこ》の『新版 六千人の命のビザ』をおさらいしてみたい。

1940年7月後半、ナチスの迫害から逃れて日本通過のヴィザを手に入れるため、多くのユダヤ人が在カウナス日本領事館に押し寄せてきた。東京の外務省は、「日本を通過する旅行者には、目的国の入国手続きを完了し、十分な旅行資金を所持する者にかぎり、日本通過ヴィザを発給してよい」と指示を出していた。しかしユダヤ人たちは、「キュラソー・ヴィザ」を有しているだけで、十分な資金所持という条件を満たしていなかった。ちなみに「キュラソー・ヴィザ」とは、カリブ海のオランダ植民地キュラソー島に上陸するにはヴィザが必要ないと、オランダ領事代理が記した証明書である。ところが東京の外務省は、「キュラソー・ヴィザ」を正式な第三国行きの入国ヴィザと認めず、杉原に対して通過ヴィザの発給を認めなかった。悲嘆にくれるユダヤ人群衆を前にして、ただ一人の日本領事である杉原はヴィザを発給するかどうかの決断を迫られた。発給しなければ、彼らはホロコーストの犠牲になってしまう。発給すれば、命令違反だとして外務省からけん責を受けることになる。数日間迷った末に杉原は大量のヴィザ発給を決断した。この判断により、ユダヤ人はリトアニアからソ連を経由してウラジオストクまで列車でたどり着き、客船で福井県の敦賀に上陸できた。6000人のユダヤ人がホロコーストから命を救われた。戦後ヨーロッパから帰国した杉原は、ヴィザ発給を理由に外務省を辞めさせられた。だが生き残ったユダヤ人たちは杉原の偉業を忘れない。一枚のヴィザで命を救われたイスラエル外交官は、来日して彼の住所を必死に探し出し、失意の中で余生を過ごす杉原と涙の再会を果たす。生前の杉原にイスラエル最高の栄誉である「有徳の人」賞が贈られた。

ホロコーストが吹き荒れるヨーロッパの小国で最大限の人道的な行為を貫いても、難民の入国を拒み一義的な対応しか指示しない政府に、一外交官は結局のところ見捨てられる。しかし勇気ある行動を記憶にとどめている人々がいて、かならず彼は報われる。「命のヴィザ」は、慈しみの心を持って困っている人に接することが必要だ、と子供たちに教えるため、小中学校の道徳の時間で取り上げるべきエピソードとなった。

「命のヴィザ」はすばらしいストーリーであるが、何かがひっかかる。歴史の時間軸がずれていないのか、そして地理的な座標軸がぶれていないのか。胸の奥底に小さな疑念が芽生えてきた。だが美談に包まれた深い霧の中をさまよいながら、月日は駆け足で過ぎてゆく。

2015年6月、ワルシャワで「ポーランドにおけるホロコーストから救った人々と救われたユダヤ人」という会議が開かれ、私は唯一の日本人発表者として出席した。その席に一人のリトアニア人歴史学者も参加していた。本書の著者シモナス・ストレルツォーヴァス博士である。彼の「第二次大戦初期のリトアニアに流入したポーランド難民」という発表を聞いて、私の目からうろこが落ちた。そうか杉原はリトアニアの首都カウナスでユダヤ人を救ったのだ。リトアニアの視点を加味すれば、迷宮の霧が晴れるのではなかろうか。

２０１６年10月にストレルツォーヴァス博士を国際交流基金のフェローシップで日本に招聘し、日本国際政治学会の大会で発表してもらった。17年には本書のリトアニア語の完成原稿ができあがり、リトアニア外務省によって英訳された。非常におもしろい。どうにか翻訳して日本人の間で歴史の醍醐味を共有できないものだろうか。18年2月に在日リトアニア大使館から翻訳を依頼された。友人で国士舘大学講師の赤羽俊昭氏が翻訳を引き受けてくれ、明石書店が版元になってくれるという。こうして本書出版の道筋ができ、今日に至っている。２０２０年は杉原千畝がヴィザを発給してから80周年、生誕１２０周年にあたる。リトアニア国会が２０２０年を「杉原イヤー」と定め、新型コロナウイルス禍にもかかわらず、コンサートなどさまざまなイベントがリトアニアと日本で開催された。その最後を飾るのが12月の名城大学がホストとなる「杉原千畝ヴィザ発給80周年記念ウェブ国際シンポジウム」であり、本書の出版完成であろう。この解題では、筆者がリトアニア人の常識として、あえて書き足さなかった部分に補足説明を加え、本書の意義を解説していく。

2　第二次世界大戦とリトアニア

「命のヴィザ」の舞台となった第二次世界大戦初期の東欧とリトアニアの地理と歴史を振り返って

みたい。

地図1をみればわかるとおり、1938年までのポーランドは、今日のポーランド領と比べると200キロほど東に位置していた。今日のベラルーシ西部やウクライナ西部、リトアニアの首都ヴィルニュスまで支配しており、ルーマニアとも国境を接している。

1918年に独立したリトアニアは、大統領制を採り一院制の議会を有する人口200万人強の共和国だった。20年代半ばには一時期左派政権が誕生するが、40年にソ連に併合されるまで民族主義的な独裁政権が続いた。北でラトヴィア、南でポーランド、南東でドイツの東プロイセンと国境を接している。ソ連とは国境を接していない。独立時に領土紛争が生じ、戦間期の外交政策を複雑にした。

地図1　第二次世界大戦前のドイツ・ソ連支配地域

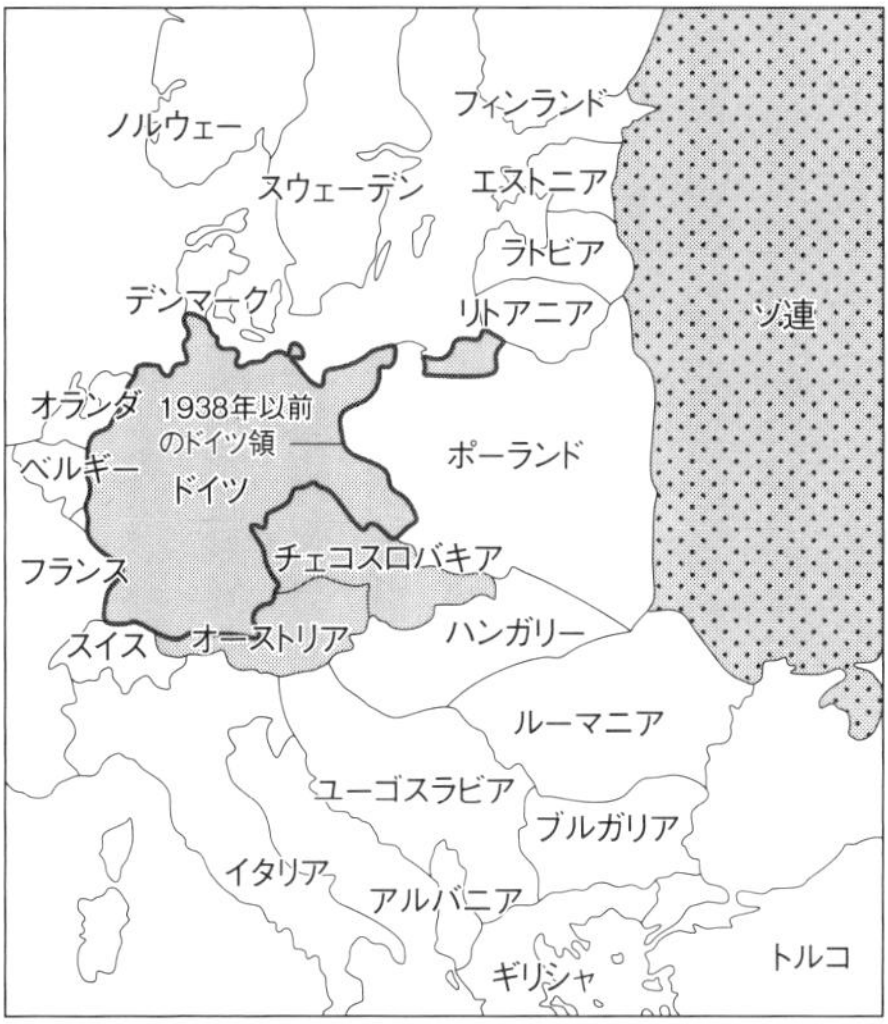

出典：愛知県教育委員会編『杉原千畝と20世紀の日本・世界・愛知』2020年。

1939年8月23日に独ソ不可侵条約が締結された。9月1日、ドイツ軍はポーランドに攻め込み、第二次世界大戦が勃発する。9月3日に英仏がドイツに宣戦を布告するも、友軍ポーランドを支援するほど有効な軍事行動をとるまでには至っていない。劣勢のポーランド軍は西側から押し寄せる独軍に対抗するため、戦線を東に後退させて巻き返しを図る。ところが同月17日にソ連軍が背後の東側からポーランドに攻め入った。ポーランドは軍が総崩れとなり、政府も中立国ルーマニアに亡命を図り、地図2のように独ソに分割占領されてしまった。住民の大多数は敵国の占領下に取り残されて圧政に苦しむことになる。一握りの人々だけが難民となって周辺の中立諸国に逃げ出せた。北に位置する中立国リトアニアにも3万人を超える難民が流れ込んだ。

リトアニアが国境を接する東ポーランドのほとんどは、ソ連に占領された地域である。その国境線は何度も引き直されてきた。1918年にリトアニアが独立宣言をした場所は、首都に予定されたヴィルニュスだった。ところが1920年のソ連・ポーランド戦争でポーランドが勝利すると、ヴィルニュスはポーランド軍に占領され、22年にポーランド領に組み入れられた。すぐさまリトアニアはポーランドと断交し、険悪な関係が15年以上続く。38年、東の大国ソ連に対する安全保障を強化するため、ポーランドが無理やりリトアニアに外交関係の再開を求めた。ポーランドの10分の1以下の人口しかない小国リトアニアにとって、「大国」ポーランドの要求を拒めない。ちなみに地図3の

地図2　1939年9月のドイツ・ソ連支配地域

出典：愛知県教育委員会編、前掲書。

とおり、39年春にバルト海沿岸にあるクライペダ（ドイツ語でメーメル）も、力づくでナチス・ドイツに併合された。

地図3　第二次世界大戦期のリトアニア（1939～1941年）

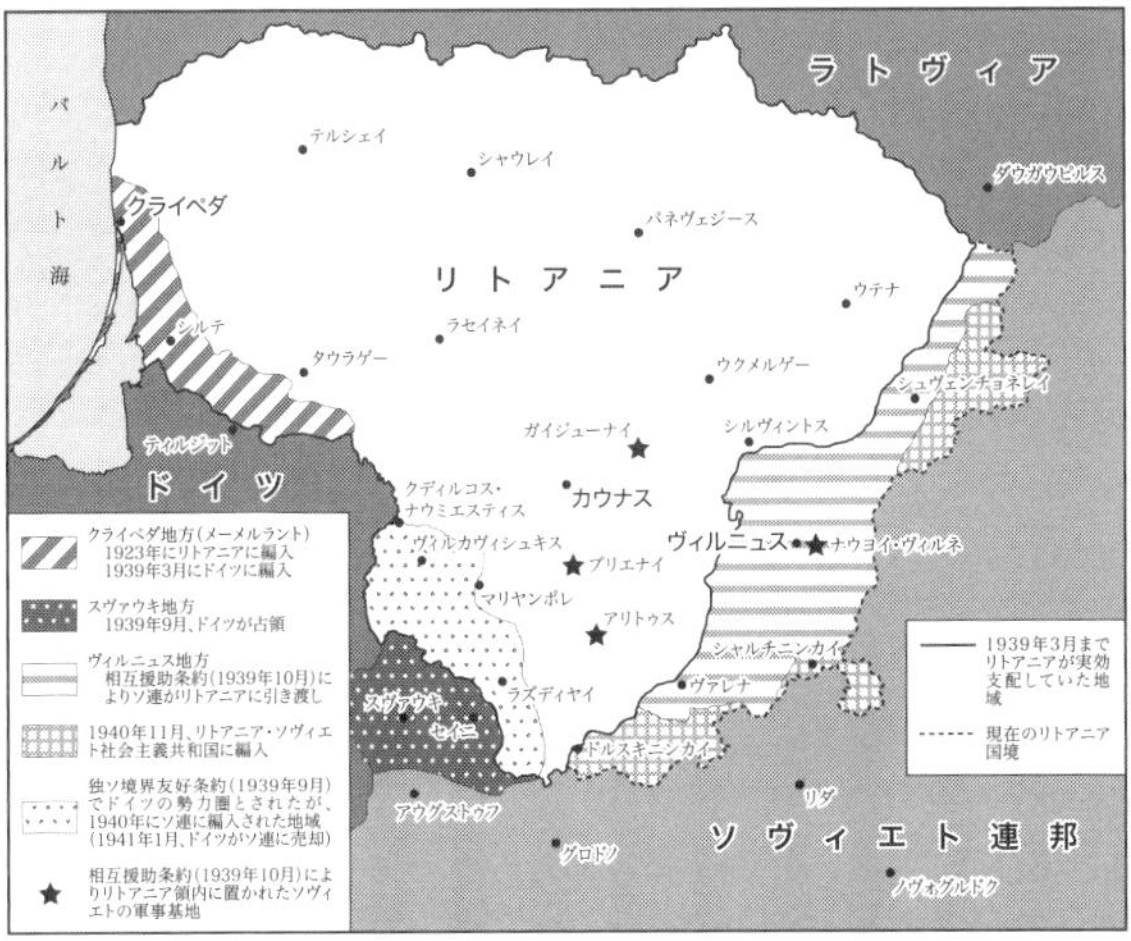

出典：重松尚「独立の喪失──モロトフ＝リッベントロップ条約と第二次世界大戦」（櫻井映子編著『リトアニアを知るための60章』明石書店、2020年）。

39年9月にポーランドが独ソに分割された際、リトアニアと接するドイツ占領下のポーランドが地図3のスヴァウキ地方である。だがその地方は、翌10月にはドイツ領の東プロイセンに組み入れられた。そのためドイツ占領下の西ポーランドとリトアニアは、一切国境を接しなくなった。

分割直後の39年9月28日、独ソ友好境界条約が締結され、リトアニアはソ連の勢力圏に組み入れられた。10月10日にリトアニア・ソ連相互援助協定が締結される。ポーランドに併合されていたヴィルニュス地方をリトアニアに返還する代わりに、ソ連軍2万人をリトアニアに駐屯させることが決められた。ソ連によるリトアニア併合の布石が打たれたことになる。こうして10月28日にヴィルニュスがリトアニアに返還され、地図3のようにソ連占領下のポーランドとリトアニアとの間に新たな国境線が引かれた。

ヴィルニュス地方の住人50万人が市民権を取得したため、リトアニアの人口は250万人を超えた。

ヴィルニュスという都市は、長い間ポーランドに支配されてきた。1920年代の人口に占めるポーランド人の割合は6割を超え、ユダヤ人も3割を占めていたものの、リトアニア人はほとんど住んでいなかった。39年9月17日にソ連軍が東ポーランドへの侵攻を始めると、ほとんどポーランド軍の抵抗を受けずに19日にヴィルニュスを占領する。すぐさま共産主義化を始め、大工場などを接収した。資本家や大土地所有者を多数逮捕して、シベリアの収容所送りにする。そのヴィルニュスが10月末に返還されると、リトアニア人が軍隊を伴って押し寄せてきた。首都復興に向けてリトアニア化を加速し、ポーランド人やユダヤ人の住居を奪って彼らの仕事を取り上げる。昔からのヴィルニュス住民と新参のリトアニア人の間で緊張関係が生じた。40年になれば英仏が対独軍事行動を起こして祖国を解放し、ヴィルニュスがポーランド語表記のヴィルノに戻ると期待する住民も少なくなかった。それが実現しなかったのは、のちの歴史から明らかである。

ポーランドが独ソに占領されると、39年12月までに約3万5000人の難民がリトアニアに押し寄せてきた。その中でも85％の難民が、国境を接する東ポーランドからポーランド語の通じるヴィルニュス地方に入ってきた。リトアニア政府の統計によると難民の中で1万3500名がユダヤ人だった。難民の構成は、男性71％、女性24％、子供5％である。男性の割合が極端に多いユダヤ人グループとは、イェシヴァと呼ばれるユダヤ教神学校の生徒、教師・学者であるラビおよびラビの家族である。東欧の伝統的なユダヤ教（正統派）では、男性しかラビになることができないため、神学生も男性ばかりだった。くわえてシオニズムを信奉するユダヤ人青年たちも難民となった。彼らは、ユダヤ民族は自らの国家を再興すべきだという考えに共鳴して、若い農業労働者としてパレスチナへの移住を計画していた。ところが共産主義国家であるソ連では信教の自由が認められない。ソ連占領下の東ポーランドでもイェシヴァが閉鎖され、シナゴーグ（ユダヤ教会）での礼拝が禁止されるのは明らかだった。そうした信仰心の篤いユダヤ人が、大挙してポーランドからリトアニアに逃げ込んできた。

残りの15％の難民も複雑である。39年10月にスヴァウキ地方が東プロイセンに併合される前に、独占領下の西ポーランドから自主的に逃れてきた人々と、併合後にドイツ人に家や土地を奪われ、無理やりリトアニア側に追い出された人々がいる。前者は家族連れが多く、比較的裕福だったと推察される。ただし併合後はドイツ領内の通過がきびしく制限されたため、西ポーランドからの難民の流れは止まった。後者は着の身着のままで国境を追い立てられ、リトアニア側の収容施設にたどり着いた。

本書には明確に書いていないことがある。リトアニア政府の難民に対する基本姿勢である。当然のこととはいえ、小国にとって数万人の難民受け入れは過大な負担である。人道上拒否できないものの、できれば長期に滞在して欲しくない。彼らが第三国に出国できるよう環境を整える必要があった。ところが難民の多くは、外国に逃れることを事前に想定しておらず、パスポートを取得していなかった。リトアニア政府は、希望者にパスポートの代わりとなる安全通行証を発給した。通行証の裏側に在外公館でヴィザを記載してもらえば、それはパスポートと同様に利用できた。ポーランド亡命政権の外交事務を代行するイギリス領事館でも安全通行証が発給された。

40年6月半ば、独ソ友好境界条約に基づき、ソ連がバルト三国に軍隊を派遣して全土を占領し、各国で人民政府を樹立した。リトアニアでも7月にソ連監視下で議会選挙が行われ、共産党一党支配が

地図4　1940年8月のドイツ・ソ連支配地域

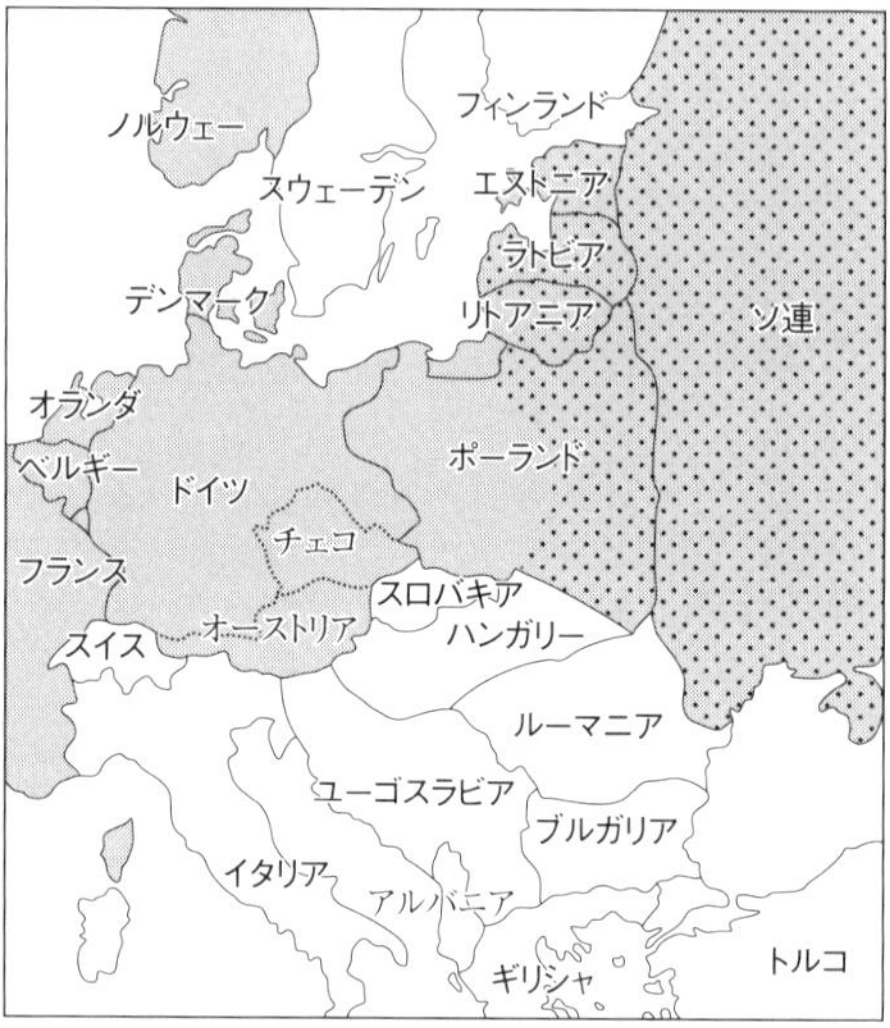

出典：愛知県教育委員会編、前掲書。

完成する。同月21日に召集された人民議会は、自国が社会主義人民共和国であると宣言し、8月3日にソ連邦への編入を申請した。ソ連最高会議がそれを受け入れたのは言うまでもない。バルト三国と東ポーランドは、地図4のようにソ連に併合された。

まさに杉原がユダヤ人に「命のヴィザ」を発給したのが、この時期である。

40年8月以降リトアニア社会主義共和国でもソ連憲法が導入され、土地や企業が国有化された。内務人民委員部（治安警察）が思想統制を敷き、集会や信教の自由を奪い、カトリック教会やシナゴーグでの礼拝も厳しく制限した。1年以内に共産化に抗議した6000人以上が逮捕され、リトアニアのエリート層1万7000名もシベリアに追放される。41年6月22日に独ソ戦が始まると、すぐさま反ソ勢力によってリトアニア全土で自然発生的に蜂起が起きた。民族主義的な臨時政府が樹立され、国家制度がソ連併合前に戻される。ところがリトアニアを占領したナチス・ドイツは、同国の独立回復を許さず臨時政府を解散させた。リトアニアは第三帝国管区オストランドに組み込まれ、再び自治を奪われた。親衛隊行動隊とリトアニア人協力者によってホロコーストの嵐が吹き荒れる。

リトアニアがソ連によって再占領されるまでの間に、同国在住のユダヤ人15万人の90％が虐殺された。44年夏に再度ソ連邦の一共和国となり、共産主義体制に組み込まれた。民族主義は抑え込まれ、リトアニア人にとって苦難の時代が続く。

89年以降、東欧諸国が次々と共産主義を捨て民主化していく中で、90年にリトアニアはソ連からの独立を宣言し、民主的な国家としての歩みを始め、今日に至っている。

3　杉原千畝の生涯とカウナスでの活躍

杉原千畝は、１９００年1月1日、岐阜県加茂郡八百津町出身の杉原好水、やつ夫妻の間に生まれた。税務署員であった父の転勤で、岐阜県美濃市、福井県越前市、三重県四日市市と転居を重ねた。その後岐阜県中津川市・三重県桑名市・名古屋市の小学校で学んだ。12年に愛知県立第五中学校（現在の瑞陵高校）に入学し、優秀な成績で卒業した。18年4月に早稲田大学高等師範部（現在の教育学部）英語科に入学した。19年には外務省留学生試験に合格し、ロシア語留学生として満洲のハルビンでロシア語を学ぶ。ちなみにハルビンは、19世紀末にロシアによって建設された東清鉄道の中核的な都市であり、ロシア革命後にも多くのロシア人が住んでいた。後に彼は東清鉄道沿線の満洲里でもロシア語を学んだ。

24年に杉原は外務省書記生に採用された。最初は在満洲里領事館に勤務し、25年には在ハルビン総領事館に移った。31年に満洲事変が起き32年に満洲国が日本によって建国されると、満洲国外交部の事務官となる。当時日本は、ソ連が運行する北満鉄道の買収を計画していた。北満鉄道とは、19世紀末にロシアが満洲に建設した東清鉄道のうち、満洲を東西に横切る本線とハルビンと長春の間の鉄道を指す。日本は自らが支配する領土において、敵対する共産主義国家が列車を走らせるのを黙認できなかった。杉原はロシア語を自在に操る外交官として情報収集に奔走し、ソ連から北満鉄道を買収する交渉で辣腕を発揮した。

35年、杉原は東京の外務本省での勤務を命じられる。同年に幸子と結婚し、37年8月末に書記官として在フィンランド日本公使館に着任した。フィンランド側に残っている国家警察（公安）関連の史料によれば、杉原はソ連情報を収集するだけでなく駐在国の反共政策にも関心を寄せていた。39年8月にフィンランドを離任し、リトアニアの首都カウナスに赴任する。旧市街から東へ少し離れた丘の上の閑静な住宅地に領事館を新設し、一人領事として業務を始めた。ただしリトアニアに在留邦人は杉原の家族以外に一人もおらず、日本との経済交流もない。ロシア語のできる彼がソ連に近いリトアニアに派遣されたのは、領事業務のためではなく、ノモンハン事件（39年5〜9月）で敵対するソ連の情報を収集するためだった。

第二次大戦の勃発は杉原の役割を一変させた。ポーランド政府は独ソに降伏することを拒み、亡命政権をフランスに樹立する。40年6月にフランスがドイツの軍門に下ると、イギリスに移転した。国家再興を図るポーランド人たちが、国内のレジスタンスと連絡を取り敵国の動きを探るため、中立国に潜入して情報収集に努めていた。第3章で述べられている通り、リトアニアでもポーランド情報員が祖国の解放を信じて難民の身分で機密裏に活動している。難民は悲惨で受動的な立場の人々だという概念が、当時のリトアニアでは一律に受け入れられたわけではない。

第一次大戦後にポーランドが独立すると、日本は早々に同国の独立を承認し、21年に外交関係を樹立した。シベリア出兵で赤軍と対峙した日本陸軍は、ポーランド軍が20年にロシア赤軍を打倒して領土拡張に成功したのを見て、同国軍と対ソ情報協力を始める。30年代に日本とポーランドは、軍事同盟といってよいほど密接な関係を構築していた。そのポーランドが独ソに占領されたとはいえ、すぐに情報協力が潰えることはない。第6章で語られているように、中立国の首都カウナスにおいて、ポーランド情報員は杉原に貴重なソ連情報を提供し続ける。杉原は彼らを日本領事館に匿い、日本のクーリエ（外交伝書使）を利用させるなど、さまざまな便宜を図った。

40年7月半ばにソ連占領下のリトアニアで選挙が行われ、共産主義政権が誕生した。もはやソ連に併合されるのは時間の問題だった。リトアニアでも信教の自由が奪われる。難民となってポーランドから逃れてきた信心深いユダヤ人たちは、再び信仰の自由を求めて、安全な国へ亡命しようと試みる。西ポーランドから来た豊かな難民も、資本家を敵視する共産党に迫害されるのを恐れていた。しかし第1章のエヴィアン会議の結果、難民を引き受ける国は現れなかった。どうにかして共産化したリトアニアから逃げ出さなければならない。彼らはカウナスに駐在する各国外交代表部に難民受け入れを打診した。トーマス・プレストン英代理公使は、英委任統治下のパレスチナ行きの違法なヴィザを多数発給した。だがトルコ経由での目的地行きの旅程の安全が確保できず、難民のほとんどはパレスチナ行きを断念した。

ヤン・ツヴァルテンデイク・オランダ領事代理は、２２００通ほどの「キュラソー・ヴィザ」を発給した。カリブ海に浮かぶオランダ植民地キュラソー島に行くにはヴィザが必要ない、と領事が保証する。パスポートあるいはリトアニア政府が難民に発行する安全通行証に、その文面を領事が記載して、あたかも入国ヴィザのようにみせかけたものだった。その証明書が難民の日本ヴィザ取得に不可欠なものとなる。

40年7月18日朝、日本領事館の周りは難民で埋め尽くされていた。驚いた杉原に対して、ユダヤ人の代表がキュラソー・ヴィザを見せ、中米に行くため日本の通過ヴィザが欲しいと訴えた。必要なヴィザは数千人分だという。オランダ領事代理も杉原に面会し、ユダヤ人たちのリトアニアからの脱出に協力してもらえないかと依頼する。当惑した杉原は東京の外務省に打電した。また同地駐在のソ連領事とも会い、ユダヤ人が日本通過ヴィザを保有していれば、リトアニアからロシア極東までの移動を許可するという言質をとった。というのはソ連側にとっても難民はできる限り受け入れたくない存在であり、彼らが近日中に併合するリトアニアから自力でソ連邦外に出てくれるのであれば、むしろ諸手を挙げて推進したかったからである。ヴィザ発給のネックは東京側にあった。

電報を受けた本省も対応に苦慮する。日本はドイツのようにユダヤ人を差別していなかったとはいえ、たとえ通過ヴィザであっても、難民数千人を日本に受け入れるなど到底受諾できるものではなかった。もし受け入れた難民が行き場もなく日本国内に滞留すれば、大きな国内問題が発生するからである。東京はヴィザ発給の条件として①目的国の入国ヴィザの取得、②日本から目的国までの旅費および日本国内滞在費相当額の所持、を確認するよう杉原に命じた。裏を返せば、キュラソー・ヴィザを目的国の入国ヴィザと認めないと示唆している。

共産主義ソ連の内情を熟知する杉原は杓子定規の返事に困惑した。難民たちの目的はリトアニア出国にあり、日本に入国しても長期滞在するつもりはない。キュラソー・ヴィザを入国ヴィザと同等だとみなしてやらなければ、彼らの身に危険が生じる。リトアニアでは厳しい外貨制限があり、難民が多額の外貨を手にすることは不可能だった。難民が日本に向かう途中あるいは日本国内で滞在費を受け取れるのであれば、カウナスで所持金を確認する必要はない。8月中には日本領事館の閉鎖をソ連側から求められており、難民が必要書類をそろえる、あるいは杉原が書類の到着を待つ時間などないに等しかった。日本から目的国までの旅費がない難民には、ウラジオストクの日本領事館が入国を認めなければよい。政府の従僕として規定通り国家の利益を代弁するのか、本来ならば通過ヴィザを受け取れる難民の権利を優先するのか。ユダヤ人難民の窮状も理解した上で、冷徹な官僚に徹することなく彼らの要求を受け入れるべきだとの考えに、良心的な杉原は傾きつつあった。ついに彼はヴィザ手続き開始を決断する。7月29日に「命のヴィザ」の発給が始まる。

杉原は、当初外務省の発給手続きに則り手数料を受け取って番号付きの発給書類を作成していた。手書きでパスポートまたは安全通行証に通過ヴィザを記入し、丸い館印と四角い領事印を捺して署名している。しかし一日に数十通しか発給できない。発給の知らせを聞いた多数の難民が領事館の周りに集まってくる。これでは到底難民の要望に応えられないのは明白だった。そこで発給書類の作成を簡略化し、手数料も受け取らず手書きに代えてスタンプを用意して、スピードアップを図った。8月末まで領事館で発給業務を続けている。その後カウナス市内のホテルに移り、9月5日に家族とともにベルリン行きの列車に乗るまで、彼は発給を止めなかった。

当時の通過ヴィザは、安全通行証に記載された妻や子供にも有効だった。一人一通では発給に時間がかかるため、難民側もにわかに婚姻関係や親子関係を証明する書類を偽造した。すなわち一人の男性が仮の妻や子供と併せて安全通行証を発給してもらい、そこにヴィザを申請したというのだ。40年7月末から8月末までの間に双方の努力によって、在カウナス日本領事館から2000通を超えるヴィザが発給された。難民もしたたかである。スタンプを作成した際に密かに同じものを二つ作って一つを杉原に提供し、一つを隠し持ってヴィザ偽造に役立てたという。そのスタンプは難民だけでなく、ポーランド情報員のリトアニア出入国にも利用された。杉原は手元に残すべき発給書類の作成を省いてまでヴィザを発給したため、正確な発給通数を把握していない。

40年10月から41年春にかけて、多くのユダヤ人難民が通過ヴィザを持ってウラジオストク経由で敦賀に到着した。彼らの中には、最終目的地までの旅費どころか、日本での滞在経費もままならない者が含まれていた。慌てた外務省は、41年2月4日にプラハ勤務の杉原に向けて発給ヴィザの通数を確認する電報を打った。彼は2139通の通過ヴィザを発給し、その中に1500名ほどのユダヤ人が含まれると返電し、後にヴィザ・リストを送付してきた。実際のヴィザ発給数はその数字よりもかなり多いと推測される。くわえて偽の安全通行証や日本通過ヴィザが多数存在する。リトアニアでは二種類の偽造書類が出回っており、それを利用した難民も少なくなかった。一方で難民の中にポーランド情報員が紛れ込んでいるのを知ったソ連側は、内務人民委員部を使って検閲を強化した。多数の難民が書類偽造容疑で逮捕されている。また難民の中でも、もう少し我慢すれば状況が改善するのではないかと期待し、はるか遠い極東の未知の国への出立を躊躇する者も少なくなかった。残念ながら来日したユダヤ人難民の総数を確認することはできない。シベリア鉄道の旅行履歴や在日ポーランド大使館が作成した自国民の来日記録によれば、２２００〜２３００名ほどの難民が40年秋から41年夏までの間にリトアニアからシベリア経由で来日している。「命のヴィザ」で救われたユダヤ人の総数が約６０００名というのは過大な数字であろう。

ウラジオストクから福井県の敦賀に着いたユダヤ人難民の多くは、神戸ユダヤ人協会の助けもあり神戸に住みついた。彼らの中でアメリカやカナダなどの入国ヴィザを有している者は、神戸や横浜から目的国へ渡航していった。ただしキュラソー島に行ったユダヤ人は一人もいない。41年7月に日本がフランス領インドシナ南部に進駐したことをきっかけに、日米関係が悪化した。太平洋航路の往来も休止されて連合国への渡航ができなくなると、日本政府は治安・国防上の理由から彼らを日本軍支配下の上海に移送した。上海のユダヤ人難民は、日本軍によって居住や移動が制限され、過酷な状況下で戦時中を過ごした。戦後、アメリカ・カナダ・オーストラリア・南米諸国・パレスチナなどに定住先を見つけ、旅立って行った。

日本通過ヴィザ発給のもう一つの条件である旅費に注目してみたい。難民の多くは貧しい神学生であり、高額なシベリア鉄道のチケットを自ら外貨で購入できるはずはなかった。自力では欧州脱出は不可能だった。ジョイント（米国ユダヤ人合同配分委員会）は、ホロコーストで苦しむユダヤ人難民を救出するため、41年12月までヨーロッパ各地に係官を派遣して救援資金を送っていた。リトアニア派遣員のモーゼス・ベッケルマンが、ニューヨークのジョイント本部と交渉して、難民たちの旅費を工面している。彼は41年2月にリトアニアを離れ、杉原の発給したヴィザで来日し、多くの難民と共に上海に向かった。アメリカ在住のユダヤ人たちが数十万ドル（今日の数百万ドル）の寄付金を拠出したことなしに、リトアニアからのユダヤ人難民の救出を語ることはできない。

杉原はカウナスからベルリンに戻った後、プラハ、ケーニヒスベルグ、ブカレストの日本在外公館勤務を続け、ルーマニアで終戦をむかえた。ブカレスト郊外のソ連捕虜収容所に入れられて47年4月に帰国した。同年6月に人員整理という名目で外務省からの退職を強いられたが、リトアニアで本省の命令を無視してヴィザを発給したという理由かどうかは判然としない。また彼が40年8月に自らのポストを懸けてヴィザを発給したかどうかも不明である。とはいえ領事館を閉鎖しなければならないという緊急事態に直面して、領事としての裁量権を最大限に生かして、窮地に陥ったユダヤ人に通過ヴィザを発給した姿勢は、人道主義の見地から高く評価できよう。ところがヴィザ発給時には想定外の事態が翌年夏に生じた。41年6月に独ソ戦が勃発して独占領下のリトアニアでユダヤ人の大半は殺された。杉原の善意は2千数百名のユダヤ人をスターリンからだけでなく、結果としてホロコーストからも救った。

杉原は外務省退職後、家族の生活を支えるためにさまざまな職業に就いた。60年にロシア語の能力を生かして、日本とソ連の貿易事業を行う川上貿易（現、パーカー川上株式会社）のモスクワ事務所長に就任した。以後も、蝶理や国際交易といった貿易会社のモスクワ支店長を務め、78年まで仕事を続けた。86年に永眠している。

杉原の業績を称えようという動きは、「命のヴィザ」によって救われたユダヤ人たちによって始められた。彼らの尽力によって85年にイスラエル政府から「有徳の人」が授与され、ヤド・ヴァシェーム（世界ホロコースト追悼センター）に杉原の木が植樹された。彼を顕彰するため、生誕の地八百津町に人道の丘公園と杉原千畝記念館が、ユダヤ人が通過ヴィザを持って到着した福井県敦賀市に人道の港敦賀ムゼウムが、名古屋には出身校の瑞陵高校前に杉原千畝広場が設立された。リトアニアとポーランドにも顕彰碑が建立されている。２０００年、外務省外交史料館に顕彰プレートが設置された。

４ 本書の論点

著者がもっとも言いたいのは、リトアニアの視点から杉原千畝の「命のヴィザ」の物語を再検討してほしい、という点である。ユダヤ人に日本の通過ヴィザを発給したのは人道的な理由だと、杉原と妻の幸子は主張している。ナチスによるホロコーストの脅威に直面したユダヤ人難民は、どうにかしてリトアニアから逃げ出したい、ヴィザを発給して欲しいと杉原に嘆願した。それを座視できない彼は、外務省の無慈悲な命令に逆らって発給を決断した、と述懐している。

１９４０年夏までのリトアニアは第二次世界大戦の局外に立つ中立国であり、ドイツの支配下には置かれていない。もちろんユダヤ人に対するホロコーストなど皆無だった。39年9月から40年夏までにポーランドから逃れてきたユダヤ人難民の85％は、ソ連支配下の東ポーランドから来ている。共産主義の支配下に置かれて思想・宗教弾圧にさらされたとはいえ、ホロコーストの危険はなかった。残りの15％は、ドイツ支配下の西ポーランドから逃れてきた。すでに同地においてはホロコーストが始まっていた。ただし、たとえば劣悪なワルシャワ・ゲットー（ユダヤ人地区）に、市内在住のユダヤ人が強制移住させられたのは40年10月以降である。42年になってから絶滅収容所でユダヤ人大量殺戮が始まった。40年夏までの西ポーランドでも、命の危険にさらされるほどひどいユダヤ人虐待は多くない。命からがら西ポーランドからリトアニアに逃れて来る状況ではなかった。さらにリトアニアでユダヤ人大虐殺が始まるのは、独ソ戦開始直後の41年6月末にドイツに占領された後である。杉原が11カ月後に起きるリトアニアでの惨劇を予見できたはずはなかろう。杉原がユダヤ人難民を救った動機はホロコーストではなかった。最晩年の杉原は40数年前の記憶が薄れてしまい、当時の状況を正確に思い出せなかったのだろう。それを転記した妻の回顧録から思わぬ勘違いが流布されてしまった。

なぜユダヤ人難民は、ホロコーストが起きていないリトアニアから逃れなければならなかったのか。リトアニア政府は衣食住だけでなく医療や子供の教育まで用意して、難民を迎え入れた。満足できるほどの境遇ではなくても、逃避するほどひどい環境ではない。理由は違うところにあった。40年6月15日にソ連軍がリトアニアを占領し、7月半ばに同国で共産主義政権が樹立された。8月3日には実質上ソ連邦に併合された。市民は言論・集会・結社・信教の自由を奪われ、たえず公安警察の監視下に置かれる。違反すればシベリアに送られて何年も強制労働に服さなければならない。敬虔なユダヤ神学生たちは、恐怖政治を理由として東ポーランドから避難してきた。その避難先がまたもや共産化され、ユダヤ教の礼拝が禁止されてしまう。そのような国に引き続き滞在することなどできるはずがなかろう。どうにかして他の国に亡命したい。ホロコーストではなくスターリンの恐怖政治から逃れる手段として、彼らは杉原に日本通過ヴィザの発給を求めたのだった。杉原はユダヤ人をスターリンから救った。

本書の中で筆者がもっとも精力を傾けた部分が第1章のエヴィアン会議である。38年3月のドイツによるオーストリア併合以降、同国のユダヤ人の多くが国外に逃れようと亡命先を探した。悲惨な彼らを窮地から救いたいという声も世界中に広まった。だがどこの国も不況にあえいでおり、手間や経費がかかる難民を受け入れたくない。その困難な問題を解決するため、フランス南東部のレマン湖南岸にある国際的な保養地エヴィアンで、同年7月に欧米や中南米など32カ国が集まって難民会議を開いた。呼びかけ人は、数百万人のユダヤ人を抱える米国のフランクリン・ローズベルト大統領である。だが彼は自国の政府高官ではなく、USスチール会長だったマイロン・テイラーを米国代表として派遣した。エヴィアン会議の議長ともなったテイラーは、最初から自国での難民受け入れに及び腰だった。大恐慌の影響で国内に大量の失業者を抱えるアメリカが、難民の受け入れに慎重だった表れである。どの国も難民を受け入れられないという結論が導き出されたのは言うまでもない。筆者は、その会議でユダヤ人の受け入れを決めていれば、ホロコーストの被害も少なくなったに違いないと主張する。リトアニアに難民があふれることもなく、杉原がカウナスでヴィザを発給しなくて済んだかもしれない。ホロコーストの原因を究明する際に、ナチスだけにすべての責任を負わせるのでは不十分だ。世界が全体として人道主義を徹底させて、難民などの社会的弱者を積極的に支援しなければ、彼らを救済できなかったと強調している。

第三の論点は、リトアニアの難民に対する貢献である。できればリトアニア政府も他の諸国と同様に難民を受け入れたくなかった。だがヴィルニュス地方が思いがけずソ連から返還され、同地に流れ込んできた大量の難民を自国内で抱え込むことになる。それ以外の難民も国境で追い返すなどできない。対応を迫られたリトアニア政府は、第2章と第4章で記されたように受け入れ準備を余儀なくされた。同国の気候は冷涼であり、10月ともなれば東京の冬と変わらない。11月には雪が降り、クリスマスには零下20度まで下がる。テントなどの簡易施設では冬を越せない。数万人分の暖房設備の整った住居を用意しなければならなかった。それだけではなく、冬用の衣服、飢えさせないだけの食事、病気の際の医療、子供たち向けの教育施設も整備する必要に迫られた。だが小国には、それをまかなう十分な資金を手当てできない。そこで国際赤十字や各国のユダヤ機関による資金援助に頼った。さらに難民にパスポートの代わりとなる安全通行証を発給して、第三国への亡命を支援する。ユダヤ人難民に西側への逃走路が閉ざされていたため、パレスチナや極東に向かうためソ連領を通過する許可をソ連政府に承認させた。リトアニアの難民に対する貢献なしに、杉原の「命のヴィザ」の物語は成り立たなかった。母国を愛する著者は、リトアニア政府の難民支援の実態を、ぜひとも日本人に知ってもらいたいと願っている。

第四の論点は、第5章のリトアニアに抑留されたポーランド軍兵士の処遇である。1899年に締結され1907年に改定されたハーグ陸戦条約では、捕虜となった敵軍兵士に人道的な待遇を与えるよう、詳細に規定されていた。だが独ソの攻撃を避けて中立国リトアニアに逃れて来たポーランド軍兵士は、戦時国際法上は捕虜ではなく難民という範疇だった。とはいうものの1万5000人もが重武装して来たため、捕虜のように武装解除が必要となった。捕虜規定では士官と兵卒では別の建物に収容するなど、待遇を変えることが義務づけられている。到底内務省では扱えない。国防省が捕虜に準じる抑留者として対応することになった。捕虜ならば敗れたポーランド側から後に捕虜経費の支払いを受けられる規定だが、支払うべき当事国がロンドンの亡命政権ではリトアニアに経費を弁済する能力がない。いつまでもリトアニア国内に抑留しておくことはできなかった。39年11月にソ連へ、40年春にドイツへ抑留者は引き渡された。ソ連に引き渡された士官は、40年4月のカティンの森事件で殺害されている。ドイツの捕虜収容所も国際法に反して待遇が劣悪で、多くの捕虜が不帰の客となった。ただしリトアニア側は、引き渡し前に抑留者の多くを難民の身分に戻して収容所から解放している。リトアニアは相当数のポーランド抑留者の命も救った。

本書の問題点も指摘しなければならない。この解題のはじめに書いたとおり、筆者は日本人向けに本書を書いたわけではない。リトアニア語で最新の研究を取り入れた学術書として執筆している。ところが日本では難解な研究書をリトアニア語から日本語に訳せる人物を見つけられなかった。そのため英訳というクッションをおいて和訳している。意味が十分につかめていない箇所が相当あり、和訳の信頼性が問われるところも散見される。今日ネットを介して無料・時間無制限でリトアニアとテレビ会議ができるようになり、著者の真意を知り、不明な箇所を問い合わせることが容易になった。とはいえリトアニア人向けの研究書であるため、著者にとって当然の記述数十か所が日本人には理解不能である。できるかぎり訳注で対応したが、きわめて読み難くなってしまった。もう少し外国人にもわかるように書いて欲しいと考えるのは私だけではなかろう。解題では第二次世界大戦初期のリトアニア史、およびポーランドをめぐる独ソ関係などを付け加えている。

第6章でリトアニアにおける杉原千畝に言及しているが、ユダヤ人難民への「命のヴィザ」発給の物語にあまり触れられていない。日本人はそれが知りたいのだ。もちろん私は来日中の著者にもっと書いて欲しいと訴えた。だが彼は、リトアニア外務省に原稿の提出を急がされて加筆を断念した、という言い訳を悲しそうに語った。私は著者になり代わって、そのストーリーを解題に書き加えた。著者と私の「命のヴィザ」に関する解釈はほとんど一致している。

著者は、1939年9月から40年8月までの約11カ月の間、リトアニアに流入した難民や抑留者について詳細に描きあげた。歴史学者としてリトアニアだけでなくポーランドの文書館も訪れて、リトアニア語・ポーランド語・ロシア語の一次史料を丹念に読み解いて執筆した姿勢が抜きん出ている。ホコリをかぶったかび臭いファイルの山の中で格闘し、容易に判読できない手書きの文書の価値を見出すという堅実な研究手法は、リトアニアでも高く評価されてきた。今日のリトアニアでは英語による教育が全盛でロシア語はめったに使われないが、筆者が高校でロシア語を習った最後の世代だったことも幸いした。語学能力の問題もあり、日本人研究者が同じスタイルで研究するなど不可能に近い。本書を和訳した意義はそこにある。杉原千畝の救出劇についての通説を疑い、リトアニアでユダヤ人難民になにが起こったかを理解するためにも、本書は必読の書である。

（いなば　ちはる／名城大学教授）

《主要参考文献》
杉原幸子『新版　六千人の命のビザ』（大正出版、1993年）
イリヤ・アルトマン「ロシアおよび海外公文書館における『正義の人』杉原千畝に関する新たな文書の発見――

国際協力の経験と展望」『Asia Japan journal（国士舘大学アジア・日本研究センター）』第11巻（２０１５年）61～68頁
エイディンタス、ブンブラウスカス、クラカウスカス、タモシャイティス『リトアニアの歴史』梶さやか、重松尚訳（明石書店、２０１８年）
エヴァ・パワシュ＝ルトコフスカ、アンジェイ・タデウシュ・ロメル『日本・ポーランド関係史』柴理子訳、増補改訂（彩流社、２０２０年）
櫻井映子編著『リトアニアを知るための60章』（明石書店、２０２０年）
愛知県教育委員会編『杉原千畝と20世紀の日本・世界・愛知』稲葉千晴監修（浜島書店、２０２０年）
稲葉千晴『ヤド・ヴァシェームの丘に――ホロコーストからユダヤ人を救った人々』（成文社、２０２０年）
Yehuda Bauer, American Jewry and the Holocaust: The American Jewish Joint Distribution Committee, (Detroit: Wayne State UP, 1981).
Flight and Rescue, ed. US Holocaust Memorial Museum, (Washington D.C.: USHMM Council, 2001).
Casablanca of the North: Refugees and Rescuers in Kaunas 1939-1940, ed. Vytautas Magnus University, (Kaunas: Sugihara Diplomats for Life Foundation, 2017).

(323) Levine (1996), p. 193

(324) Tomaszewski P. (2001). *Wileńszczyzna lat wojny i okupacji 1939 -1945*. Warszawa, p. 126

(325) Levine (1996), p. 193.

(326) Zwartendijk J. (1998). "J. Zwartendijk: His Activities as Dutch Consul in Lithuania, 1940". Tuscon. From the archive of the Sugihara "Diplomats for Life" foundation, p.327. Levin, D. (1995). *The Lesser of Two Evils. Eastern European Jewry Under Soviet Rule, 1939-1941*. Philadelphia, Jerusalem: Jewish Publication Society, pp. 205-206.

(328) Ibid., p. 206

(329) Альтман, И. (2014). Чиуне Сугихара и разрешение СССР на транзит в Японию еврейских беженцев. *В отблеске «Хрустальной ночи»: еврейская община Кёнигсберга, преследование и спасение евреев Европы*. Москва-Калининград, p. 201.

(330) "A letter to His Excellency Y. Matsuoka Minister of Foreign Affairs of Japan 1940 December 27". Miscellaneous documents relating to problems of ethnic groups/ Problem of Jews: Vol. 11/Division1 B04013209400. www.jacar.archives.go.jp

(331) Ibid., p. 204

(332) "The letter to Minister of Foreign Affairs by the president of The Jewish community of Kobe A. G. Ponevejski 1941 February 9". Miscellaneous documents relating to problems of ethnic groups/ Problem of Jews: Vol. 11/Division-1 B04013209400. www.jacar.archives.go.jp

(333) "1940 vasario 7 d. Vaslstybės Saugumo Departamento žinių suvestinė", LCVA, fond 378, folder 10, file 680, p. 376

(334) "1940 balandžio 6 d. J.Urbšio raštas pasiuntinybei Londone". LCVA fond 383, folder 7, file 2235, p. 9

(335) JACAR: Ref.B04013208800、『民族問題関係雑件／猶太人問題』第十巻（I-4-6-0-1_2_010）（外務省外交史料館）

военнопленных польских военнослужащих и полицейских, интернированных в Литве. *Deportacje obywateli polskich z Zachodniej Ukrainy i Zachodniej Białorusi w 1940 roku*. Warszawa: Instytut Pamięci Narodowej, 2003, p. 646

(296) Surgailis G. (2005). *Antrojo pasaulinio karo pabėgėliai ir internuotieji Lenkijos kariai Lietuvoje (1939 09-1940)*. Vilnius: Generolo Jono Žemaičio Lietuvos karo akademija, p. 256

(297) „Žmonės be Tėvynės". Lietuvos žinios, 1939/09/23

(298) Ibid.

(299) Ibid.

(300) „Apie internuotuosius ir pabėgėlius". Lietuvos Aidas, 1939/10/26

(301) „Internuotųjų atžvilgiu". Lietuvos Aidas, 1939/09/23

(302) „Tautinės mažumos". Lietuvos žinios, 1939/11/25.

(303) „Vilniuje susekta priešvalstybinė organizacija". Lietuvos ūkininkas, 1939/10/11

(304) „Kreivai suprasta tolerancija ir piktas jos išnaudojimas". Lietuvos Aidas, 1939/11/11

(305) „Dvidešimt antrąją laisvės sukaktį atšventus". Kardas, 5, 1940

(306) „Pirmomis atgautojo Vilniaus dienomis." Mūsų jaunimas, 24, 1939

(307) Ibid.

(308) „Apie internuotuosius". Lietuvos ūkininkas, 1939/09/28

(309) Levine H. (1996). *In Search of Sugihara: The Elusive Japanese Diplomat who Risked His Life to Rescue 10,000 Jews from the Holocaust*. New York: Free Press, p. 123［ヒレル・レヴィン『千畝——一万人の命を救った外交官杉原千畝の謎』諏訪 澄・篠 輝久訳（清水書院、1998年）］。

(310) Levine (1996), p.132; Tomaszewski P. (2001). *Wileńszczyzna lat wojny i okupacji 1939 - 1945*. Warszawa, p. 123

(311) Levine (1996), p.132; Tomaszewski (2001), p. 123

(312) Roman W.K. (2004). *W obozach i w konspiracji. Działalność niepodległościowa żołnierzy polskich na Litwie i Wilenczyźnie, wrziesień 1939 r. - czierwiec 1941 r.* Toruń, p. 261

(313) Roman (2004), p.262.

(314) Roman (2004), p.262.

(315) Levine (1996), p.132.

(316) Levine (1996), p.133.

(317) McKay C. G. (1993). From Information to Intrigue: Studies in Secret Service, Based on the Swedish Experience 1939-45. London: Routledge, p. 142.［C. G. マッケイ『情報から陰謀へ——1939-45年のスウェーデン諜報部の経験に基づくシークレット・サーヴィスの研究』］

(318) Levine (1996), p.1187.

(319) McKay (1993), p.145.

(320) Roman (2002), p. 44.

(321) McKay (1993), p.142.

(322) "1939 lapkričio 28 d. P. Žilionio pro memoria". LCVA, fond 383, folder 7, file 2243, p. 28

(276) "1939 lapkričio 07 d. Internuotųjų stovyklų viršininko raštas Valstybės saugumo Departamento direktoriui". LCVA, fond 300, folder 1, file 8, p. 61

(277) "1939 gruodžio 31 d. Kulautuvos internuotųjų stovyklos komendanto raportas internuotųjų stovyklų viršininkui". LCVA, fond 300, folder 1, file 7, p. 281

(278) "1939 lapkričio 8 d. Ukmergės apskrities viršininko įsakymas", LCVA, fond 300, folder 1, file 8, p. 293

(279) Ibid., p. 316

(280) "1939 gruodžio 01 - 06 d. Internuotųjų stovyklos žinios", LCVA, fond 300, folder 1, file 25, p. 8486.

(281) "1940 gegužės 07 d. Internuotųjų stovyklų viršininko pavaduotojo pulk. Talevičiaus raportas kariuomenės tiekimo viršininkui", LCVA, fond 300, folder 1, file 7, p. 27

(282) "1940 balandžio 09 d. 4 - tos internuotųjų stovyklos komendanto raportas", LCVA, fond 300, folder 1, file 7, p. 94

(283) "1940 balandžio 30 d. Pro memoria Internuotųjų reikalu", LVCA, fond 383, folder 7, file 2275, p. 4.

(284) "1940 balandžio 11 d. Laikinai paleidžiamo iš Suvalkų Kalvarijos internuotųjų stovyklos por. Westwalewiecz pasižadėjimas". LCVA, fond 300, folder 1, file 11, p. 79

(285) "1940 liepos 26 d. Internuotųjų stovyklų štabo raportas kariuomenės tiekimo viršininkui", LCVA, fond 300, folder 1, file 7, p. 20

(286) "1940 gegužės 29 d. Politikos departamento direktoriaus laiškas pasiuntiniui Vašingtone p. Žadeikiui", LCVA, fond 383, folder 7, file 2164, p. 56

(287) "1940 birželio 27 d. V.Krėvės-Mickevičiaus pro memoria", LCVA, fond 383, folder 7, file 2235, p. 3

(288) "1940 birželio 24 d. Internuotųjų stovyklų štabo viršininko įsakymas", LCVA, fond 300, folder 1, file 7, p. 31

(289) "1940 liepos 09 d. 6 - os internuotųjų stovyklos viršininko raštas Ukmergės apskrities viršininkui", LCVA, fond 300, folder 1, file 7, p. 24

(290) "1940 rugpjūčio 29 d. Internuotųjų stovyklų štabo susirašinėjimas apie internuotuosius", LCVA, fond 300, folder 1, file 7, p. 1

(291) "1940 liepos 17 d. Internuotųjų stovyklų viršininko įsakymas". LCVA, fond 300, folder 1, file 30, p. 32

(292) Materski W. (1995). „Jeńcy nie wypowiedzianej wojny sierpień 1939 - marzec 1940". *Katyń: Dokumenty zbrodni*, vol. 1. Warszawa: NDAP, p. 244

(293) Ibid.

(294) Materski W. (1995). „1940 styczeń 4, Moskwa. – Informacja zastępcy szefa Zarządu JW lejtnanta bezpieczeństwa państwowego I. Chochłowa o stanie kadrowym jeńców wojennych internowanych z Litwy, przybyłych do obozu Juchnowskiego". *Katyń: Dokumenty zbrodni*, vol. 1. Warszawa: NDAP, p. 357

(295) 6 июля 1940 г. Москва. Приказ НКВД СССР Но. 00806 о перевозке в лагеря для

(254) Żaroń P. (2001). *Agresja Związku Radzieckiego na Polskę 17 września 1939 r. Los jeńców polskich*. Toruń: Adam Marszałek, p. 315
(255) Mitkiewicz L. (2002). *Kauno atsiminimai (1938 - 1939)*. Vilnius: Baltos Lankos, p. 292
(256) "1940 gegužės 22 d. Internuotųjų stovyklų štabo aplinkraštis Nr. 1". LCVA, fond 300, folder 1, file 7, p. 47-48
(257) Ibid.
(258) "1940 kovo mėn. Internuotųjų lenkų susirašinėjimo duomenys". LCVA, fond 300, folder 1, file 14, p. 3
(259) "1940 sausio 29 - vasario 04 d. Internuotųjų lenkų susirašinėjimo duomenys". Ibid., p. 8
(260) "1940 vasario 19 – vasario 25 d. Internuotųjų lenkų susirašinėjimo duomenys", LCVA, fond 300, folder 1, file 14, p. 8 14, p. 3 file 14, p. 5
(261) Ibid., p. 8
(262) "1939 spalio 10 d. L. e.p. internuotųjų stovyklų viršininko pavaduotojo raportas Kariuomenės tiekimo viršininkui". LCVA, fond 300, folder 1, file 6, p. 161
(263) "1939 spalio 10 d. P. e.p. internuotųjų stovyklų viršininko padėjėjo raštas Kariuomenės štabo III skyriaus viršininkui". LCVA, fond 300, folder 1, file 6, p. 168
(264) "1939 spalio 25 d. Kariuomenės tiekimo viršininko raštas internuotųjų stovyklų viršininkui". LCVA, fond 300, folder 1, file 6, p. 221
(265) Ibid.
(266) "1939 lapkričio 19 d. Valstybės saugumo Departamento suvestinė". LCVA, fond 378, folder 10, file 691, p. 45
(267) "1939 rugsėjo 30 d. Internuotųjų stovyklų štabo viršininko pulk. ltn. Šurkaus raštas Palangos internuotųjų stovyklos komendantui". LCVA, fond 300, folder 1, file 6, p. 15
(268) "1939 spalio 7 d. Kretingos apskrities valdybos pirmininko raštas Krašto apsaugos ministrui". LCVA, fond 300, folder 1, file 6, p. 128
(269) "1939 spalio 07 d. Raštas internuotųjų stovyklos Palangoje komendantui", LCVA, fond 300, folder 1, file 6, p. 102
(270) "1940 sausio 15 d. Kulautuvos internuotųjų stovyklos komendanto raportas Internuotųjų stovyklų viršininkui". LCVA, fond 300, folder 1, file 7, p. 249
(271) "1940 balandžio 10 d. Kulautuvos internuotųjų stovyklos komendanto raportas Internuotųjų stovyklų viršininkui". LCVA, fond 300, folder 1, file 7, p. 262
(272) "1939 spalio 04 d. Internuotųjų stovyklų štabo raštas Kauno apskrities viršininkui". LCVA, fond 300, folder 1, file 6, p. 47
(273) "1940 balandžio 25 d. Internuotųjų stovyklų viršininko įsakymas Nr. 33". LCVA, fond 300, folder 1, file 30, p. 3-4
(274) "1940 vasario 29 d. P. Gaučio Pro memoria". LCVA, fond 383, folder 7, file 2291, p. 32
(275) "1939 lapkričio 04 d. Valstybės saugumo departamento p. e.p. Direktoriaus pavaduotojo FOND Bortkevičiaus raštas Internuotųjų stovyklų viršininkui". LCVA, fond 300, folder 1, file 8, p. 30

fond 383, folder 7, file 2164, p. 181

(234) "1939 m. spalio mėn. Internuotųjų stovyklų štabo raportas Kariuomenės tiekimo viršininkui". LCVA, fond 300, folder 1, file 66, p. 207

(235) "1940 m. birželio mėn. Suvalkų Kalvarijos internuotųjų stovyklos ligotumas ir mirtingumas". LCVA, fond 1413, folder 1, file 21, p. 14-38

(236) Surgailis G. (2005). *Antrojo pasaulinio karo pabėgėliai ir internuotieji Lenkijos kariai Lietuvoje (1939 09-1940)*. Vilnius: Generolo Jono Žemaičio Lietuvos karo akademija, p. 205

(237) "1939 m. spalio mėn. Internuotųjų stovyklų štabo raportas kariuomenės tiekimo viršininkui", LCVA, fond 300, folder 1, file 6, p. 207

(238) Bogusławski A. (2001). *W znak Pogoni. Internowanie Polaków na Litwie IX 1939-VII 1940*, Toruń: Adam Marszałek, p. 114

(239) "1939 m. spalio 12 d. Internuotųjų stovyklų štabo viršininko raštas Birštono internuotųjų stovyklos komendantui". LCVA, fond 300, folder 1, file 6, p. 196

(240) Bogusławski (2001), p. 119

(241) "1939 m. gruodžio 01 d. Internuotųjų stovyklos žinios", LCVA, fond 300, folder 1, file 25, p. 88

(242) "1939 m. lapkričio 20 d. dr. G. Portnovo skundas internuotųjų stovyklų viršininkui". LCVA, fond 1416, folder 1, file 17, p. 8

(243) "1939 m. spalio 09 d. Kulautuvos kriminalinės policijos pranešimo protokolas". Ibid., p. 25

(244) "1940 m. vasario 29 d. Šerienės B. pareiškimas Kulautuvos internuotų stovyklos komendantui". Ibid., p. 48

(245) "1939 gruodžio 02 d. Kauno komendantūros raportas 4–os Kulautuvos internuotųjų stovyklos komendantui". Ten pat. p. 45

(246) "1939 lapkričio 02 d. Internuotųjų stovyklų štabo viršininko raštas", LCVA, fond 300, folder 1, file 8, p. 8

(247) "1939 gruodžio 01 d. Kulautuvos kurorto direktoriaus raštas Vidaus reikalų ministrui", LCVA, fond 300, folder 1, file 8, p. 680

(248) "1940 vasario 19 d. 4–os internuotųjų stovyklos komendanto raportas", LCVA, fond 300, folder 1, file 7, p. 188

(249) "1939 spalio 03 d. Kuršėnų internuotųjų stovyklos komendanto raportas Internuotųjų stovyklų viršininkui". LCVA, fond 300, folder 1, file 6, p. 68

(250) "1939 spalio 05 d. Alytaus internuotųjų stovyklos komendanto raportas Internuotųjų stovyklų viršininkui". LCVA, fond 300, folder 1, file 6, p. 132

(251) "1939 spalio 14 d. Internuotųjų stovyklų viršininko raštas Kauno komendantui". LCVA, fond 300, folder 1, file 6, p. 219

(252) "1939 spalio 06 d. Ukmergės apskrities viršininko raportas Internuotųjų stovyklų viršininkui". LCVA, fond 300. folder 1. file 7. p. 97

(253) "1939 spalio 30 d. Internuotųjų stovyklų viršininko raštas Kariuomenės štabo viršininkui". LCVA, fond 300. folder 1. file 6. p. 404

(216) "1940 m. vasario 26 d. V-os internuotųjų stovyklų komendanto raportas Internuotųjų stovyklų štabo viršininkui". LCVA, fond 300, folder 1, file 7, p. 167
(217) "1939 m. spalio 14 d. II-os internuotųjų stovyklos komendanto raštas Internuotųjų stovyklų štabo viršininkui". LCVA, fond 300, folder 1, file 6, p. 272.
(218) Pięta J. (1997). *Polacy internowani na Litwie 1939-1940*, Warszawa, p. 503
(219) "1939 m. rugsėjo 16 d. Internuotiems ir jų turtui priimti ir laikyti taisyklės". LCVA, fond 1413, folder 1, file 4, p. 12.
(220) "1939 m. spalio 5 d. Raportas kariuomenės tiekimo viršininkui", LCVA, fond 300, folder 1, file 6, p. 69.
(221) "1939 m. spalio 12 d. Internuotųjų stovyklų štabo viršininko įsakymas Birštono internuotųjų stovyklos komendantui". LCVA, fond 300, folder 1, file 6, p. 194
(222) "1939 m. gruodžio 02 d. Internuotųjų lenkų karių sudėtis". LCVA, fond 300, folder 1, file 25, p. 1
(223) "1940 balandžio 22 d. Internuotųjų stovyklų viršininko įsakymas Nr. 32". LCVA, fond 300, folder 1, file 30, p. 2
(224) "1939 m. spalio 18 d. Kulautuvos internuotųjų stovyklos komendanto raportas Internuotųjų stovyklų viršininkui". LCVA, fond 300, folder 1, file 6, p. 257
(225) "1939 m. spalio 20 d. Internuotųjų stovyklų viršininko raštas Kulautuvos internuotųjų stovyklos komendantui". LCVA, fond 300, folder 1, file 6, p. 258
(226) "1939 m. spalio 14 d. Lietuvos ukrainiečių švietimo draugijos prašymas Internuotųjų stovyklų viršininkui". LCVA, fond 300, folder 1, file 6, p. 218
(227) "1939 m. spalio 04 d. Kauno komendantūros raštas internuotųjų stovyklų viršininkui". LCVA, fond 300, folder 1, file 6, p. 55
(228) "1939 m. spalio mėn. Internuotųjų stovyklų štabo raportas". LCVA, fond 300, folder 1, file 6, p. 207
(229) "1939 m. gruodžio 01 d. Internuotųjų stovyklų sudėties žinios". LCVA, fond 300, folder 1, file 25, p. 255
(230) Senn A.E. (2007). "Lithuania 1940: Revolution from Above". *On the Boundary of Two Worlds: Identity, Freedom, & Moral Imagination in the Baltics*, vol. 9. Rodopi: Amsterdam, p. 38
(231) Kasparavičius A. et. al. (2006) 1939 г. октября 28, Каунас. Соглашение между представителями командования Красной Армии и представителями Литовского правительства о размещении войсковых частей СССР на территории Литовской Республики. *СССР и Литва в годы Второй мировой войны. Т. 1: СССР и Литовская Республика (март 1939 - август 1940 гг.)*, Vilnius: Lietuvos istorijos instituto leidykla, p. 316-318
(232) "1940 m. kovo 09 d. Internuotųjų stovyklų štabo raštas Pašto Valdybos Pašto Tarnybai". LCVA, fond 300, folder 1, file 7, p. 172
(233) "1939 m. gruodžio 19 d. H. Rabinavičiaus raštas Užsienio reikalų ministerijai". LCVA,

Одессы до Стамбула по ставке Интуриста составляет 120 руб. с пассажира и 2.34 коп. за 10 кг. багажа. Обслуживание пассажиров от Вильно до Стамбула будет производиться Интуристом по особой таксе.» АВП РФ, ф. 0151, оп. 31, п.58, д.18, л.15

(195) "1940 m. vasario 24 d. Užsienio reikalų Ministerijos raštas P. Žadeikiui Lietuvos pasiuntiniui JAV". LCVA, fond 383, folder 7, file 2280, p. 70-74

(196) "1939 m. spalio 19 d. Dėl karo belaisvių". LCVA, fond 383, folder 7, file 2182, p. 279

(197) "1939 m. rugsėjo 07 d. Pažymėjimas I ir III pėstininkų divizijų vadams". LCVA, fond 929, folder 2, file 1081, p. 5.

(198) Ibid.

(199) "1939 m. rugsėjo 08 d. Pranešimai apie karo veiksmus". Lietuvos Aidas

(200) "1939 m. rugsėjo 17 d. Kariuomenės štabo II skyriaus slaptų žinių santrauka". LCVA, fond 929, folder 2, file 1073, p. 29

(201) "1939 m. rugsėjo18 d. Kariuomenės štabo II skyriaus slaptų žinių santrauka". LCVA, fond 929, folder 2, file 1073, p. 31

(202) "1939 m. rugsėjo19 d. Kariuomenės štabo II skyriaus slaptų žinių santrauka". LCVA, fond 929, folder 2, file 1073, p. 32

(203) Mackiewiczowa J. (1995). *Polacy na Litwie w latach II wojny światowej*. Bydgoszcz, p. 13.

(204) "1939 m. rugsėjo 18 d. Įsakymas kariuomenei Nr. 16". LCVA, fond 300, folder 1, file 1, p. 28

(205) "1939 m. rugsėjo 26 d. Įsakymas kariuomenei Nr. 17". LCVA, fond 300, folder 1, file 1, p. 27

(206) "1939 m. rugsėjo 18 d. Įsakymas kariuomenei Nr. 16". LCVA, fond 300, folder 1, file 1, p. 28

(207) "1939 m. rugsėjo 26 d. Įsakymas kariuomenei Nr. 17". LCVA, fond 300, folder 1, file 1, p. 27

(208) "1940 m. sausio 15 d. Divizijos generolo Z. Gerulaičio pažyma Užsienio reikalų ministerijai". LCVA, fond 383, folder 7, file 2164, p. 286

(209) Mackiewiczowa (1995), p. 14

(210) "1939 m. spalio 03 d. Kariuomenės štabo II skyriaus slaptų žinių santrauka". LCVA, fond 929, folder 2, file 1073, p. 50

(211) "1939 m. gruodžio 19 d. H.Rabinavičius raštas Užsienio reikalų ministerijai". LCVA, fond 383, folder 7, file 2164, p. 181

(212) Ibid., p. 182

(213) "1940 m. sausio 10 d. Išlaidų karo atbėgėliams suvestinė", LCVA, fond 300, folder 7, file 2164, p. 78

(214) „Maisto gaminių kainos Kauno turguose". *Rytinis Lietuvos Aidas*, 1939/12/09

(215) "1939 m. spalio 10 d. II-os internuotųjų stovyklų komendanto raportas Internuotųjų stovyklų štabo viršininkui". LCVA, fond 300, folder 1, file 6, p. 2.

разрешение этого вопроса. Н. заявил мне, что для их выезда имеются все необходимые визы и что вопрос остается нерешенным только относительно их транзита через СССР. Он сообщил, что при его встрече с т. Микояном он ставил этот вопрос, так как в его ведении, как Народного Комиссара внешней торговли, находится "Интурист", при помощи которого предполагается организовать проезд их через СССР, что т. Микоян дал на это свое согласие». АВП РФ, ф. 0151, оп. 31, п. 57, д. 4, л. 15

(193) Из докладной записки заместителя наркома иностранных дел СССР В. Г. Деканозова наркому иностранных дел СССР В. М. Молотову от 21 апреля 1940 г. «За последнее время вопрос о транзите евреев через СССР в Палестину возник вновь. Полпред СССР в Литве сообщил нам, что общее число евреев, желающих проехать транзитом через СССР, составит около 3-5 тыс. НКВД, с которым этот вопрос был вновь согласован, сообщил об отсутствии принципиальных возражении против транзита евреев через СССР. Кроме того, к полпреду СССР в Лондоне т. Майскому по этому вопросу недавно обратился верховный раввин Палестины, который просил со своей стороны оказать содействие в транзите слушателей еврейских духовных семинарий, находящихся сейчас в Виленской области. Верховный раввин заявил о готовности оплатить все расходы, связанные с проездом как слушателей семинарий, так и преподавательского состава, указав, что английское правительство поддерживает это дело. <....> Транзит через СССР может быть разрешен только лицам имеющим обходимые визы на въезд в Палестину. <....> Учитывая что НКВД в принципе не возражает против организаций транзита указанных евреев через СССР, что этот вопрос несколько раз ставился не только самими транзитчиками и "Интуристом", но и по инициативе иностранных правительств, и, наконец что при существующей ситуации транзит через СССР является не только кратчайшим, но и наиболее безопасным путем следования в Палестину, я полагал бы возможным разрешить "Интуристу" принять на себя организацию транзита евреев в Палестину через СССР, поручив ему непосредственно договориться с НКВД, НКПС, НКМор. Флота о технике органнзации всего этого дела.» АВП РФ, ф. 0151, оп. 31, п. 58, д. 18, л. л. 6-7

(194) Письмо заместителя наркома путей сообщения СССР С.Багаева заместителю наркома иностранных дел СССР В.Г.Деканозову от 2 июня 1940 г. «На ваше письмо от 26 V с.г. No 436 /ПБ сообщаю, что перевозку 5000 пассажиров из Вильно в Палестину НКПС может осуществить следующим образом: 1) Оформлять перевозку будет Каунасское Отделение Интуриста по маршруту Вильно - Гудогай - Молодечно - Орша - Одесса - Стамбул. 1) Перевозка будет приспособлена к рейсам пароходов, следующих от Одессы до Стамбула, и для данных пассажиров, НКПС выделит специально по 1-2 жестких вагона, которые по Орше будут прикреплены к поездам, следующим в Одессу. 2) Стоимость проезда одного пассажира от станции Гудогай до ст. Одесса гл. пасс. скорым поездом с плацкартой в жестком вагоне равна 82 рубл. Стоимость перевозки 10 кг. багажа - 6 р. 04 коп., а 10 кг. товаро - багажа - 7 р. 80 коп. Проезд пароходом от

działalności polskiego podziemia w LSRS i jego rozpracowaniu agenturalnym". Ibid., p. 554.

(172) "1939 m. spalio 10 d. A.Sinkevičiaus raportas policijos departamento direktoriui". LCVA, fond 737, folder 9, file 348, p. 10

(173) Surgailis G. (2005). *Antrojo pasaulinio karo pabėgėliai ir internuotieji Lenkijos kariai Lietuvoje (1939 09-1940)*. Vilnius: Generolo Jono Žemaičio Lietuvos karo akademija, p. 120

(174) "1939 m. lapkričio 13 d. Valkininkų srities viršininko pranešimas valstybės įgaliotiniui Vilniaus mieste ir srityje". LCVA, fond 383, folder 7, file 2279, p. 39

(175) "1939 m. lapkričio 12 d. Valkininkų srities viršininko pranešimas valstybės įgaliotiniui Vilniaus mieste ir srityje". LCVA, fond 383, folder 7, file 2279, p. 34

(176) *Flight and Rescue*. ed. US Holocaust Memorial Museum, Washington, 2000, p. 8

(177) Levin, D. (1995). *The Lesser of Two Evils. Eastern European Jewry Under Soviet Rule, 1939 - 1941*. Philadelphia, Jerusalem: Jewish Publication Society, p. 200

(178) Zuroff E. "Rescue via the far East: the attempt to save Polish rabbis and yeshivah students, 1939 - 1940". From the archive of the Sugihara "Diplomats for Life" foundation

(179) Ibid.

(180) Rozenblat J.S. (2000). «Иудаизм и Советская власть в Западных областях Беларуси (1939 - 1941 г.г.)». *Radziecka Agresja 17 września 1939 r. i jej skutki dla mieszkańców ziem północno – wschodnich II Rzeczypospolitej.* Białystok, p. 186

(181) Ibid., p. 188

(182) Flight and Rescue, p. 21

(183) "1940 m. sausio 22 d. Norkaičio V. pranešimas Karo atbėgėliams tvarkyti komisarui". LCVA, fond 757, folder 9, file 289, p. 20

(184) Ibid., p. 22

(185) Ibid., p. 42

(186) Surgailis G. (2005). *Antrojo pasaulinio karo pabėgėliai ir internuotieji Lenkijos kariai Lietuvoje (1939 09-1940)*. Vilnius: Generolo Jono Žemaičio Lietuvos karo akademija, p. 121

(187) "1940 balandžio 6 d. J. Urbšio raštas Lietuvos pasiuntinybei Londone". LCVA, fond 383, folder 7, file 2235, p. 9

(188) "1940 m. balandžio 26 d. Žydų pabėgėlių pravažiavimo pro Sovietus Palestinon reikalu". LCVA, fond 757, folder 9, file 348, p. 2

(189) Ibid., p. 5

(190) "1940 balandžio 6 d. J.Urbšio raštas Lietuvos pasiuntinybei Vašingtone". LCVA, fond 383, folder 7, file 2235, p. 10

(191) "1940 balandžio 6 d. E. Turausko pro memoria". LCVA, fond 383, folder 7, file 2235, p. 11

(192) Из записи беседы заместителя наркома иностранных дел СССР В. Г. Деканозова с литовским посланником Л. Наткевичиусом от 17 апреля 1940 г. «Далее Н. затронул вопрос о том, что в Литве сейчас имеется около 5 тыс. евреев - беженцев из Польши, которые, хотят транзитом через СССР выехать в Палестину. Он указал, что присутствие их в Литве является большим бременем для государства, и поэтому он просит ускорить

Pilietinis pasipriešinimas Lietuvoje ir Lenkijoje sąsajos ir ypatumai 1939 - 1956. Vilnius, p. 16

(153) Ibid., p. 18

(154) Ibid.

(155) "1939 m. sausio 27 d. Valstybės Saugumo Departamento suvestinė". LCVA, fond 378, folder 10, file 680, p. 321

(156) "1939 m. sausio 27 d. Valstybės Saugumo Departamento suvestinė". LCVA, fond 378, folder 10, file 680, p. 334

(157) "1940 vasario 07 d. Valstybės Saugumo Departamento suvestinė". LCVA, fond 378, folder 10, file 136, p. 376

(158) Ibid.

(159) Ibid.

(160) "1939 gruodžio 25 d. Valstybės Saugumo Departamento suvestinė". LCVA, fond 378, folder 10, file 691, p. 372

(161) *Справка 4 отдела 3 управления НКГБ СССР о результатах мероприятий против польского подполья в Литовской ССР. 12 апреля 1941 г.* Москва. *Polskie podziemie na terenach Zachodniej Ukrainy i Zachodniej Białorusi w latach 1939 - 1941*, Warszawa: Oficyna Wydawnicza RYTM, 2001, p. 65

(162) "1940 vasario mėnesio Valstybės saugumo departamento agentūrinės žinios". LCVA fond 378, folder 10, file 699, p. 232

(163) "1940 vasario 23 Valstybės saugumo departamento agentūrinės žinios". LCVA fond 378, folder 10, file 697, p. 229.

(164) "1940 vasario 28 Valstybės saugumo departamento agentūrinės žinios". Ibid. p. 282.

(165) "1939 m. gruodžio 30 d. Valstybės Saugumo Departamento biuletenis Nr. 508. Lenkų pabėgėliai šnipinėjimo darbe". LCVA, fond 300, folder 1, file 7, p. 277

(166) "1939 gruodžio 29 Valstybės saugumo departamento agentūrinės žinios". LCVA fond 378, folder 10, file 691, p. 492

(167) "27 marca 1941 r. Kowno. Meldunek specjalny nr. 1/725 NKGB LSRS dla W.Mierkulowa i P. Fiedotowa o polskich organizacjach podziemnych w m. Kownie i powiatach LSRS". *Polskie podziemie na terenach Zachodniej Ukrainy i Zachodniej Białorusi w latach 1939 - 1941*, Warszawa: Oficyna Wydawnicza RYTM, 2001, p. 532

(168) "Protokól przesłuchania aresztowanego Jentysa Zbygniewa s. Adama z dnia 26 marca 1941 roku". Ibid., p. 1231.

(169) "27 marca 1941 r. Kowno. Meldunek specjalny nr. 1/725 NKGB LSRS dla W.Mierkulowa i P. Fiedotowa o polskich organizacjach podziemnych w m. Kownie i powiatach LSRS". Ibid., p. 532

(170) "17 kwietnia 1941 r. (Kowno). Raport nr. 1/865 P. Gladkowa dla W.Merkulowa o rozbiciu ZWZ w LSRS". Ibid., p. 635

(171) "Po 27 marca 1941 r., Moskwa. Notatka 4 Oddziału 3 Zarządu NKGB ZSRS o

(128) Ibid.

(129) "1940 balandžio 02 d. Karo atbėgėlių reikalams komisijos posėdžio protokolas". LCVA, fond 383, folder 7, file 2280, p. 21

(130) Žepkaitė R. (1990). *Vilniaus istorijos atkarpa: 1939 m. spalio 27 d.-1940 m. birželio 15 d.* Vilnius: Mokslas, p. 50

(131) Roman W. K. (2004). *W obozach i w konspiracji: działalność niepodległościowa żołnierzy polskich na Litwie i Wilénszczyżnie, wrzesień 1939-czerwiec 1941 r.* Toruń: Wydawnictwo Adam Marszałek, p. 179

(132) "1940 m. sausio 22 d. Norkaičio V. pranešimas Karo atbėgėliams tvarkyti komisarui". LCVA, fond 757, folder 9, file 289, p. 1

(133) Ibid.

(134) Ibid., p. 17

(135) Ibid., p. 7

(136) Ibid., p. 2

(137) "1940 m. sausio 25 d. Karo atbėgėliams tvarkyti komisaro raštas Vidaus Reikalų ministrui". Ibid., p. 48

(138) Roman (2004), p. 180

(139) Tomaszewski P. (2001). *Wileńszczyzna lat wojny i okupacji 1939 - 1945*. Warszawa, p. 53

(140) Roman (2004), p. 181

(141) "1939 m. lapkričio 18 d. Politikos departamento direktoriaus raštas Ministrui Pirminkui", LCVA fond 923, folder 1, file 1082, p. 41.

(142) Žepkaitė R. (1990). *Vilniaus istorijos atkarpa: 1939 m. spalio 27 d.-1940 m. birželio 15 d.* Vilnius: Mokslas, p. 78

(143) "1939 gruodžio 9 Valstybės saugumo departamento agentūrinės žinios", LCVA, fond 378, folder 10, file 691, p. 157

(144) "1939 m. spalio 29 d. Valstybės saugumo Departamento suvestinė. Organizacija lenkų partizanų". LCVA, fond 378, folder 10, file 690, p. 26

(145) Bubnys A. (1995). *Armijos Krajovos ištakos ir ideologija Lietuvoje in Armija Krajova Lietuvoje*. Vilnius-Kaunas, p. 6

(146) "1939 m. spalio 19 d. Valstybės saugumo departamento agentūrinės žinios". Ibid., p. 55

(147) "1939 m. lapkričio 19 d. Valstybės saugumo departamento agentūrinės žinios". Ibid., p. 58.

(148) "1939 m. gruodžio 2 d. Valstybės saugumo departamento agentūrinės žinios". Ibid., p. 537.

(149) "1940 m. sausio 19 d. A.Vanago pranešimas Užsienio reikalų ministerijai". LCVA, fond 383, folder 7, file 2280, p. 101

(150) "1939 m. lapkričio 04 d. Žinios apie lenkų partizanus". LCVA, fond 378, folder 10, file 690, p. 74

(151) Strzembosz T. (2000). *Rzeczpospolita podziemna: społczeństwo polskie a państwo podziemnie 1939 - 1945*. Warszawa.

(152) Strzembosz T. (2004). *„Pogrindinė Lenkijos valstybė Vilnijoje 1939 - 1944 metais.*

(105) Ibid., p. 43
(106) Ibid., p. 45
(107) "1940 m. sausio 18 d. Bendras atbėgėlių skaičius visoje Lietuvoje 1939 gruodžio mėnesį". LCVA, fond 383, folder 7, file 2280, p. 12
(108) "1940 m. liepos 26 d. Karo atbėgėlių ir ateivių šelpimo reikalu". LCVA, fond 757, folder 9, file 6, p. 66
(109) "1940 m. kovo 30 d. Iždo priemokos karo atbėgėliams šelpti". LCVA, fond 383, folder 7, file 2164, p. 143
(110) "1940 m. liepos 26 d. Karo atbėgėlių ir ateivių šelpimo reikalu". LCVA, fond 757, folder 9, file 6, p. 68
(111) Ibid.
(112) Ibid.
(113) "1940 m. vasario 14 d. Raštas Politikos Departamento direktoriui nuo Karo atbėgėlių komisaro". LCVA, fond 383, folder 7, file 2278, p. 275
(114) "1940 m. vasario 17 d. Raštas Karo atbėgėlių komisarui nuo Politikos Departamento direktoriaus". LCVA, fond 383, folder 7, file 2278, p. 272
(115) "1939 m. spalio 25 d. J.Urbšio raštas Vidaus Reikalų ir Krašto apsaugos ministrams". LCVA, fond 383, folder 7, file 2182, p. 335
(116) "1939 m. spalio 26 d. Skučo atsakymas J.Urbšiui". LCVA, fond 383, folder 7, file 2182, p. 333
(117) "1939 m. lapkričio 18 d. Politikikos Departamento direktoriaus laiškas Užsienio Reikalų ministerijai". LCVA, fond 383, folder 7, file 2182, p. 296
(118) "1939 m. lapkričio 21 d. Tarpžinybinis raštas tarp Krašto Apsaugos ministerijos ir Užsienio Reikalų Ministerijos". LCVA, fond 383, folder 7, file 2182, p. 340
(119) "1940 m. kovo 29 d. Geručio pro memoria". LCVA, fond 383, folder 7, file 2164, p. 115
(120) "1939 m. gruodžio 27 d. J.Urbšio telegrama Lietuvos pasiuntinybei Stokholme". LCVA, fond 383, folder 7, file 2235, p. 46
(121) "1940 m. sausio 17 d. J. Urbšio pro memoria". LCVA, fond 383, folder 7, file 2235, p. 39
(122) "1939 m. lapkričio 28 d. P. Žilionio pro memoria". LCVA, fond 383, folder 7, file 2243, p. 28
(123) "1939 m. spalio 26 d. E.Turausko pro memoria". LCVA, fond 383, folder 7, file 2243, p. 53
(124) "1940 m. vasario 15 d. Lietuvos pasiuntinybės raštas Užsienio Reikalų ministerijai lenkų pabėgėlių klausimu". LCVA, fond 383, folder 7, file 2279, p. 31
(125) Ibid., p. 33
(126) "1940 m. vasario 08 d. Lietuvos pasiuntinybės Stokholme raštas Užsienio Reikalų ministerijai. Lenkų atbėgėlių reikalu". LCVA, fond 383, folder 7, file 2279, p. 36
(127) "1940 m. sausio 24 d. Lietuvos pasiuntinio ir įgaliotojo ministro Pietų Amerikai dr. Graužinio raštas Lietuvos Užsienio reikalų ministerijai". LCVA, fond 383, folder 7, file 2279, p. 43

atbėgėliams tvarkyti Komisaro įsakymas". *Vyriausybės žinios*, 694(5291), 1940/03/01

(81) "Karo atbėgėliams tvarkyti Komisaro įsakymas". *Vyriausybės žinios*, 694(5291), 1940/03/01; "Svetimšaliams gyventi įstatymui vykdyti taisyklės". *Vyriausybės žinios*, 416(2887), 1933/06/10

(82) "Karo atbėgėliams tvarkyti Komisaro įsakymas". *Vyriausybės žinios*, 697(5343), 1940/03/28

(83) "1939 gruodis. Paaiškinimas dėl Lietuvos pilietybės". LCVA, fond 300, folder 1, file 37, p. 227; "Pasų įstatų pakeitimas". *Vyriausybės žinios*, 679(5026), 1939/11/24; see Appendix 1

(84) "Konvencija dėl elgimosi su karo belaisviais". *Vyriausybės žinios*, 682(5066), 1939/12/14; "Ženevos Konvencija sužeistųjų ir ligonių būviui kariaujančiose kariuomenėse pagerinti". *Vyriausybės žinios*, 684(5086), 1939/12/21

(85) "1939 spalio 19 d. Dėl karo belaisvių". LCVA, fond 383, folder 7, file 2182, p. 279

(86) "Respublikos Prezidento aktas". *Vyriausybės žinios*, 660(4839), 1939/09/01

(87) Surgailis G. (2005). *Antrojo pasaulinio karo pabėgėliai ir internuotieji Lenkijos kariai Lietuvoje (1939 09-1940)*. Vilnius: Generolo Jono Žemaičio Lietuvos karo akademija, p. 19

(88) Ibid. p. 21

(89) "Karo atbėgėliams tvarkyti įstatymas". *Vyriausybės žinios*, 681(5043), 1939/12/09

(90) Ibid.

(91) "Karo atbėgėliams tvarkyti Komisaro įsakymas". *Vyriausybės žinios*, 688(5179), 1940/01/18

(92) "1940 m. balandžio 09 d. Vidaus Reikalų ministro raštas Ministrų Tarybos pirmininkui. LCVA, fond 757, folder 9, file 279, p. 185

(93) 1941 m. kovo 29 d. Raštas V.R.P. K. D.V. Milicijos valdybos vizų ir registracijos skyriui". LCVA, fond 757, folder 9, file 279, p. 47

(94) Karo atbėgėliams tvarkyti Komisaro įsakymas. *Vyriausybės žinios*, 688(5179), 1940/01/18

(95) "1940 m. kovo mėnuo. Pranešimas dėl Gentelmen's Agreement sudarymo". LCVA, fond 383, folder 7, file 2164, p. 9

(96) Žepkaitė R. (1990). *Vilniaus istorijos atkarpa: 1939 m. spalio 27 d.-1940 m. birželio 15 d.* Vilnius: Mokslas, p. 50

(97) Ibid., p. 51

(98) "1940 m. gegužės 15 d. Raudonojo Kryžiaus veiklos ataskaita". LCVA, fond 383, folder 7, file 2164, p. 10

(99) "1940 m. vasario 10 d. Lietuvos Raudonojo Kryžiaus veiklos ataskaita". LCVA, fond 383, folder 7, file 2164, p. 48

(100) Ibid., p. 49

(101) "1940 m. gegužės 28 d. Raudonojo Kryžiaus veiklos ataskaita". LCVA, fond 383, folder 7, file 2164, p. 17

(102) "1940 vasario 14 d. Karo atbėgėliams šelpti santvarkos taisyklės". LCVA, fond 383, folder 7, file 2164, pp. 42-45

(103) Ibid., p. 42

(104) Ibid., p. 43

(53) "Taylor Elected". The New York Times (July 10, 1938)

(54) Laffer (2011). p. 166

(55) Ibid., p. 174

(56) Streit, C. K. (1938). "Taylor Made Head of Refugee Parley. Australia Voices Coolness to Non-British Influx – Canada and Argentina Friendly". *The New York Times* (July 8)

(57) Ibid.

(58) Laffer (2011). p. 177.

(59) Streit, C. K. (1938). "Taylor Made Head of Refugee Parley. Australia Voces Coolness to Non-British Influx – Canada and Argentina Friendly". *The New York Times* (July 8)

(60) Laffer (2011). p. 189

(61) Ibid., p. 193

(62) Ibid., p. 199

(63) Ibid., p. 212

(64) "For Cuban Exclusion Act. Representative Offers Bill to Bar Emigrants From Many Nations". *The New York Times* (July 3, 1938)

(65) "Refugee Meeting Adopts Resolution. Commitee of 32 Created as a Permanent Organization – Next Parley in London". *The New York Times* (July 15, 1938)

(66) Ibid.

(67) "Rublee Is Sought For Refugee Post". The New York Times (July 16, 1938)

(68) An interview with David Kranzler. Retrieved from http://www.pbs.org/wgbh/sugihara/readings/kranzler.html

(69) Rimtas požiūris į blogas idėjas. Timothy Snyderį kalbina Simas Čelutka. [A serious view of bad ideas. Timothy Snyder interviewed by Simas Čelutka]. Retrieved from http://www.bernardinai.lt/straipsnis/2017-11-06-rimtas-poziuris-i-blogas-idejas-timothy-snyderikalbina-simas-celutka/165665

(70) Grigaravičiūtė S. (2013). "Lietuvos generalinis konsulatas Vilniuje (1939 m. rugsėjis–spalis)". *Lituanistica*. vol. 59, #3(93), p. 158–175

(71) "Svetimšaliams gyventi įstatymas". *Vyriausybės žinios*, 416 (2884), 1933/06/10

(72) "Karo atbėgėliams tvarkyti įstatymas". *Vyriausybės žinios*, 681(5043), 1939/12/09

(73) "Svetimšaliams gyventi įstatymas". *Vyriausybės žinios*, 416 (2884), 1933/06/10

(74) "Karo atbėgėliams tvarkyti įstatymas". *Vyriausybės žinios*, 681(5043), 1939/12/09

(75) "Svetimšaliams gyventi įstatymas". *Vyriausybės žinios*, 416 (2884), 1933/06/10; "Karo atbėgėliams tvarkyti Komisaro įsakymas". *Vyriausybės žinios*, 694(5291), 1940/03/01

(76) "Karo atbėgėliams tvarkyti įstatymas". *Vyriausybės žinios*, 681(5043), 1939/12/09

(77) "Svetimšaliams gyventi įstatymo pakeitimas". *Vyriausybės žinios*, 437(3045), 1934/02/08

(78) "Karo atbėgėliams tvarkyti Komisaro įsakymas". *Vyriausybės žinios*, 694(5291), 1940/03/01

(79) "Svetimšaliams gyventi įstatymas". *Vyriausybės žinios*, 416 (2884), 1933/06/10; "Karo atbėgėliams tvarkyti įstatymas". *Vyriausybės žinios*, 681(5043), 1939/12/09

(80) "Svetimšaliams gyventi įstatymas". *Vyriausybės žinios*, 416 (2884), 1933/06/10; "Karo

(21) Ibid.
(22) Moorhouse, R. (2014). *The Devils' Alliance: Hitler's Pact with Stalin 1939-1941*. New York: Random House, p. 82
(23) Laffer (2011). p. 105
(24) Ibid.
(25) "The ultimatum was the beginning, but also the end of such behavior". *Lietuvos Aidas* (March 21, 1938)
(26) Laffer (2011). p. 39
(27) Ibid., p. 46-47
(28) "Feng Shan Ho and the Rescue of Austrian Jews". Retrieved from http://isurvived.org/4Debates/Exhibit-RickshawORG/FengShanHo-bio-Eric.html
(29) An interview with David Kranzler. Retrieved from http://www.pbs.org/wgbh/sugihara/readings/kranzler.html
(30) Ibid.
(31) Laffer (2011). p. 62
(32) Ilf I., Petrov E. (2009). *The Little Golden Calf.* Russian Life Books, Montpelier.
(33) Laffer (2011). p. 66
(34) Ibid., p. 72
(35) Romain, G. (1999). "The Anschluss: The British Response to the Refugee Crisis". *The Journal of Holocaust Education*, 8(3), p. 89
(36) Ibid.
(37) Ibid, p. 81
(38) Ibid., p. 94
(39) Ibid.
(40) Ibid., p. 97
(41) Laffer (2011). p. 81
(42) Large, D.C. (2009). *And the World Closed Its Doors: One Family's Struggle to Escape the Holocaust*. Hachette UK. 2009, p. 47
(43) Ibid.
(44) Ibid., p. 48
(45) Ibid., p. 51
(46) Laffer (2011). p. 83
(47) Ibid, p. 101
(48) "Palestine Open Door Urged". *The New York Times* (July 11, 1938)
(49) Laffer (2011). p. 102
(50) "Taylor Elected". *The New York Times* (July 10, 1938)
(51) Streit, C. K. (1938). "Taylor Made Head of Refugee Parley. Australia Voices Coolness to Non-British Influx, Canada and Argentina Friendly". *The New York Times* (July 8)
(52) Laffer (2011). p. 160

◉原 注

(1) Eber, I. (2012) *Wartime Shanghai and the Jewish Refugees from Central Europe. Survival, Co-Existence, and Identity in a Multi-Ethnic City*. Berlin: De Gruyter, p. 90

(2) An interview with David Kranzler. Retrieved from http://www.pbs.org/wgbh/sugihara/readings/kranzler.html

(3) Arendt H. (1964). *Eichman in Jerusalem. A Report on the Banality of Evil*. New York: The Viking Press, p. 39〔H. アーレント『エルサレムのアイヒマン――悪の陳腐さについての報告【新版】』大久保和郎訳（みすず書房、2017 年）〕

(4) McCormick A. (1938) "Europe. The Refugee Question as a Test of Civilization". *The New York Times* (07/04)

(5) "From Evian to London". *The New York Times* (1938/07/14)

(6) Ibid.

(7) Snyder, T. (2017). *On Tyranny: Twenty Lessons from the Twentieth Century*. Kindle edition, p. 18-19〔T. スナイダー『暴政―― 20 世紀の歴史に学ぶ 20 のレッスン』池田年穂訳（慶應義塾大学出版会、2017 年）〕

(8) Ibid., p. 23

(9) Laffer, D. R. (2011). *The Jewish Trail of Tears: The Evian Conference of July 1938*. University of South Florida, p. 31

(10) Gedye, G.E.R. (1938). "Old Vienna is Dead. A Nazi Vienna is Born. A Free and Always Gay City Has Been Ruthlessly Militarized by Hitler". *The New York Times* (March 20)

(11) Laffer (2011), p. 32

(12) Snyder, T. (2015) *Black Earth: The Holocaust as History and Warning*. New York: Random House. Kindle Edition, p. 116-117〔T. スナイダー『ブラックアース――ホロコーストの歴史と警告』池田年穂訳（慶應義塾大学出版会、2016 年）〕

(13) "Swiss Disturbed; Reinforce Frontier". *The New York Times* (March 13, 1938)

(14) "Swiss Patrol Bars German Fugitives. Hundreds Cross Border at Night, Only to Be Sent Back". *The New York Times* (August 19, 1938)

(15) Ibid.

(16) "Swiss Bar Refugees With Barbed Wire. Paper Says Police Have Curbed "Flood" of Austrian Jews". *The New York Times* (August 31, 1938)

(17) Tenenbaum J. (1976). *Race and Reich: the Story of an Epoch*. Westport: Greenwood Press, p. 54

(18) Laffer (2011). p. 34

(19) Maga, T. P. (1982). "Closing the Door: the French Government and Refugee Policy, 1933-1939". *French Historical Studies* (3), p. 435-436

(20) Ibid., p. 436

写真 17　https://www.limis.lt/greita-paieska/perziura/-/exhibit/preview/50000001017859?s_id=ufFGy3o8BHgNdNtV&s_ind=1&valuable_type=EKSPONATAS

写真 18　https://www.limis.lt/greita-paieska/perziura/-/exhibit/preview/50000002654812?s_id=S2wEchOdt4LEo0XZ&s_ind=1&valuable_type=EKSPONATAS

写真 19　https://www.limis.lt/greita-paieska/perziura/-/exhibit/preview/50000004673425?s_id=y9sQQ6ZMCvWGla1c&s_ind=1&valuable_type=EKSPONATAS

◉写真出典

難民の写真はすべてエドムンダス・ズダノフスキスならびにボレスラバ・ズダノフスカが撮影、M. K. チュルリョニス国立美術館に所蔵されている。

写真 1　https://www.limis.lt/greita-paieska/perziura/-/exhibit/preview/50000004383601?s_id=cPGZuy9ogLZY0hxp&s_ind=1&valuable_type=EKSPONATAS
写真 2　https://www.limis.lt/greita-paieska/perziura/-/exhibit/preview/50000001312380?s_id=XTMWrzmgx QRKArjS&s_ind=1&valuable_type=EKSPONATAS
写真 3　https://www.limis.lt/greita-paieska/perziura/-/exhibit/preview/50000001018312?s_id=ESR0EZEM byjeqkyG&s_ind=1&valuable_type=EKSPONATAS
写真 4　https://www.limis.lt/greita-paieska/perziura/-/exhibit/preview/50000004393819?s_id=4ZK541 A7WF7ApAPc&s_ind=1&valuable_type=EKSPONATAS
写真 5　https://www.limis.lt/greita-paieska/perziura/-/exhibit/preview/50000002117302?s_id=AjVHxMaldaoAb1z2&s_ind=1&valuable_type=EKSPONATAS
写真 6　https://www.limis.lt/greita-paieska/perziura/-/exhibit/preview/50000001312799?s_id=tXPtK1MI6jSMzViY&s_ind=1&valuable_type=EKSPONATAS
写真 7　https://www.limis.lt/greita-paieska/perziura/-/exhibit/preview/50000002117847?s_id=zYU8WZ7eprD78EFT&s_ind=1&valuable_type=EKSPONATAS
写真 8　https://www.limis.lt/greita-paieska/perziura/-/exhibit/preview/50000004382508?s_id=a8bXcEiD0jnB3R47&s_ind=1&valuable_type=EKSPONATAS
写真 9　https://www.limis.lt/greita-paieska/perziura/-/exhibit/preview/50000004384131?s_id=lhqrG3QeOC0T3d9Z&s_ind=1&valuable_type=EKSPONATAS
写真 10　https://www.limis.lt/greita-paieska/perziura/-/exhibit/preview/50000000995637?s_id=2G4TTrLpWwDf5stN&s_ind=1&valuable_type=EKSPONATAS
写真 11　https://www.limis.lt/greita-paieska/perziura/-/exhibit/preview/50000000915395?s_id=80AbXFQrrN39DH37&s_ind=1&valuable_type=EKSPONATAS
写真 12　https://www.limis.lt/greita-paieska/perziura/-/exhibit/preview/50000001013797?s_id=eECIfa8MNWT9sSHV&s_ind=1&valuable_type=EKSPONATAS
写真 13　https://www.limis.lt/greita-paieska/perziura/-/exhibit/preview/50000004666040?s_id=zZBzdt1LiY42FpmU&s_ind=1&valuable_type=EKSPONATAS
写真 14　https://www.limis.lt/greita-paieska/perziura/-/exhibit/preview/50000001028458?s_id=g33LoXzym58YkJMm&s_ind=1&valuable_type=EKSPONATAS
写真 15　https://www.limis.lt/greita-paieska/perziura/-/exhibit/preview/50000004394491?s_id=fEfalpnRseb26hEb&s_ind=1&valuable_type=EKSPONATAS
写真 16　https://www.limis.lt/greita-paieska/perziura/-/exhibit/preview/50000004674449?s_id=YDIZDnC2NudO1Mfi&s_ind=1&valuable_type=EKSPONATAS

〈著者紹介〉
シモナス・ストレルツォーバス（Simonas Strelcovas）
1972年生まれ。ヴィータウタス・マグヌス大学にて博士号取得（歴史学）。2019年までシャウレイ大学歴史学科准教授。2016年国際交流基金フェローシップ受給。2019年名城大学招へい研究員。専門はリトアニア社会史・軍事史。現在、杉原「命の外交官」財団で主任研究員として活動。第二次世界大戦やユダヤ人難民をテーマにした出版物をはじめとする数多くの論文の著者である。主な業績として、*Geri, blogi, vargdieniai: Č. Sugihara ir Antrojo pasaulinio karo pabėgėliai Lietuvoje*（本書）、The Researching of Daily Life in Military History. The Last Nine Months of the Lithuanian Republic (1939-1940); Refugees, Rescuers, Visas. Kaunas 1939-1940 m.; The Polish internee camps in Kaunas and suburbs (1939-1940).

〈訳者紹介〉
赤羽俊昭（あかはね としあき）
1989年、早稲田大学大学院文学研究科英文学専攻修士課程修了。
翻訳に「ブライトン・ベル」（『フランシス・キング短編傑作集』新水社、2013年）。

第二次大戦下リトアニアの難民と杉原千畝
――「命のヴィザ」の真相

2020年12月15日　初版第1刷発行

著　者　シモナス・ストレルツォーバス
訳　者　赤　羽　俊　昭
発行者　大　江　道　雅
発行所　株式会社明石書店
〒101-0021 東京都千代田区外神田6-9-5
電話03（5818）1171
FAX 03（5818）1174
振替　00100-7-24505
http://www.akashi.co.jp/
組版／装丁　明石書店デザイン室
印刷／製本　モリモト印刷株式会社

（定価はカバーに表示してあります）　ISBN978-4-7503-5118-6

●世界歴史叢書●

ガンディー 現代インド社会との対話
同時代人に見るその思想・運動の衝撃
内藤雅雄 著 ◎4300円

黒海の歴史
ユーラシア地政学の要諦における文明世界
チャールズ・キング 著 前田弘毅 監訳
居阪僚子、仲田公輔、浜田華練、岩永尚子、保苅俊行、三上陽一 訳 ◎4800円

米墨戦争前夜のアラモ砦事件とテキサス分離独立
アメリカ膨張主義の序幕とメキシコ
牛島万 著 ◎3800円

テュルクの歴史
古代から近現代まで
カーター・V・フィンドリー 著
小松久男 監訳 佐々木紳 訳 ◎5500円

バスク地方の歴史
先史時代から現代まで
マヌエル・モンテロ 著 萩尾生 訳 ◎4200円

リトアニアの歴史
アルフォンサス・エイディンタス、アルフレダス・ブンブラウスカス、アンタナス・クラカウスカス、ミンダウガス・タモシャイティス 著
梶さやか、重松尚 訳 ◎4800円

カナダ人権史
多文化共生社会はこうして築かれた
ドミニク・クレマン 著 細川道久 訳 ◎3600円

ロシア正教古儀式派の歴史と文化
阪本秀昭・中澤敦夫 編著 ◎5500円

ヘンリー五世
万人に愛された王か、冷酷な侵略者か
石原孝哉 著 ◎3800円

近代アフガニスタンの国家形成
歴史叙述と第二次アフガン戦争前後の政治動向
登利谷正人 著 ◎4800円

ブラジルの都市の歴史
コロニアル時代からコーヒーの時代まで
中岡義介、川西尋子 著 ◎4800円

アメリカに生きるユダヤ人の歴史【上巻・下巻】
【上】アメリカへの移住から第一次大戦後の大恐慌時代まで
【下】ナチズムの登場からソ連系ユダヤ人の受け入れまで
ハワード・モーリー・サッカー 著
滝川義人 訳 ◎各巻8800円

香港の歴史
東洋と西洋の間に立つ人々
ジョン・M・キャロル 著
倉田明子、倉田徹 訳 ◎4300円

◆以下続刊

〈価格は本体価格です〉

ポーランドを知るための60章
エリア・スタディーズ16　渡辺克義編著　◎2000円

現代ドイツを知るための67章【第3版】
エリア・スタディーズ18　浜本隆志、髙橋憲編著　◎2000円

ウィーン・オーストリアを知るための57章【第2版】
エリア・スタディーズ19　広瀬佳一、今井顕編著　◎2000円

現代ロシアを知るための60章【第2版】
エリア・スタディーズ21　下斗米伸夫、島田博編著　◎2000円

チェコとスロヴァキアを知るための56章【第2版】
エリア・スタディーズ27　薩摩秀登編著　◎2000円

フィンランドを知るための44章
エリア・スタディーズ69　百瀬宏、石野裕子編著　◎2000円

イスラエルを知るための62章【第2版】
エリア・スタディーズ104　立山良司編著　◎2000円

エストニアを知るための59章
エリア・スタディーズ111　小森宏美編著　◎2000円

ラトヴィアを知るための47章
エリア・スタディーズ145　志摩園子編著　◎2000円

ドイツの歴史を知るための50章
エリア・スタディーズ151　森井裕一編著　◎2000円

ロシアの歴史を知るための50章
エリア・スタディーズ152　下斗米伸夫編著　◎2000円

ベラルーシを知るための50章
エリア・スタディーズ158　服部倫卓、越野剛編著　◎2000円

ウクライナを知るための65章
エリア・スタディーズ169　服部倫卓、原田義也編著　◎2000円

リトアニアを知るための60章
エリア・スタディーズ177　櫻井映子編著　◎2000円

フランスの歴史を知るための50章
エリア・スタディーズ179　中野隆生、加藤玄編著　◎2000円

ポーランドの歴史を知るための55章
エリア・スタディーズ181　渡辺克義編著　◎2000円

〈価格は本体価格です〉